Botschaften aus einer Anderswelt

Regina Klara Herwig

Botschaften aus einer Anderswelt

Transformation mit Tieren

Synergia

2. überarbeitete Auflage 2018
Erschienen im Synergia Verlag, Basel, Zürich, Roßdorf
eine Marke der Sentovision GmbH
www.synergia-verlag.ch

Umschlaggestaltung, Gestaltung und Satz: FontFront.com, Roßdorf

Vertrieb durch Synergia Auslieferung
www.synergia-auslieferung.de

Printed in EU
ISBN-13: 978-3-906873-43-5

Bibliografische Information der Deutschen Bibliothek
Die Deutsche Bibliothek verzeichnet diese Publikation in der deutschen Nationalbibliografie; detaillierte bibliografische Daten sind im Internet unter http://dnb.ddb.de abrufbar.

Inhalt

Einleitung

Ich werde oft gefragt, wann mein zweites Buch herauskommt ... hier ist es! Nach dem Bestseller - **Türen in eine Anderswelt** - gibt es nun eine Erweiterung, Vertiefung. Ich spüre, dass die Aussagen der Tiere eine neue Qualität haben. Die Botschaften gehen noch weiter als vor einigen Jahren. Deshalb ist dieses Buch keine Fortsetzung, sondern eben eine Erweiterung.

Einige Menschen haben gewagt, durch einen Spalt der Tür zu spinksen, viele haben sich getraut, durch die Tür hindurch zu gehen, sich geöffnet und ihr Herz berühren lassen. Tränen sind geflossen bei denen, die tief in sich etwas gespürt haben ... wieder gefunden haben ... sich erinnert ... eine andere Welt in sich entdeckt haben.

Ja, das wollen die Tiere uns nahe bringen, wir alle sind mit der Wahrheit verbunden, es gibt keine Trennung ... das ist eine Illusion des Verstandes. Alles ist miteinander verbunden und jederzeit zugänglich. Es geht darum, vertrauensvoll den nächsten Schritt zu tun und sich zu erinnern, den Weg seines Herzens zu gehen.

Viele Weisheitslehrer sagen: Wie Oben so Unten, wie Innen so Außen ....
Als ich vor über 30 Jahren meinen Bewusstseins-Weg begann, habe ich das anfangs gar nicht verstanden. Nach langen Wegschleifen und Stufen weiß ich heute, dass in mir ein unendliches Universum mit vielen Facetten real ist. Ich brauche mich nur zu entscheiden, mich dafür zu öffnen und hinein zu tauchen ... es ist so einfach und so grandios! Sei offen, deine innere Tiefe zu erleben und zu erspüren! Hast du dir die wundervolle Tiefe in deinem heiligen Herzen erschlossen, stehst du sicherer und gestärkter im Leben.

In meinem ursprünglichen Beruf als Stadtplanerin habe ich meine Fähigkeiten im visuellen und strukturierten Erleben im Außen Jahrzehnte lang geschult. Durch meine Ausbildungen als psychologische Beraterin, Reikimeisterin, Transformations-Therapeutin durch Robert Betz, in Medialität und Tierkommunikation kamen Aspekte hinzu, die mir die Möglichkeit des aktiven Wirkens in der Tiefe bei mir, bei anderen Menschen und bei

Tieren eröffneten. Ich empfinde es mittlerweile als Erleben und Wirken auf unterschiedlichen Frequenzen. Mittlerweile fließen bei meiner Arbeit alle diese Bereiche ineinander, weil ich sie durch intuitive Impulse geführt kombiniere. So ergab sich erst vor kurzem, dass ich traumatisierte Tiere durch Transformations-Prozesse begleite, so wie ich es seit über 10 Jahren in meiner Therapie-Praxis für Menschen anbiete. Diese Erfahrungen mit Tieren sind nun in dieses Buch eingeflossen.

In meinem ersten Buch habe ich ausführlich beschrieben, wie ich dazu gekommen bin, mit Tieren zu sprechen. Ich habe geschildert, wie du es selbst ausprobieren und üben kannst und was für mich dabei wichtig ist. Damit du nicht mein ersten Buch lesen musst, schildere ich hier noch mal, wie ich die Gespräche führe, damit du nachvollziehen kannst, wie es abläuft und um was es geht.

Wichtig ist mir vor jedem Gespräch, mich mit der reinen göttlichen Quelle zu verbinden. Eine brennende Kerze symbolisiert für mich die Anbindung an den Lichtkanal des Göttlichen. Ich bade mich in meiner Vorstellung in einem weiß-goldenen Lichtwasserfall und lasse das Licht durch mein Scheitelchakra in meinen ganzen Körper fließen und ihn vollkommen erfüllen bis in alle Zellen. Durch diese Anbindung aktiviere ich meine eigene göttliche Instanz in meinem Inneren und schaffe eine meditative Entspannung. Ich bitte die Engel und Wesen des Lichtes und der Liebe, die sich mit der Seelenwelt der Tiere verbunden fühlen um Hilfe und Unterstützung. Ich stelle mir innerlich eine grüne Wiese vor, um die sich diese geistigen Helfer versammeln und einen geschützten, unterstützenden Rahmen für das bevorstehende Gespräch bilden. Mit Hilfe eines Fotos nehme ich über die Augen Kontakt zu dem Tier auf und schwinge mich auf die Frequenz der Seelenebene des Tieres ein. Ich spreche das Tier mit inneren Worten an, frage ob es zu einem Gespräch bereit ist und lade es ein, zu uns auf die Wiese zu kommen.

Im Gespräch empfange ich dann telepathisch die Worte des Tieres. Dabei höre ich die Antworten auf meine in Gedanken gestellten Fragen innerlich in meinem Körper, denn die Aussagen des Tieres kommen wie Energie-Schwingungen, die sich durch meine telepathische Wahrnehmung in

Worte transformieren. Dabei klingen die Sätze und Formulierungen sehr individuell entsprechend dem Charakter und Wesen des Tieres. Ich kann auch empfinden, wie es dem Tier geht, wie es sich fühlt, ob es traurig, wütend, verzweifelt oder ängstlich ist. Oft bekomme ich auch Bilder oder eine Szene übermittelt, zum Beispiel wenn ein Tier beschreibt, wo es gerade ist oder wie etwas Markantes passiert ist.

Zur Unterstützung frage ich auch die Geistigen Helfer oder Begleiter des Tieres, wenn es für die Klärung eines Themas hilfreich ist. Manchmal schalten sie sich auch ohne Aufforderung ein. Das spüre ich dann unmittelbar an der veränderten Schwingung.

Sehr bewegend ist es für mich auch, wenn ich mit verstorbenen Tieren Kontakt aufnehme. Während sie ihre Lebensbedingungen in der anderen Ebene hinter der Regenbogenbrücke beschreiben, erhasche ich einen kleinen Aspekt der Empfindungen in dieser Sphäre. Das ist immer wieder wundervoll berührend, überwältigend und erfüllt mich mit tiefer Dankbarkeit!

Es ist total spannend, in diese fantastische Welt eintauchen und daran teilhaben zu dürfen. Diese tiefgehenden Gespräche mit den oft weisen Aussagen sind nur möglich, weil die Tiere die Verbindung zur geistigen Welt und zu den Naturreichen nie verloren haben. So hat auch das in unseren Augen „einfachste" Tier Zugang zu *ALLEM-WAS-IST.* Denn eigentlich ist ja alles miteinander verbunden. Es gibt in Wahrheit keine Trennung. So ist die Begegnung auf der Ebene der Herzen, der bedingungslosen Liebe möglich, wenn wir Menschen es schaffen, die Ebene des trennenden Denkens zu überwinden.

In den folgenden Kapiteln sind meine an die Tiere direkt gestellten Fragen in kursiver Schriftform gedruckt. Die Aussagen der Tiere sind heller und die Emotionen der Tiere fett gedruckt.

Die Aufgaben unserer Haustiere und ihre Lösungsvorschläge

Die Tiere, die wir selber einladen, als Haustiere mit uns zu wohnen und zu leben, nehmen oft gerne eine besondere Aufgabe an. Sie möchten uns helfen, uns unterstützen und tragen auch gerne Themen für uns oder übernehmen sie, um ihre geliebten Menschen zu entlasten. Auch spiegeln sie manchmal Problematiken, um ihre Menschen darauf aufmerksam zu machen. Schon bei der Auswahl unseres Haustieres spüren wir intuitiv eine Resonanz, eine besondere Vertrautheit oder ein Gefühl, mit dem Tier verbunden zu sein.
Du kennst sicher auch besonders berührende Vorfälle, dass fremde Tiere plötzlich vor der Tür sitzen und sich nicht abweisen lassen. Sie sind sogar manchmal gezielt über weite Distanzen zu diesem Menschen gekommen, habe viele Schwierigkeiten auf sich genommen, um endlich dort anzukommen, wo sie sich hingezogen fühlen. Da besteht eine magische Anziehungskraft, die Mensch und Tier zusammenführt. Besonders diese Tiere haben eine Aufgabe für ihren Menschen zu erfüllen.
Aus den folgenden Geschichten wird dies in besonderer Weise deutlich und für uns als Beobachter gut nachvollziehbar.

Ich hatte ein sehr berührendes Gespräch mit einer kleinen Hündin, deren Hinterbeine nach einem Bandscheibenvorfall gelähmt sind. Auf meine Frage, wie es ihr damit geht, sagte sie mir:
Ach, es ist schon beschwerlich, dass ich nicht mehr so laufen und herumtollen kann wie früher. Du weißt ja, wir Hunde sind Rudeltiere und kommen in Bedrängnis, wenn wir mit den Anderen nicht mitlaufen können.

Ich frage sie weiter: *Wie fühlst du dich mit dieser Beeinträchtigung?*
Eigentlich habe ich mich mittlerweile damit abgefunden. Hauptsache ich bin bei meinem Frauchen und ich spüre ihre Liebe. Das ist so schön und so wohltuend, von ihr so versorgt und verwöhnt zu werden. Jetzt geht das Laufen ja auch besser mit dem neuen Ding, in das ich dann reinkomme. (Ihr Frauchen hat ihr einen Rolli anfertigen lassen) So komme ich doch ganz gut

mit. Ach, es ist schon okay wenn ich nicht so schnell bin wie früher. Und es ist ja auch nicht wichtig, ob ich mit den Anderen mithalten kann.

Bist du glücklich mit deiner Lebenssituation?
Na, mit den Einschränkungen in der Bewegung bin ich nicht glücklich, das macht mich eher manchmal ungeduldig und launisch, kann dann auch schon mal wütend werden. Weil ein Hund, der nicht laufen kann, eigentlich nichts wert ist und nicht überleben würde. Aber ich spüre ja, dass die Liebe meines Frauchens dadurch in keinster Weise eingeschränkt ist. Und das ist doch das Wesentliche im Leben, dass die Liebe fließt! Und zwischen uns fließt es so toll, nach diesem Vorfall eigentlich noch viel mehr. Also kann ich darüber doch wirklich glücklich sein … das war doch deine Frage?

Ja, aber das ist eigentlich die Frage von deinem Frauchen, die ich nur übermittle. Und sie möchte wissen, was sie tun kann, damit es dir gut geht und ob du dein Leben so lebenswert findest?
Oh, ich bin doch bei ihr, das ist doch all das, was ich brauche, ihre Liebe, ihr offenes Herz, ihre Liebkosungen! Das erfüllt mein Herz … ja und macht mich glücklich. Und dafür lohnt es sich zu leben unter welchen Bedingungen auch immer. Wir Haustiere haben die Aufgabe, die Liebesenergie zu halten und zu stärken. Das ist mein Job. Und ich finde, ich mache das doch gut!? Schau mal, schon die Aufmerksamkeit der anderen Menschen auf meine Situation berührt ihr Herz und dafür lohnt sich die Mühe. Ja, die Herzen der Menschen erwärmen und öffnen … darum geht es doch! Und das ist meine Mission, dafür nehme ich das auf mich! Du weißt es doch, dass wir Haustiere uns gerne opfern für die Liebe, den Fluss der Liebe. Dafür war das nun auch so vorgesehen, denn Mitgefühl öffnet die Herzen der Menschen. Und dafür ist jedes Mittel recht.

Dein Frauchen schreibt mir, dass du für sie ein ganz besonderer Hund bist und sie dich besonders lieb hat!
Ja, das beruht natürlich auf Gegenseitigkeit. Nicht jeder Mensch kann so wie sie mit so einer Beeinträchtigung umgehen. Deswegen war es ja auch so vorgesehen, weil sie damit so toll klar kommt. Sie ist eben ein großartiger Mensch voller Liebe und deshalb verdient sie so viel Liebe und inneres Glück wie möglich. Das möchte ich ihr gerne vermitteln. Ganz, ganz, ganz viel

Liebe! Und unendlichen Dank für ihre Bemühungen, mir das Leben nun so gut wie möglich zu gestalten und mich so zu unterstützen! Danke! ... Sag ihr tausend Dank! ...
Und, da ist doch im Hintergrund noch eine Frage offen? ... Na, ich möchte auf jeden Fall bei ihr bleiben. Bitte! Ich möchte so lange wie möglich bei ihr bleiben! Sie soll sich nicht von irgend jemanden da reinreden lassen ... der hat doch keine Ahnung von dem, um was es eigentlich im Leben geht! Es geht hier nicht ums perfekte Funktionieren, sondern um viel mehr. Es geht um die Liebe auf allen Ebenen!

Ich danke Dir für deinen tollen Job als Vermittlerin. Du machst das großartig und hilfst uns, unseren Job zu machen! Danke!

Dieses großartige Lob bestärkt mich natürlich, diese Arbeit weiter zu machen und die Ergebnisse zu veröffentlichen, damit immer mehr Menschen sich berühren lassen und entsprechend der Tier-Botschaften ihr Herz öffnen.

•

Mit einer älteren Katze sollte ich Kontakt aufnehmen, weil sie krank war mit unterschiedlichen Körpersymptomen und Übergewicht. Auf meine Frage: *Wie geht es dir und was hast du für gesundheitliche Probleme?* Antwortet sie:
Ach, ich trage schwer! **(seufzt)** Es ist einiges in meinem Körper durcheinandergeraten. Ich spüre die Belastung, die mein Frauchen hat. All das drückt sich in meinem Körper aus. Ich möchte ihr helfen, das alles zu bewältigen.
Ja, ich habe mir einen Schutz angefuttert, weil ich zur Zeit diesen Puffer brauche. Ich weiß, dass das meinem Körper auf die Dauer nicht gut tut und andere Komplikationen macht. Es ist ein Teufelskreis!
Ja, auf meinen Ohren liegt ein Druck ... sie hört nicht hin, dort wo sie gut zuhören und hinhören sollte. Ich spüre es doch, dass sie da das Thema vermeidet und einfach nicht hinhören möchte. Ich möchte ihr das zeigen und symbolisieren.
Ach, ich liebe sie so sehr!
Ja, in ihrer Nähe fühle ich mich sehr wohl und ich möchte sie unterstützen und für sie tragen. Ich nehme das gerne auf mich, um ihr zu helfen.

Du weißt schon, dass du ihr dadurch nur mehr Sorgen machst und ihr die Themen nicht wirklich abnehmen kannst?
Ach ja, ich spüre schon, wie aussichtslos das bisher war. Ich hatte viele Torturen bei den Untersuchungen und Behandlungen. Dabei sind wir nicht wirklich zu guten Lösungen der eigentlichen Probleme bei meinem Frauchen gekommen. Ach ja, ich bin da sehr ratlos … würde ihr doch so gerne helfen. Ich kann nicht anders, als das zu übernehmen. Dafür sind wir Haustiere da, das ist doch unsere Aufgabe! Was kann ich denn sonst machen?

Vielleicht hilft ja nun unser Gespräch weiter?
Oh ja, das hoffe ich sehr! Es sollte doch alles nicht umsonst gewesen sein … ich liebe sie doch so sehr! Wir hatten so schöne Jahre zusammen und sie hat mich immer so verwöhnt und so gut für mich gesorgt. Da bin ich ihr so, so dankbar! Sag ihr das! Und dass ich möchte, dass sie glücklich ist und ihre Probleme bewältigt, damit sie frei leben kann. Darum geht es mir, damit wir noch eine schöne Zeit zusammen haben. Sag ihr, ich will ihr ihre Themen symbolisieren. Sie soll es als Hinweise nehmen, was mein Körper ihr zeigt. Dort liegen die Lösungen. Das ist mein Herzenswunsch, dass sie das annehmen kann und damit zu Lösungen kommt. Ach, das wünsche ich mir so sehr, so sehr! Ich tue alles, um ihr zu helfen und sie zu unterstützen. Sag ihr das bitte!

Diese Bereitschaft der Haustiere, sich für ihre Menschen aufzuopfern berührt mich immer wieder aufs Neue. Es ist erstaunlich, wie weit sie bereit sind, ihre Menschen aus Liebe zu unterstützen.

●

In einem Gespräch mit einem kranken Kater sollte ich ihn fragen, warum er die Tabletten gegen seine Schilddrüsen-Fehlfunktion nicht nehmen will, weil er ohne die Medikamente Herzrasen bekommt und es ihm offensichtlich schlechter geht. Auf meine Frage: *Wie geht es Dir?* Sagt er:
Oh, ich fühle mich nicht wohl. Es ist alles sehr belastend. Es ist für mich nicht einfach, meine Balance zu halten.

Du fühlst dich doch besser mit den Tabletten gegen die Schilddrüse oder ist dir das Herzrasen und ein heißer Kopf lieber?
Die Tabletten sind mir sehr zuwider. Ich hoffe immer, ich bekomme das so in den Griff. Denn Tabletten sind doch keine Lösung des Problems!

Welches Problem meinst Du?
Ach, ich will doch meinem Frauchen helfen, sie entlasten, ihr was abnehmen, damit sie mehr zur Ruhe kommt und mehr genießen kann. Dann kann sie auch mehr mit mir in Ruhe sitzen und kuscheln! Dazu ist jetzt immer viel zu viel Hektik und Aktion. Sie sieht gar nicht, wie gut es wäre, gelassener zu sein ... so wie wir Katzen ja eigentlich sind. Kurz in Aktion und dann gibt es lange Ruhephasen, in denen wir entspannen und genießen. Wahrscheinlich liebt sie uns Katzen, weil sie in dem Bereich absolut ein Defizit lebt.
Ach, ich bin da in einem Dilemma, ich liebe sie so sehr und möchte sie unterstützen und ihr diese Hektik abnehmen. Ja, ich weiß, ich übernehme mich damit total. Ich kann das nicht schaffen, aber ich versuche es zumindest ein wenig. Ja, das macht mein Körper nun im Laufe der Jahre nicht mehr mit. Das ist nun das Dilemma ... ich spüre, die Tabletten sind für meine Organe gar nicht gut, ohne ist alles überaktiv. So oder so geht das nicht mehr lange gut, das weiß ich auch. Was ist da besser?
Die Lösung wäre, wenn sich die Gesamtsituation bei uns entspannt, die Überaktivitäten zurückgefahren würden. Dann könnte sich das vielleicht wieder ausbalancieren. Für mich macht es mehr Sinn, die Tabletten abzulehnen und ihr durch meinen Zustand zu spiegeln, was bei ihr schief läuft. Wenn du ihr das erzählst, versteht sie vielleicht den Zusammenhang. Du weißt ja auch, dass alles miteinander verbunden ist. So reagiere ich zwangsläufig auf ihren inneren Zustand. Aus tiefer Liebe trage ich es ein Stück weit mit und versuche zu helfen ... Ihr zu helfen, ihr Leben mit mehr Gelassenheit und innerer Ruhe zu leben, sich mehr Genuss zu gönnen.

Ich soll dich fragen, ob du gerne gehen möchtest?
Ach, eigentlich möchte ich gerne noch so lange bei ihr sein, wie es möglich ist und mein Körper mitmacht. Ich liebe sie sehr und spüre ihre Liebe und Fürsorge um mich. Das tut so gut und dafür bin ich sehr dankbar! So lange wie möglich diese Liebe zu spüren, das möchte ich. Ich weiß, das Leben hier auf der Erde ist meistens mit Mühsal und auch Leiden verbunden, oft ein Kampf

ums Überleben … So kenne ich es hier schon seit Langem. Deshalb nehme ich das gerne noch eine Zeitlang auf mich … solange bis mein tapferes kleines Herz nicht mehr schlagen kann! Noch schlägt es für mein geliebtes Frauchen! Dass es so heftig schlägt hat mit ihrer Taktung zu tun, es nimmt ihren Rhythmus auf. Und der ist für sie genauso ungesund, wie für mich. Das sollte sie dringend überdenken! Diese Taktung zu ändern, herunter zu fahren und sich mehr Ruhe zu gönnen … das sind meine Alarmzeichen, die ich signalisieren kann. Oh, hoffentlich nimmt sie sich das zu Herzen! Ich wünsche mir das sehr, nicht nur wegen meiner Situation, sondern, damit es auch ihr besser geht und sie sich mehr um das Wesentliche im Leben kümmert! Ach, wie schön wäre es, wenn sie sich mehr entspannen würde, die Anspannungen lösen könnte und mehr auf ihr Herz hören würde … wie schön wäre das!

Nach solchen Gesprächen kann ich immer nur hoffen, dass sich die Menschen diese Worte zu Herzen nehmen!

•

So erfahre ich auch, dass sich während des gemeinsamen Lebens mit dem Haustier der Mensch weiterentwickelt hat. So habe ich mit einer älteren Hündin Kontakt aufgenommen, weil sie starke Probleme mit der Hüfte hatte. Auf meine Frage, wie es ihr geht, sagt sie:
Oh, ich freue mich, mit dir sprechen zu können als Brücke zu meinem geliebten Frauchen!

Ich soll dich fragen, ob du vor 12 Jahren mit einer bestimmten Absicht zu ihr in ihr Leben gekommen bist?
Ja klar, ich wollte ihr als gute Freundin helfen, ihr Herz zu öffnen. Sie wird wissen, es war damals für sie vieles noch sehr rational. Und du weißt es ja, dass wir als Boten aus der anderen Welt kommen, um wach zu machen für die anderen Sphären. Das war meine Aufgabe bei ihr, sie an ihre Gefühle zu erinnern und ihr Herz zu öffnen. Ich denke, ich habe nun meinen Job gemacht und kann nun bald gehen. Es fällt mir sehr schwer, Abschied zu nehmen, denn ich hatte ein so wundervolles Leben an ihrer Seite. Wir haben so viele schöne gemeinsame Erlebnisse gehabt. Und ich habe erlebt, wie sie

immer weicher und offener wurde. Wie wunderschön! Und unsere Liebe wurde tiefer und tiefer … auch das ist so großartig. Und doch ist bald der Zeitpunkt für mich zu gehen, weil mein Körper nicht mehr so mitmacht wie ich mir das wünsche.

Wünschst du dir etwas von deinem Frauchen und wenn ja, was?
Oh bitte, sie soll sich endlich ganz öffnen für die geistige Welt. Noch mehr ihrem Herzen nachgehen und noch weicher werden. Sie soll ganz in der Liebe leben und ihr Herz zum Singen bringen. Das würde mich vollkommen glücklich machen. Mehr brauche ich nicht, als ihre Liebe vollkommen zu spüren!

Wenn du sterben möchtest, so lässt sie dich in Liebe gehen. Sie hat dich unglaublich lieb und dich auch gerne in der Familie, aber sie möchte nicht, dass du leidest. Ihr hattet zusammen eine wundervolle Zeit. Das bedeutet deinem Frauchen sehr viel. Aber wenn du merkst, dass die Zeit für dich kommt, dann lass es sie wissen.
(weint bitterlich) Ja, die Zeit Abschied zu nehmen ist da. Es ist so schön, all das Liebevolle zu spüren … so wunderschön! Ich liebe sie unendlich tief und möchte nicht, dass sie traurig ist, das zerreißt mein Herz. Ich wünsche mir, dass sie mich in Liebe gehen lässt in die andere Ebene. Wir sind ja dann immer noch in unseren Herzen verbunden. Ich werde ihre Liebe nicht vergessen und ich werde sie oft besuchen. Sag ihr, du weißt es doch … sag ihr, die Verbindung bleibt! Es ist ja nur das körperliche was nun nicht mehr geht, wovon wir Abschied nehmen.
Aber ich sagte ja schon, ich will auch nicht zur Last fallen. Sie soll entscheiden, wann für sie der geeignete Zeitpunkt ist für meinen Übergang. Ihr habt doch da die Mittel, den Übergang zu erleichtern. Ich füge mich, um nicht zur Belastung zu werden. Es ist okay, ich hatte ein wundervolles, schönes Leben bei ihr. Tausendmal Danke dafür! Und Danke für ihre Liebe! Ich liebe sie sehr, sehr … **(weint)**

Ihr Frauchen hat ihr daraufhin Schmerzmittel gegeben, durch deren entlastende Wirkung sie noch eine Zeit lang glücklich in ihrer Familie leben konnte.

•

Vor kurzem habe ich mit einem Hund, einem Cockerspaniel Kontakt aufgenommen, weil sein Körper Krebs hatte und seine Menschen sich große Sorgen um ihn machten. Auf meine Frage: *Wie geht es dir?* Sagte er mir: Ach, das Leben ist mühsam geworden. Bin nun leider nicht mehr so fit.

Hast Du Schmerzen?
Das eigentlich nicht so … ist nicht so schlimm. Ist eher so, dass die Kräfte nachlassen, die Lebensenergie … **(er wirkt müde)**

Was wünscht du dir von deinen Menschen?
Oh, ich spüre, dass sie sich nun sehr um mich sorgen und mich mit Mitgefühl umhüllen. Das ist sehr schön, das tut mir gut! Wenn die Liebe fließt ist das immer wundervoll. Schon das wirkt heilend und beruhigend auf mich. Ja, diese liebevolle Energie wünsche ich mir noch viel, viel mehr. Viel Sanftheit und … ja … Gefühle, die Herzen öffnen! Das ist doch das Wesentliche im Leben … das ist das, was uns am Leben erhält und das Leben ausmacht.

Was können deine Menschen tun, damit es dir besser geht?
Ach, ihre warme Liebe fließen lassen, ganz friedlich und ruhig! Das ist das, was mir gut tut. Bitte keine Hektik und Unruhe oder viel Aktion. Nein, lieber viel Ruhe und Besonnenheit, das hilft mir jetzt. Aber bitte keine Sorgen machen und Angst haben, das ist eher vergiftend, das entzieht Energie. Sonnige Liebe, ganz geruhsam … davon träume ich … ja, das ist meine Sehnsucht und das ist hier auf der Ebene so selten. Das ist, was mich so anstrengt.

Was liegt dir auf der Seele, das dich krank gemacht hat oder hast du etwas von deinen Menschen übernommen, trägst du etwas für sie?
Ach, das könnte ich gar nicht tragen. Es liegt so viel Schwere hier in der Familie. Es fehlt die unbeschwerte Freude. Ihr hofft, von uns Tieren diese Freude gelebt zu bekommen. Wir aber können es nicht für Euch leben. Diese Schwere überträgt sich auch auf uns. Und ich kann auch nicht die männliche Energie stellvertretend leben, das überfordert mich. Ach, sie sollten ihre Konflikte auflösen, dann ginge es uns allen besser. Ja, dann könnte die Lebensenergie wieder fließen … auf allen Ebenen. Aber so, in dieser

schweren Energie sehne ich mich nach der Leichtigkeit und Freiheit der anderen Ebene.

Ist es in Ordnung für dich, dass du homöopathische Mittel bekommst?
Ach, egal welche Mittel … es ändert doch nichts am eigentlichen Thema. Dort liegt die Lösung! Dann kann ich auch wieder regenerieren. Das Mittel der Heilung ist -LEBENSFREUDE-. Die Energie der Freude ist das Lebenselixier, was mir jetzt helfen würde. Das wäre so schön und das ist doch so einfach, nicht wahr? Kann man nicht einfach den Schalter umlegen und fröhlich sein? Warum geht das nicht? Das ist doch das, was das Leben schön und lebenswert macht!

Möchtest du noch etwas mitteilen?
Ach, sage ihnen vielen Dank für ihre Liebe und Fürsorge … besonders jetzt, wo es mir so dreckig geht. Sie sollen nicht traurig sein, wenn ich es nicht weiter schaffe, es wartet eine herrliche Welt auf mich. Zwar würde ich gerne noch bleiben, aber nicht bei den bestehenden Bedingungen, das halte ich nicht aus. Sag ihnen, ich liebe sie sehr und wir bleiben im Herzen verbunden! Danke für Alles!

Seine liebevolle Hingabe und Bereitschaft sich aufzuopfern hat mein Herz tief berührt!

●

Auch bei der nächsten Geschichte ist ein sehr liebevolles Hundeherz zu spüren.
Sein Frauchen bat mich, ihren 8 jährigen Rüden zu fragen, ob er ihr helfen kann, sein Befinden zu deuten. Auf meine Frage, wie es ihm geht, kommt er freudig auf mich zugelaufen:
Oh, ich freue mich, dass du mit mir sprechen möchtest. Wie schön, dass ich dir was vermitteln darf.

Was möchtest du mir denn vermitteln?
Oh, sag ihr, ich bin so froh, dass ich bei ihr sein darf. Ich liebe sie so, so, so sehr! Und ich trage gerne für sie, um sie zu entlasten.

Was trägst du denn für sie?
Na, sie ist oft bedrückt, es liegt was auf ihren Schultern. Ja, das drückt sie, belastet sie. Es ist wie ein grauer Sack, den sie mit rumschleppt.

Woher kommt der Sack, weißt du das?
Der war ja schon da, als wir zu ihr kamen. Den scheint sie schon lange zu schleppen, er scheint ganz alt zu sein. Jedenfalls klebt der bei ihr und blockiert ihre Leichtigkeit. Ich würde ihn gerne für sie nehmen, aber ich merke, dass das doch leider nicht geht.

Dann frage ich dich, ob du körperliche Beschwerden hast, was tut dir weh und was ist die Ursache?
Ja, zwischen den Schulterblättern am Rücken drückt es. Ich sagte ja, ich versuche das mitzutragen und es drückt auch aufs Herz. Das ist oft beschwert …

Meinst du das körperliche Herz oder das energetische?
Eigentlich ist es auf allen Ebenen, wenn das innere heilige Herz nicht frei sein kann, ist das körperliche auch belastet. So kommt es, dass es schon mal Aussetzer hat. Ich habe so ein weites Herz für mein Frauchen … dann ist es manchmal zu viel dafür. Ich weiß nicht, wie ich das sonst erklären soll. Ich spüre, dass ich ihr mit meiner großen Liebe nicht wirklich helfen kann, sie entlasten kann. Das bricht mir das Herz! **(er weint etwas)** Ich möchte ihr so gerne diese schwere Last abnehmen … damit übernehme ich mich aber glaube ich!?
(nun wirkt er ratlos)

Kann dein Frauchen etwas tun, damit es dir besser geht, mit dem Futter oder sonst etwas zusätzlich?
Oh, sie sollte nur einfach diesen grauen Sack loswerden, dann wäre alles frei!

Ich frage nun seine Geistigen Begleiter:
„Es wäre gut, wenn er etwas pflanzliches / energetisch Wirkendes zur Entlastung des Herzens bekäme. Geeignet wären Schüssler-Salze gegen

Herzbeklemmungen. Die Lösung liegt natürlich beim Frauchen. Sie sollte ihre Themen lösen, dann geht es ihm auch gut!"

Was hast du erlebt, bevor du zu deinem Frauchen kamst, sind Traumata zurück geblieben? **(Er schaut mich lange traurig an und Tränen kommen)**
Wo wir früher waren, wurden wir nicht gut behandelt. Es war lieblos und robust! Und dann einfach so weggebracht zu werden, tut im Herzen weh. Ich habe so ein empfindsames Herz und es tat so weh, ausgestoßen zu werden … es war doch unser Zuhause dort und man wollte uns dann dort nicht mehr. Oh, so sehr tat das weh! **(er weint)** Und ab und zu kommt wieder die Angst hoch, wieder weggebracht zu werden …

Fühlst du dich bei deinem Frauchen daheim?
Oh, ja, ja, natürlich … das ist mein neues Zuhause … bei ihr sein … so, so schön!
(er schnappt vor Freude fast über) Ja, ich bin ja sogar in ihrem Herzen Zuhause, sie hat mich doch sogar in ihr Herz aufgenommen! So schön, so schön ist das … Du glaubst gar nicht, wie schön das für mich ist. Ich freue mich so, bei ihr sein zu dürfen!

Möchtest du deinem Frauchen noch etwas sagen?
Oh ja, dass ich sie so, so, so sehr liebe! Und ich danke ihr so, so, so sehr, dass wir bei ihr sein dürfen! Und Danke für ihre Liebe, für ihr offenes Herz für uns! Danke! **(er weint wieder etwas vor Rührung)**

Spürst du als Leser/in auch diese Euphorie der Liebe und tiefen Rührung? Mich hat es sehr ergriffen!

●

Das folgende Gespräch ist in besonderer Weise mystisch, nach meiner bisherigen Erfahrung absolut glaubhaft. Von einer sehr alten Dame wurde ich gebeten mit ihrem Kater zu sprechen, der eines Tages im Schnee vor ihrer Tür saß. Auf meine Frage nach seinem Befinden antwortete er:
Oh, ich bin so glücklich hier bei meinem geliebten Frauchen. Besser könnte es mir gar nicht gehen!

Sie hat Sorge, dass sie vor dir sterben könnte. Wie siehst du das?
Ich bin zu ihr gekommen, weil ich gespürt habe, dass sie Begleitung braucht und dass ich sie unterstützen kann. Sie soll sich da keine Sorgen machen. Ich werde bis zu ihrem letzten Tag hier auf dieser Ebene bei ihr bleiben. Das ist mein Auftrag, dass ich bis zum Schluss bei ihr bleibe und ihr beistehe. Danach finde ich schon eine Lösung, dann ziehe ich weiter und suche mir ein neues Zuhause. Da bin ich Überlebenskünstler, also kein Problem!

Sie sagt von dir, du bist der wundervollste Kater, den sie je hatte!
Oh, das ehrt mich ja, Danke! Ja, es verbindet uns etwas ganz besonderes. Wir kennen uns aus früheren Zeiten, damals haben wir auch zusammen gelebt. Es ist lange her aber die tiefe Verbindung bleibt ja. Und die hat mich vor einigen Jahren zu ihr geführt. Es war wie ein Magnet, der mich anzog. Ich soll ihr zur Seite stehen und sie unterstützen mit meiner Präsenz. Deshalb bin ich bei ihr, an ihrer Seite. Das war unser Deal! Erinnert sie sich nicht? Das war doch so abgesprochen.

Wann habt ihr das abgesprochen?
Na, auf der anderen Ebene als wir noch nicht wieder hier auf der Erde waren. Da gab es keine Zeit, deshalb kann ich dazu nichts sagen. Dort waren wir eng beisammen und wollten das gerne jetzt hier auch leben. Ich sollte sie in ihrer letzten Lebensphase unterstützen. Deshalb möchte ich ihr Zuversicht und Freude geben, die Tage erleichtern.

Warst du auf der anderen Ebene auch ein Katzenwesen?
Nein, nein, das habe ich mir nur für dieses Leben gewählt. Auch damals war ich keine Katze!

Sondern, was warst du damals, als ihr zusammen ward?
Da waren wir beide Menschen-Wesen. Mehr möchte ich dazu nicht sagen. Es ist nicht wichtig und spielt auch keine Rolle. Unsere verschiedenen Daseinsformen hier auf der Erde sind immer Experimente, weißt du! Es dient dazu, Erfahrungen zu machen. Und es ist immer wieder aufs Neue spannend!
Nun, auf diese Art kann ich ihr doch sehr nahe sein, ohne dass es kompliziert ist. Das ist doch genial, oder?

Warum kommst du dann nicht zu ihr auf den Schoß und lässt dich nicht auf den Arm nehmen?
Oh, das würde ich entwürdigend empfinden. Das entspricht einfach nicht meiner Persönlichkeit … eben meiner Würde. Das ist doch eher kindisch, nicht wahr? Nein, nein, das entspricht nicht meinem Charakter.

Dein Frauchen möchte so gerne wissen, woher du kamst und warum du dort nicht geblieben bist?
Da, wo ich vorher war, fühlte ich mich nicht wirklich zu hause. Ich bin dort zur Welt gekommen, meine Mutter war da und noch Geschwister von mir. Es war alles recht chaotisch und auch nicht wirklich liebevoll. Wir wurden zwar versorgt aber ich wusste ja, dass ich woanders hingehöre. Der Abschied von meiner Mama war schon recht schwer, aber ich war ja nun ein starker, erwachsener Kater. So bin ich von dort weggegangen auf die Suche und habe mich führen lassen. Es war ein weiter Weg, aber es hat sich gelohnt!

Wenn dein Frauchen eines Tages stirbt, kannst du auf dem Hof bleiben bei der Nachbarin!
Na, ich sagte ja, ich schau dann mal, wie die Situation dann ist. Ist ja noch lange nicht akut. Wir lassen es mal auf uns zukommen. Es gibt immer eine Lösung! Erstmal genießen wir unser gemeinsames Leben zusammen!

Möchtest du ihr noch etwas mitteilen?
Sag ihr, dass ich sehr glücklich an ihrer Seite bin und sie sehr liebe! Ich bin da für sie und begleite sie gerne bis zum letzten Tag … vielleicht verlassen wir gemeinsam diese Ebene. Das ist doch eine wundervolle Vorstellung! Das würde genau zum Konzept passen. Ich möchte gerne, dass wir unsere gemeinsame Zeit zusammen genießen und glücklich sind, dass wir uns gefunden haben!
Meine geliebte Freundin!

Ich danke dir!
Oh, ich danke dir für die Übermittlung und deine Botschafter-Fähigkeiten. Das ist großartig, was du da machst! Danke, du Vermittler zwischen den Welten!

Danke, das ehrt mich! Gerne!

Aus früheren Gesprächen mit Tieren weiß ich, dass es öfter Absprachen gibt, sich in diesem Leben zu unterstützen und dass sich die Seelen aus früheren Leben kennen. Auch die Aussage, dass ein Tier schon früher einmal als Mensch hier gelebt hat, habe ich schon vorher einige Male gehört. Unter dem Gesichtspunkt, dass immer nur Aspekte der Seelenfamilie inkarnieren, ist es sicher leichter zu verstehen und zu akzeptieren.

•

Ähnlich tief Beindruckendes erzählte mir eine kleine Katze, weil ihr Frauchen spürte, dass sie zu der Katze eine ganz besondere Verbindung hat.

Oh, wir kennen uns doch schon so lange und wir sind tief verbunden. Wir haben früher schon zusammen gearbeitet. Erinnert sie sich nicht daran? Sie war eine Heilerin und ich habe mit ihr gearbeitet und gewirkt. Das ist zwar schon sehr, sehr lange her, aber da es diese Zeitrechnung wie hier eigentlich nicht wirklich gibt, ist es für mich sehr präsent. Ich möchte sie erinnern an ihre Fähigkeiten, denn sie trägt doch all das Wissen in sich … tief verborgen … aber sie kann es hervorholen. Sie soll sich an unser gemeinsames Wirken erinnern! Wir konnten vielen Menschen und Tieren helfen. Nun wird dieses Wissen und diese Fähigkeit wieder gebraucht. Deswegen sind wir doch hierher gekommen. Sie soll in Bücher schauen, dann wird sie sich erinnern. Sie braucht keine Ausbildung oder so was … einfach erinnern, sich öffnen für das Alte Wissen. Ja, es ist ein magisches Wissen. Sie soll keine Angst davor haben, heute ist es nicht mehr gefährlich, es zu praktizieren. Und wenn sie es im Göttlichen Sinne anwendet ist es gesegnet.
Oh, wie sehr wünschte ich, wir könnten wieder wie damals gemeinsam gehen!
Aber mein Auftrag ist schon erfüllt, wenn diese meine Botschaft bei ihr ankommt!
Ich danke dir sehr, dass du diese Botschafterrolle mit übernimmst! So großartig, wie alles ineinander wirkt. Mach ihr Mut, sie hat so ein Potential! Es ist an der Zeit, in der es gebraucht wird!

Die kleine Katze ist leider tatsächlich ein halbes Jahr später an den Folgen einer Vergiftung gestorben. Das war für alle besonders schmerzhaft.

•

Solch eine tiefe Verbundenheit spürte auch eine spirituell arbeitende Therapeutin zu ihrem Kater, den sie erst im Alter von 14 Jahren aus einem Tierheim zu sich nahm. Sie bat mich mit ihm zu sprechen, weil er Flöhe hatte und sie mehr Informationen dazu haben wollte. Auf meine Frage: *Wie geht es dir?* Sagte er:
Oh, das war sehr unangenehm mit den Flöhen … erst mal für mich am Körper und natürlich die Hektik, die ich dadurch bei meinen Menschen verursacht habe. Sehr peinlich die Geschichte!

Wie ist es jetzt, hast du noch Flöhe?
Ich spüre eigentlich nichts mehr auf der Haut. Wäre ja schön, wenn das Thema durch wäre!

Welche Botschaft hast du für dein Frauchen bezüglich der Flöhe?
Oh je, die habe ich mir einfach so eingefangen. Ich glaube nicht, dass das jetzt ein riesen Thema für uns sein soll … Kommt halt schon mal vor!

Welche Botschaft hast du allgemein für sie?
Oh, ich liebe sie sehr und bin sehr glücklich, bei ihr zu sein! Ich hoffe, sie ist mir nicht mehr böse wegen der Flöhe. Kann ja verstehen, dass ich nicht mehr hoch durfte. Das ist ja jetzt vorbei!
Unsere Verbindung geht ja viel tiefer, sodass sie durch solche Lappalien nicht gestört werden kann. Es war ein langer Weg, bis wir uns endlich wieder gefunden haben. Sollte aber so sein, dass ich zu ihr komme. Waren schon einige Tricks erforderlich. Aber es hat ja geklappt!

Warum solltest du zu ihr kommen?
Ja, wir kennen uns doch von früheren Zeiten! Kann sie sich nicht erinnern? Wir haben schon mal zusammen gearbeitet und gewirkt. Das soll nun wieder aktiviert werden.

Warst du da auch ein Katzenwesen?
Ja ja, war ich. Und wir sind zusammen durch die Welt gezogen von Dorf zu Dorf und haben geheilt. Ich habe sie unterstützt und begleitet, war immer an ihrer Seite. Und das ist nun wieder so schön!
Heute ist das Leben einfacher, aber ihr Menschen habt die Verbindung zum Göttlichen und zur Empfindungswelt verloren. Das möchte ich bei ihr wieder mehr erwecken in ihrem Herzen. Das ist eigentlich die Mission von uns Haustieren, das Herz der Menschen zu berühren und zu öffnen. Das ist die Magie, die ihr in unseren Augen spürt. Das bringt was in Euch in Bewegung und berührt die Empfindungsebene. Und das möchte ich bei ihr noch mehr aktivieren, das ist das, was jetzt gebraucht wird bei der Schwingungserhöhung, die sich derzeit vollzieht. Ja, es geht darum, die Liebe zu leben mit offenem Herzen … die allumfassende Liebe!
Ja, diese Verbindung zur großen Liebe haben wir Tiere nicht verloren, so wie ihr Menschen von ihr getrennt wurdet. Es wurde manipuliert, damit ihr von dieser Verbindung getrennt werden konntet. Nun ist die Zeit, dass ihr die Möglichkeit wieder bekommt, euch zu verbinden. So, darum geht es! Und du hast mit deinem Buch ja auch so einen Schlüssel erschaffen, diese Tür wieder zu öffnen. Wir sind nun alle dazu aufgerufen, daran mitzuwirken. Und diese Fähigkeiten hat auch mein Frauchen! Und deshalb will ich sie daran erinnern, sie hat das doch alles in sich! All das Potential von früher sollte jetzt gelebt werden!

Ich soll dich noch fragen, ob für dich alles soweit passt oder wünscht du dir, dass sich was ändern soll?
Oh, es ist schon alles wunderbar. Ich bin gerne in der Nähe von meinem Frauchen. Liebe es aber auch, wenn ich draußen in der Natur sein kann. Dort tanke ich meine Energien auf und verbinde mich wieder mit meiner Wildnatur. Das brauche ich auch als Ausgleich zum sehr technischen Umfeld im Haus. Das schwächt eher unsere Systeme. Ich brauche natürlich all den technischen Kram nicht und könnte gut darauf verzichten. Dann wären unsere Energien nicht so belastet. Aber scheinbar ist es den Menschen wichtig und sie wissen nicht, dass es sie so schwächt und beeinflusst. Das macht das Leben manchmal mühsam … all die Technik, die Geräte und so. Aber Hauptsache, ich bin mit ihr wieder zusammen! Und das fühlt sich so wundervoll an. Und für ihre Liebe bin ich so dankbar! So dankbar! Ich liebe sie sehr! Sag ihr das bitte!

Klar, das werde ich ihr alles aufschreiben!
Super, Danke dir!

Ich finde es überwältigend, wie dieser weise Kater die Fakten in so klaren, einfachen Worten formuliert. Wir Menschen sollten uns aufgerufen fühlen, uns das nun endlich zu Herzen zu nehmen!

●

Ein weiterer Hinweis auf Belastungen durch das technisierte Umfeld in unseren Häusern ergab sich in einem Gespräch mit einer Hündin, die an episodischem Kopftremor leidet und kein Tierarzt ihr helfen konnte. Auf meine Frage wie es ihr geht sagte sie mir:

Ach, so habe ich ja ein tolles Leben voller Liebe und Zuwendung. So geht es mir einfach super! Nur, nachdem ich so eine Phase mit dem Kopfwackeln habe, bin ich völlig durcheinander, weil ich das nicht unter Kontrolle habe. Es kommt ganz plötzlich und ich kann es nicht stoppen. Es tut ja nicht weh, es fühlt sich an wie ... so als würde ein Schalter gedrückt und ich bekäme einen Impuls in den Körper, der das auslöst. Es ist sehr unangenehm und peinlich!

Was könnte das für ein Impuls sein?
Ich spüre das im Nacken, hinten im Kopf, dort ist der Ursprung, der das auslöst.

Was ist die Ursache für das Auslösen des Tremors?
Das weiß ich auch nicht so genau. Es hat was mit den Nerven zu tun, wenn ich sehr angespannt bin. Dann kommt es zu dem Überschlag.

Was ist das für eine Anspannung, die das auslöst?
Das ist manchmal, wenn zu viele äußere Einflüsse auf mich einprasseln. Ihr wisst doch, ursprünglich waren wir Wesen in der Natur, die im Einklang mit den mystischen Rhythmen lebten und wir unseren Instinkten frei folgen konnten. Unser Leben jetzt ist so dermaßen beeinträchtigt von der Technik,

von schädlichen Strahlungen, von elektrischen Spannungen, von Lärm … das ist alles sehr unnatürlich und dominiert unser Leben. Unsere sensiblen Sinne sind da oft überfordert. So kommt es zu diesen Überspannungs-Reaktionen. Es sind einfach die belastenden Bedingungen im Umfeld, die für uns Hunde sehr überfordernd wirken. Ja und wenn ein Hund sehr sensibel und feinfühlend ist, kommen irgendwann solche Körperreaktionen, die wir nicht mehr steuern können.

Hattest du das schon, bevor du zu deinem Frauchen jetzt gekommen bist?
Ja, das habe ich schon länger. Es wird stärker, je älter ich werde. Eine Lösung wäre, ganz in der Natur zu leben ohne diese schrecklichen technischen Sachen überall. Das wäre deutlich entlastend!

Willst du mehr spazieren gehen?
Ja, es wäre super schön, wenn wir mehr in der Natur wären. Dort kann ich regenerieren und auftanken. Dort bin ich in meiner ursprünglichen Welt, die mir Kraft und Ruhe gibt. So wichtig ist mir der Kontakt zur Elementar-Welt, der Austausch mit all den Wesen, mit dieser lebendigen, vielfältigen Ebene. Es ist nicht so wichtig, dass wir viel laufen, sondern dass wir in möglichst unberührter Natur sind. Das ist so wertvoll. Das wünsche ich mir!

Möchtest Du deinem Frauchen noch etwas sagen?
Oh, sag ihr, dass ich sie sehr liebe und gerne bei ihr bin. Es ist so wundervoll, wenn wir zusammen durch die Gegend stromern. Dann geht unser beider Herz auf … das ist das Paradies! Sag ihr danke für ihre Liebe und gute Fürsorge. Danke für alles! Sie soll sich keine Sorgen um meinen Tremor machen. Es ist nur ein Ventil für die Überspannung.

Ich danke Dir für das Gespräch!
Ich danke Dir für die Vermittlung!

•

Ein weiser, schon sehr alter Kater gab auch Hinweise auf Belastungen durch unser unnatürliches Umfeld. Sein Frauchen machte sich Sorgen wegen seiner Schmerzen beim Gehen und wollte gerne wissen, welche Art Schmerzen oder Probleme er hat:

Ach, ich werde irgendwie immer steifer, die Gelenke funktionieren nicht mehr so wie früher. Ich werde eben älter, da gibt es körperliche Einschränkungen.

Woher kommt dein Zucken?
Das sind die Nerven. Hier im Haus leben wir eben sehr unnatürlich, es fühlt sich oft so an, als schwirrte mir vieles um die Ohren. Das belastet mein System und schränkt meine Energien ein.

Welche Energien meinst du?
Na, meine Lebenskräfte. Es fühlt sich oft dumpf an mit all dem, was an technischen Einflüssen auf mich wirkt. Diese ganzen unnatürlichen Schwingungen stören auf die Dauer meine Systeme und die Nerven sind da am empfindlichsten.

Möchtest du die täglichen Schmerztabletten weiter haben?
Oh, das ist schwierig. Ich weiß, dass sie mich entspannen aber gut tun sie mir nicht.

Ich frage die Geistigen Helfer:
„Auf die Dauer belasten die Mittel die Organe. Sie sollten bitte reduziert werden. Es wirkt auch, wenn das Wasser mit der Information angereichert wird. Es reicht, die Packung unter ein Wasserglas zu legen und es eine Zeit einwirken zu lassen und ihm dann das Wasser zu geben."

Dein Frauchen fragt noch, wie sie dir helfen kann?
Oh, es ist für mich so wichtig, ihre Liebe zu spüren. Das tut mir so gut, so verwöhnt und umsorgt zu werden. Mehr kann sie nicht tun. Es ist einfach der körperliche Prozess der nicht aufzuhalten ist.

Was ist dein Anteil und was trägst du für dein Frauchen?
Ich zeige ihr gerne im Alltag schon mal ihre Themen. Aber tragen tue ich für sie nichts … nein, eigentlich nicht!

Kennt ihr euch schon länger und nur als Katze und Mensch?

Ja, wir kommen aus einer Seelenfamilie, deshalb ist unsere seelische Verbindung so stark. Wir hatten es vereinbart, uns gegenseitig zu helfen und zu unterstützen. Ich habe als Seelenanteil mit ihr auch schon andere Phasen durchlebt in anderen Konstellationen. Das Leben ist vielfältig und in unendlich vielen Fassetten möglich!

Weiß du etwas über den Lebensplan von deinem Frauchen?
Es ist doch ganz einfach, es geht hier darum, die Liebe zu leben! Es ist jetzt eine ganz besonders intensive Phase der Erdentwicklung. Da wollten wir dabei sein, das zu unterstützen. Es geht darum, diesen Prozess mit liebevoller Energie mitzutragen und zu unterstützen. Dafür braucht es lediglich, die Liebesenergie im Herzen zu halten. So wirkt die unterstützende Energie!

Hast du noch eine Botschaft für sie?
Oh, sag ihr vielen lieben Dank für ihre Liebe! Es ist großartig, wie weit sie bereits ihr Herz geöffnet hat. Ich gebe zu, ich habe diesen Prozess in aller Bescheidenheit etwas unterstützt. Wir sind ein gutes Team! Und sie ist da sehr gut vorangekommen. Deshalb braucht sie auch bald nicht mehr meine Unterstützung. Es ist fast vollbracht! Das ist doch grandios! Ich danke ihr sehr für Alles und liebe sie so, so sehr!

Ich danke Dir!
Oh, du große Seele, ich danke Dir!

Sein Frauchen hatte dann noch einige weitere Fragen an ihren Kater:

Verstehst du ihre Worte oder verstehst du sie über eine andere Ebene?
Na, ich nehme ihre Schwingung auf und spüre ihre Gedanken. Ihr Menschen solltet wissen, ihr seid ein offenes Buch für uns Tiere. Wir nehmen viel mehr von euren Energien auf als ihr denkt. Für uns gehen die verschiedenen Ebenen ineinander über, es gibt da keine Abstufungen oder Begrenzungen so wie bei euch.

Ist es für Dich hilfreich, wenn Dir dein Frauchen aus der Ferne Energie sendet?
Oh ja, das ist wunderschön! Ja ja, sehr gerne!

Wenn es soweit ist und du deinen Körper verlässt, möchtest du da Hilfe von Medikamenten oder vom Tierarzt oder möchtest du einfach, dass dein Frauchen bei dir ist?
Ja, wie und wann der Übergang sein wird, weiß ich jetzt nicht. Ich würde mir schon sehr, sehr wünschen, dass sie dann bei mir ist! Wir sollten diese Phase hier schon gebührend gemeinsam abrunden!

Sie wünscht sich so sehr, dass sie bei dir ist, wenn du gehst, kannst du das beeinflussen? Sie hat Angst, dass du plötzlich gehst und sie nicht dabei sein kann.
Ach, sie wird es dann schon spüren wenn es soweit ist. Ich werde ihr das signalisieren. Sie sollte mehr Vertrauen in ihre Intuition haben! Vielleicht ist das Thema noch mehr einzuüben!

Ist es für dich von Belang, ob dein Körper eingeäschert oder im Wald beerdigt wird?
Das körperliche Thema ist nach dem Übergang für mich völlig gleichgültig. Sie sollte es so handhaben, wie es für sie stimmig ist. Wir bleiben doch auf einer anderen Ebene in Liebe miteinander verbunden!

Dein Frauchen schreibt für dich: In Liebe und Dankbarkeit für Alles und ich danke dir für das Gespräch!
Oh, ich danke dir auch für das Gespräch! Oh, ich danke auch für die Aufmerksamkeit!

•

Es gibt aber leider auch Geschichten, in denen die Menschen und das geliebte Tier nicht zusammen leben können. So kam ein Kater regelmäßig zu einem Ehepaar zu Besuch und es entwickelte sich eine tiefe Freundschaft. Eines Tages wurde der Kater von seinen eigentlichen Besitzern zu einem älteren Herrn in einen anderen Ort gebracht. Die traurigen Eheleuten fuhren ihm hinterher und besuchten den Kater dort in der Umgebung regelmäßig und haben mich gebeten, Kontakt mit ihm aufzunehmen:
Mir geht es nicht so gut. **(Ich spüre einen Kloß im Hals)**
Ich fühle mich hier nicht so wohl. Ja, es stimmt, ich habe eine tiefe Verbindung zu der Frau, die Dich anrief. Ich spüre ihre tiefe Liebe zu mir. Bei

ihr, in ihrer Nähe habe ich mich wohl gefühlt. Da ist die Liebe geflossen! Hier ist keine Liebe, jedenfalls keine tiefe Herzensliebe. Ich werde versorgt, bekomme mein Futter aber keine Wertschätzung. Das war anders dort … **(senkt traurig den Kopf)** Schade, das ist vorbei.

Möchtest du bei den Beiden sein?
Ja, das würde ich sehr gerne. Es wäre schön, wenn sie mich holen würden. Dann könnte ich wieder glücklich sein. Ich würde sehr gerne mitkommen … sehr gerne. Es ist dort so eine Liebe, paradiesisch … so schön! **(Er weint etwas)**

Wenn sie dich nicht mitnehmen können, möchtest du, dass sie dich weiter besuchen?
Es ist sehr schön, wenn sie kommen und ich freue mich. Nur, wenn sie dann wieder weggehen tut es sehr weh, zurück bleiben zu müssen. Zu spüren, die Liebe geht wieder aus meinem Leben … es tut so weh!
Aber die starke Verbindung bleibt auch auf die Entfernung. Ich spüre die Liebe, ich weiß, dass sie mich doll lieb hat. Das spüre ich, auch wenn sie nicht da ist. Und ich weiß, dass sie sich Sorgen um mich macht. Das braucht sie nicht, ich sorge schon für mich. Ich arrangiere mich hier mit dem, was sich hier zeigt. Ist schon okay, wir Katzen sind zäh und hart im Nehmen. Ich krieg das schon hin, wenn es nicht klappt, zu ihnen zu dürfen. Das ist dann kein Riedendrama, die Welt bricht nicht zusammen. Ich schaff das schon, mich zu arrangieren. Wäre aber schön, wenn ich zurück dürfte und bei ihnen sein! Aber es ist, wie es ist!

Ich soll dir ausrichten, dass sie dich ganz toll lieb hat!
Oh ja, ich weiß es doch! Danke! Ja, das ist schön, so schön fühlt sich das an im Herzen. Im Herzen sind wir verbunden … immer … das kann uns niemand nehmen! Das ist, was mir Kraft gibt durchzuhalten. Die Liebe … das ist es, was fließen muss. Das ist so wichtig! Warum begreifen so viele Menschen das nicht, dass es alleine darum geht. Liebe in Allem! Die Liebe leben! Ja, dafür bin ich ein Botschafter. Vielleicht schaffe ich hier ja noch den Durchbruch. Wer weiß, vielleicht …

Möchtest du noch etwas mitteilen?

Ach, ich will ihr nicht noch mehr das Herz schwer machen. Wir können es auch so sehen, dass ich hier nun meine Aufgabe habe, etwas zu bewirken. Es hat alles seinen Sinn. Sie haben mich ja hierhin geholt. Es wird schon seinen tieferen Grund haben. Vielleicht spüren sie ja doch etwas und öffnen sich mehr. Ich werde nicht aufgeben, meine Liebe zu leben!

Einige Monate später habe ich zu dem Kater erneut Kontakt aufgenommen. Auf meine Frage: *Kannst du dich erinnern, dass wir vor einigen Monaten schon mal miteinander gesprochen haben?*
Na klar kann ich das. Du bist die Liebesbotschafterin! Das werde ich nie vergessen.

Ich soll dich fragen, wie es dir geht?
Ach, ich habe mich hier arrangiert. Ist schon okay. Ich werde gut versorgt und die Verbindung zu meinem neuen Herrchen wird inniger. Für ihn ist es heilsam, dass ich bei ihm bin. Darin sehe ich jetzt hier meine Aufgabe. Ich merke, es tut ihm gut, dass ich bei ihm bin. Von daher ist es nun gut so. Ich habe meine Aufgabe hier.

Es ist sehr schön, dass sie mich immer noch besuchen. Das tut mir gut und ich spüre ihre Liebe. Ich freue mich darüber. Aber ich denke, das Thema ist erledigt, dass ich mit ihnen gehen kann. Deshalb ist es eigentlich an der Zeit, Abschied zu nehmen. In der ersten Zeit hat es mir sehr geholfen, mich hier zurecht zu finden, ihre Liebe hat mir Stabilität gegeben. Die habe ich nun hier gefunden. Deshalb ist es nicht mehr so wichtig, dass sie kommen. Es ist ja jedes mal so, dass mir das Herz schwer wird, wenn sie wieder fahren. So sollten wir nun Abschied nehmen, denn energetisch bleiben wir ja in Liebe verbunden. Das können wir mit unseren Gedanken und Gefühlen pflegen. Ich sage ihnen Danke für ihre Liebe! Und weiß nun, wenn sie nochmal kommen, wird es der Abschied sein. So ist das Leben! Sie sollen nicht traurig sein. Es war schön, in Kontakt zu sein und wir konnten uns viel Tiefe geben. Das sind Geschenke, die wir füreinander hatten. Nun sollten wir unserer Wege gehen!
Ich liebe sie sehr und sage Danke für Alles!

Sicher braucht eine andere Katze ihre liebevolle Zuwendung. Es wird sich sicher was ergeben in nächster Zeit. Ich sage Ade!

Ich wünsche dir alles Gute!
Danke, Liebesbotschafterin!

Diese wundervolle Bezeichnung als Liebesbotschafterin hat mich sehr berührt und ich fühle mich geehrt. Es war eine weitere Ermutigung, dieses Buch zusammen zu stellen, um mehr Menschen an den Weisheiten und der tiefen Liebe der Tiere teilhaben zu lassen.

●

Da gab es noch ein ganz anderes Haustier, das mir seine Beziehung zu seinem Frauchen schilderte. Es war ein weiser Kaninchen-Mann, mit dem ich wegen schwerer Magen-Koliken sprechen sollte. Auf meine Eingangsfrage, wie es ihm geht, sagte er:
Ach, eigentlich ganz gut!

Das klingt nicht begeistert, was ist?
Es fühlt sich manchmal beklemmend an. Ich bin in einer sehr innigen Verbindung zu meinem Frauchen. Ich habe ja nur sie in meinem Leben. Deshalb bin ich so auf sie fixiert, bekomme alle ihre Probleme, Sorgen und Ängste mit und versuche, das auszugleichen. Das machen wir Tiere so, das ist unsere Aufgabe, wenn wir so nah von einem Menschen aufgenommen werden. Dann versuchen wir auszugleichen! Es ist manchmal sehr schwer, wenn die Spannungen stark sind. Da wünsche ich mir manchmal, dass ich damit nicht alleine bin sondern noch Gefährten habe. Ich glaube, dann ginge es mir besser. So bin ich doch sehr viel alleine … das passt nicht zu unserem Naturell. Wir Kaninchen leben in Rudeln. Dadurch, dass ich so auf mein Frauchen fixiert bin, werde ich krank, bin dann überfordert. Nehme alles von ihr auf und versuche auszugleichen. Das schaffe ich auf die Dauer nicht. Ja, das ist das Phänomen, dass ich das alles nicht richtig verdauen kann.
Es ist keine Frage, ich liebe mein Frauchen über alles und bin sehr gerne bei ihr! Nur … es ist ein ungesundes Verhältnis. Ich brauche Gefährten von meiner Art und Entlastung aus dem Spannungsfeld. So liegt die gesamte

Belastung auf mir und ich schaffe es oft nicht. Dann kann ich auch nichts fressen und es geht aus dem Gleichgewicht. Oh, ich strenge mich so an, es für sie auszugleichen … es ist oft zu schwer für mich alleine. Das macht mich traurig, obwohl es mir hier ja eigentlich paradiesisch gut geht … ich alles habe, was ich brauche. Nur ist der Rahmen nicht stimmig. Ich bin ein Kaninchen, kein Familienersatz, das kann ich nicht leisten. Ich fühle mich überfordert!

Was wünschst du dir, wie kann man das lösen?
Ich brauche Entlastung. Es wäre schön, wenn ich Gesellschaft von einem Artgenossen hätte!

Sollte er in deinem Alter sein oder jünger?
Oh, das müssen wir schauen, wir sollten uns mögen und verstehen, sonst kommt der nächste Stress. Bitte ein friedlicher, gelassener Typ der mich akzeptiert. Vielleicht habe ich dann wieder mehr Lebensfreude.

Möchtest du denn woanders hin, in eine größere Gruppe?
Ach, ich möchte schon gerne bei meinem Frauchen bleiben. Mit einer größeren Gruppe wäre ich glaube ich überfordert. Nur bitte einfach einen Gefährten zur Gesellschaft und zur Entlastung, dass ich mich wieder mehr auf meine Natur konzentrieren kann und mir die Menschenthemen nicht mehr so nahe kommen. Das ist es wohl, was mir die Probleme macht. Mit Meinesgleichen in der Nähe bin ich sicher freier. Ich möchte ja nicht meinem Frauchen zur Last fallen. Auch sie soll sich frei fühlen und sich keine Sorgen machen. Ja, sie soll sich nicht so viel Sorgen machen, mehr Lebensfreude reinlassen! Sich öffnen für das Schöne im Leben, lachen und frei sein. Das wünsche ich mir so sehr!
Sag ihr, ich liebe sie so und versuche ihr zu helfen, dorthin zu kommen. Leichtigkeit und Freude, das ist der Schlüssel! Das leben, das ist es!

Sein Frauchen hat dann eine fesche Kaninchen-Dame für ihn gefunden. Aber leider war sie zu stürmisch und aggressiv ihm gegenüber, sodass die

Dame nicht dort bleiben konnte. Ich habe den Kaninchen-Mann dazu gefragt. Auf meine Frage: *Kannst du dich an unser Gespräch vor einigen Monaten erinnern?*
Oh ja, klar doch! Es ist viel passiert danach. Meine Liebe zu meinem Frauchen ist noch viel tiefer geworden. Sie ist so liebevoll bemüht, für mich zu sorgen, damit es mir gut geht. Sag ihr vielen, vielen Dank dafür.
Ja, und dann war dieser Stress mit dieser Zicke, die war ja total überdreht. Sie hat mir schon gefallen aber wir brauchen hier doch keine Machtkämpfe. Jedenfalls habe ich keine Lust auf Klopperei. Ich sagte dir ja, wenn dann ein friedliebendes Wesen an meiner Seite als Weggefährte ... oder auch -gefährtin.

Dein Frauchen hatte Angst um dich. Meinst du, die Kämpfe um die Rangordnung müssen immer sein?
Eigentlich muss das nicht immer sein. Ergibt sich oft, weil man sich nicht kennt und man sich erst sehr fremd ist. Dann kommt dieser Instinkt, sich behaupten zu wollen. Ach, wenn die doch verstehen würden, dass wir das hier ja gar nicht brauchen. Wir bekommen genug Futter und haben genug Platz ... also, ich brauch das nicht! Bei dieser weißen Furie war das ganz extrem. Das war wirklich für mich gefährlich, sie war sehr rabiat. Es hätte für mich böse enden können weil sie mir körperlich überlegen war. Ich bin ja schließlich schon ein älterer Herr und nicht mehr ganz so flink.

Wünschst du dir einen männlichen Gefährten oder eine Herzdame?
Och, das ist eigentlich egal, darf nur nicht so ungestüm sein, etwas gelassener und ruhiger. Ich bin ja bereit, mich auf jemanden anders einzustellen. Also, an mir soll's nicht liegen. Nur, ich bin nicht bereit zu kämpfen, wofür auch!

Brauchst du erst mal eine Pause?
Ach, es wäre schon nett, wenn es jetzt bald klappen würde und Jemand zu mir käme. Würde mich freuen.

Soll ich mal mit der Lady sprechen, ob sie sich auf ein friedliches Kennenlernen einlassen würde? Und ob ihr es nochmal versuchen wollt?
Ach, sie war ja ganz fesch ... aber ob sie mich dann wirklich in Ruhe lassen würde? Ich weiß es nicht. Du kannst ja mal mit ihr sprechen.

Ich habe dann mit der feschen Kaninchen-Dame gesprochen. *Kannst du dich erinnern als du bei dem weisen Kaninchen-Mann warst?*
Oh ja, das war sehr spannend. Es war ein toller Kerl. Ich fand ihn sehr nett, ein ganz Lieber.

Warum hast du dann so heftig mit ihm gekämpft?
Oh, ich muss mich doch positionieren. Es war ja sein Reich, dort musste ich mir Raum schaffen. Es war so schade, dass sie mich dann wieder wegbrachte.

Sie hatte Angst und Sorge, dass du ihm zu doll zusetzt und er die Kämpfe nicht überlebt!
So? Ja stimmt, ich bin oft so in Rage gekommen, dass ich da keine Kontrolle mehr hatte. Dann geht mein Temperament mit mir durch. Das tut mir leid!

Könntest du dir vorstellen, ihm nochmal friedlich zu begegnen? Er möchte nämlich keine Kämpfe.
Hm, das steckt so in mir drin. Ich weiß nicht, ob ich das so friedlich hinkriege … bin einfach so impulsiv.

Möchtest du es denn nochmal versuchen?
Es war schon sehr schön dort, das Frauchen war sehr liebevoll, besser kann es einem Kaninchen ja eigentlich nicht gehen. Ich habe nur auch etwas Angst vor ihm. Er ist eine starke Persönlichkeit. Das hat mich beeindruckt aber auch provoziert, mir eine Position zu verschaffen.

Ja, was jetzt, könnte eine Begegnung und ein Kennenlernen auch friedlich gehen?
Wenn das die Bedingung wäre, dass ich dort bleiben darf, würde ich es fast versuchen wollen …

Also, das musst Du mir jetzt versprechen, dass du ihn nicht mehr so heftig bekämpfst sondern ganz friedlich und gelassen bleibst!
Hui, Hui, ich bin nicht ganz sicher, ob ich das schaffe.

Sein Frauchen hat es allerdings nicht noch mal mit der temperamentvollen Dame versucht, sondern hat nach einem anderen Gefährten für ihren Kaninchen-Mann Ausschau gehalten. Es ergab sich eine Möglichkeit mit einem noch sehr jungen Kaninchen-Mädchen. Da er jedoch zu der Zeit Probleme mit dem Mäulchen und dem Fressen hatte, sollte ich erst mal vorher mit ihm sprechen. Auf meine Frage, ob er sich an mich erinnert, sagt er:
Ja ja, hallo!

Ich soll dich fragen, welche Probleme du mit dem Mäulchen und beim Schlucken hast?
Hm, ich bin da zur Zeit sehr empfindlich. Es brennt dann schon mal im Maul und auch hinten im Hals. Auf irgendwas reagiere ich allergisch. Das ist aber eher so eine innere Nervosität und Gereiztheit, sodass ich da überreagiere. Ich weiß nicht recht, was mich da so befallen hat. So kann ich derzeit schlecht was säuerliches zu mir nehmen. Wir sind halt zur Zeit übersäuert ... mein Frauchen und ich. Wir müssen versuchen, wieder in Balance zu kommen. Ein Tierarzt wird mir da nicht helfen können. Wir müssen sehen, dass die äußeren Reize harmonischer werden, nicht mehr so aggressiv. Dann legt sich das wieder.

Nun gibt es im Tierheim eine ganz junge Kaninchendame, die dir Gesellschaft leisten könnte. Würde sie dir gefallen? Schau mal das Foto.
Oh, sie ist ja eine ganz zarte, süße Kleine. Sie ist ja noch ganz klein!

Du müsstest sie wie ein großer Bruder beschützen und ihr alles zeigen!
Das wär kein Problem. Mal sehen, wie sie sich entwickelt. So ist sie ja erst mal eine süße Maus!

Dein Frauchen würde dann mit dir mal zu ihr ins Tierheim fahren, um die Kleine kennen zu lernen. Wäre das okay?
Oh je, muss ich dann wieder in das Enge und ins Auto?

Das geht wohl nicht anders. Aber so könnt ihr spüren, ob ihr zusammen passt.
Na gut, ist wohl ganz vernünftig nach der Dame, die vor einiger Zeit bei uns so rumgezickt hat. Vielleicht verstehen wir uns ja super gut, das wäre toll.

Ja, wäre richtig schön! Dann nehme ich das auch auf mich. Wäre schön, so eine kleine Schmusemaus!

Und es gibt tatsächlich eine glückliche Lösung und die kleine Dame bereichert die Kleinfamilie. Nach kurzer Eingewöhnungsphase frage ich ihn, wie es ihm mit der Kleinen geht?
Oh, sie ist tatsächlich sehr süß! Nur manchmal wird es mir etwas zu viel. Ich bin das ja nicht gewohnt, dass da ständig jemand bei mir ist.

Aber du darfst nicht so ruppig zu ihr sein, sie ist doch noch so klein und braucht Anlehnung!
Puhhh, da hab ich ja jetzt einen Job! Bin ich damit vielleicht etwas überfordert?

Na, sie wird doch größer und irgendwann erwachsen. Du hast dir doch einen Freund gewünscht!
Ja, du hast ja Recht. Ich mag die Kleine ja auch sehr. Ich muss mich erst in die neue Situation finden, dass ich jetzt erst mal wohl der Papa bin. Das ist noch sehr ungewohnt.

Hauptsache, du schüchterst sie nicht ein oder verletzt sie!
Nein, nein, das möchte ich auf keinen Fall. Ich versuche vorsichtig zu sein! Ich muss ihr aber manchmal Grenzen setzen, wenn es mir zu viel wird. Ich werde schon da hinein wachsen. Das wird schon klappen. Macht euch keine Sorgen. Ich kümmere mich um die Kleine und sorge für sie. Ich hab die Kleine doch lieb und natürlich mein Frauchen auch!

Du sollst nicht eifersüchtig sein, dein Frauchen macht das alles doch nur, weil sie dich so lieb hat!
Ich weiß das ja. Und mir ist auch klar, dass die Kleine anfangs mehr Zuwendung braucht. Ist alles okay! Danke dafür, dass ich so verwöhnt werde. Danke für die Liebe!

•

Zwei schwarz-weiße Katzen, Mutter und Tochter erzählten mir, nachdem ihr Frauchen eine schwere Krise durchgemacht hatte, wie sie die Zeit empfunden hatten.
Euer Frauchen fragt, ob ihr nach wie vor zufrieden seid, ob ihr euch wohlfühlt?
Die Mutter-Katze sagt: Doch, uns geht es doch gut! Wir werden gut versorgt und liebevoll betreut. Klar haben wir die Probleme und körperlichen Einschränkungen gespürt. Ja, das macht auch unsere Herzen schwer und belastet. Aber die Liebe hat sich ja nicht geändert und das ist das Wichtige, dass auch bei all den Belastungen die Liebe fließt. Ich würde ihr gerne mehr helfen können, fühle mich da aber doch überfordert und das macht mich traurig, weil ich sie da nicht entlasten kann. So gerne würde ich das!
Die Tochter sagt: Ja, ja, das tut mir auch sehr leid, dass sie es in letzter Zeit so schwer hatte. Aber sie liebt uns doch immer noch. Ja, ja und das ist doch entscheidend.

Habt ihr unter ihrer Erkrankung und den Problemen gelitten?
Die Mutter-Katze spricht wieder: So würde ich es nicht ausdrücken. So schlimm war es für uns nicht. Es ist nur für uns schwer, diese Belastungen zu spüren und nicht helfen zu können. Ich spüre ja, dass es jetzt wieder besser ist und sich alles mehr entspannt. Es gibt doch immer mal Phasen, in denen das Leben Herausforderungen bietet. Da muss man dann durch. Ich glaube, wir haben das doch jetzt geschafft. Und das fühlt sich jetzt deutlich besser an. Ich hoffe nur, dass es nicht wieder so schlimm wird und wir hier wieder weg müssen. Die Sorge hatte ich zwischendurch mal, das hat mich schon belastet.
Die Tochter sagt: Ja, ja, das wäre schrecklich! Das möchten wir doch nicht! Wir möchten doch hier bleiben können und ein glückliches Frauchen haben, das sich wohlfühlt. Oh, das wünsche ich mir so sehr! Sag ihr, ich habe sie sehr lieb und wünsche ihr, dass es ihr bald richtig gut geht!
Die Mutter-Katze sagt: Ja, da hat sie recht. Das wünsche ich unserem geliebten Frauchen auch sehr! Und sie soll sich um uns keine Sorgen machen. Wir lieben sie und nehmen uns zurück, wenn es solche schwierigen Zeiten gibt. Kein Problem! Alles gut! Sag ihr Danke für alles. Wir lieben sie sehr!

Seid ihr traurig, wenn euer Frauchen die Wohnung verlässt und einmal 3 Tage verreist?

Die Mutter-Katze sagt: Wir freuen uns natürlich, wenn sie da ist und sich um uns kümmert und streichelt. Aber wir leben unser Leben, da ist es okay, dass wir auch für uns sind und in unserer Welt verweilen.
Wenn sie länger weg ist, wissen wir doch, dass sie wiederkommt. Das spüren wir ja durch ihre Gedanken und Worte. Wir werden ja versorgt und dann freuen wir uns, wenn sie wiederkommt. Es ist schon okay, wenn sie mal Zeit für sich braucht und nicht immer hier sein kann. Hauptsache, sie kommt immer wieder zurück. Dann bekommen wir ja auch besondere Zuwendung. Das ist dann besonders schön.
Und wir bleiben ja immer im Herzen verbunden und wir spüren, wenn sie liebevoll an uns denkt. Also, alles ist gut!

•

Ein älterer Kater fühlte sich nach dem Umzug ins neu gebaute Haus nicht wohl, war schon seit einiger Zeit krank und hatte ein Karzinom am Hals.
Auf meine Frage: *Wie geht es dir?*
Ach, ich fühle mich geschwächt. Der Umzug von meiner vertrauten Welt weg hat mich sehr irritiert. Hier kann ich mich immer noch nicht zurecht finden. Ich fühle mich hier nicht wohl. Für uns Katzen ist ein Ortswechsel eine große Herausforderung und schwächt erst mal unser System. Ich bin durch mein Alter schon nicht mehr so flexibel und darüber hinaus sowieso sehr sensibel und empfindsam.

Wie kommst du mit dem anderen Kater zurecht?
Ach, das ist schon okay, dass der da ist. Der ist im Moment so ein Stück vertrautes Umfeld, obwohl wir ja nicht die dicksten Freunde sind. Aber das muss ja auch nicht sein. Wir tolerieren uns soweit.

Was kann dein Frauchen tun, damit du dich im neuen Haus und der Umgebung wohler fühlst?
Ach, ihre Liebe zu spüren ist mir das Allerwichtigste! Das hilft mir schon sehr, die Irritationen etwas zu lindern. Diese Hunde hier (in der Nachbarschaft) irritieren mich schon sehr. Ich kann das alles noch nicht einordnen, fühle mich zur Zeit überfordert. Ich möchte am Liebsten zurück in mein altes vertrautes Umfeld. Das wäre schön!

Aber das geht doch leider nicht. Du solltest dich im neuen Haus irgendwie arrangieren!
Meinst du? Ach je, warum muss das alles sein? Das ist schon nicht so einfach und fördert meine körperlichen Schwächen. Meine Selbstheilungskräfte sind ausgenockt.

Wodurch wurde deine derzeitige Erkrankung ausgelöst?
Ach, ich kann das nicht schlucken. Es ist etwas, was ich nicht verkraften kann, mich völlig überfordert.

Was überfordert dich?
Ich möchte meinem Frauchen so gerne helfen, das Thema zu verarbeiten. Es schmort in ihr ganz tief im Innern, wo sie nicht hinschauen will, das aber geklärt werden möchte. Das blockiert das System ... ja, wie ein Block. Es ist so symbolisch zu sehen. Da will was gelöst werden und in Fluss kommen. Da wir so vertraut sind, schon so lange verbunden sind, spüre ich das natürlich und zeige ihr das mit meinem körperlichen Symptom. Es wäre so schön, wenn ich damit etwas erreichen könnte. Aber der Versuch ist es wert.

Was kann dein Frauchen noch dafür tun und brauchst du eine zusätzliche oder andere Nahrung?
Ach, wenn sie das Thema angeht und lösen würde, kann sich das doch auch lösen. Da braucht es bei mir keine Maßnahmen auch kein anderes Futter.

Ich frage seine Geistigen Begleiter nach einer Lösung:
„Es ist schon so, dass er da etwas für sie trägt, sich ein Stück opfert. Die Heilung liegt in der Klärung der Ursache bei ihr!"

Möchtest du deinem Frauchen noch etwas sagen?
Oh, sag ihr, ich liebe sie sehr! Ich bin so dankbar für ihre Liebe und Fürsorge. Auch jetzt tut es mir gut, dass sie sich so um mich bemüht, um mir zu helfen. Ich spüre ihre liebevolle Sorge um mich. Das ist so schön! Danke!

•

Eine sehr eigenwillige Katze antwortete mir auf die Frage ihres Frauchens, welche Aufgabe sie bei ihr hat:
Wir Tiere symbolisieren die Verbindung zur Natur und zur geistigen Welt und den Energieebenen. Diese anderen Ebenen wollen wir euch Menschen immer wieder nahe bringen, Euch erinnern, dass es mehr gibt, als euren Alltag und die Dinge, mit denen ihr Euch umgebt. Das ist nämlich eigentlich nicht so wichtig. Sondern wichtig ist, zu sein und zu fühlen, das Herz zu öffnen und zu lieben. Das leben wir Euch vor!

Was wünschst du dir von deinem Frauchen?
Na, dass sie genau das lebt, sich dem öffnet, sich verzaubern lässt von der wundervollen Elementalen-Welt und der Welt der Gefühle.

Willst du ihr noch etwas mitteilen?
Oh, sie sollte mehr auf sich achten, mehr bei sich selbst bleiben und nachspüren. Nicht so viel im Außen leben und sich ablenken vom Eigentlichen. Sich öfter was Schönes gönnen und genießen. Etwas tun, was dem Herz gut tut und nicht so viel funktionieren. Sie soll sich nicht so viel einspannen lassen von anderen. Mehr auf sich achten und auf ihr Herz hören.

Gibt es für dein Frauchen noch etwas zu klären?
Oh ja, Baustellen gibt es noch genug. Aber keine Panik, sie ist schon auf einem guten Weg. Dran bleiben ist die Devise. Es ist gut, wenn sie immer gleich nachspürt, wie sich etwas anfühlt und aufmerksam dranbleiben und nicht ablenken. Dann löst sich vieles spielerisch. Ich will ihr dabei helfen, bei ihrem Gefühl zu bleiben und nicht so viel zu grübeln. Wenn es dann gut ist, wird geschnurrt. Wir können da gut zusammen arbeiten. Du weißt es doch, wir Katzen haben da ein gutes Gespür für Disharmonien und Störungen. Ich kann ihr da gut beistehen und helfen. Denn, sag ihr, ich liebe sie sehr und möchte sie sehr gerne unterstützen!

Eine sehr weise Unterstützerin für ihr Frauchen! Ich war tief beeindruckt über die klaren Worte. Mit der Elementalen-Welt meint sie wohl die Ebene, in der die Elementarwesen leben und wirken. Man kann es als die Astral-Ebene bezeichnen oder als die vierte Dimension, in der wir über unsere

Gefühle und Empfindungen die Wesen wahrnehmen und mit ihnen kommunizieren können. Sie wird auch als die Gefühlsebene der Erde bezeichnet.

•

Eine andere Weisheitslehrerin, wie sich die Katze selbst bezeichnet, teilte mir ihre Lektionen für ihr Frauchen mit. Bemerkbar machte sie sich durch lautes Schreien, weswegen mich das Frauchen bat, nachzufragen.
Oh, ich bin gerne bei meinem Frauchen und versuche ihr zu zeigen und mitzuteilen, worauf es hier im Leben ankommt. So freue ich mich, dass ich dir das nun diktieren kann, denn sie versteht mich leider nicht richtig.

Ja, dann erzähl mal, warum du abends und morgens so merkwürdige Laute von dir gibst!
Ich rufe ihre Seele, damit sie sich auf ihr wahres Selbst konzentrieren kann, ihr Herz öffnet und in ihrem Inneren den Platz einnimmt, der sie stärkt und nährt! Sie ist oft zu sehr in ihren Gedanken, die bringen sie weg von ihrem eigenen inneren Kern, ihrem Zentrum. Das ist eben sehr wichtig vor dem Schlafen, sich mit seinem Inneren zu verbinden. Und natürlich auch, wenn sie zur Arbeit geht, dass sie in ihrer Mitte bleibt und mit ihrem Herzen verbunden ist.
Das ist für euch Menschen so wichtig, euch immer wieder mit eurem Seelenkern zu verbinden, dem Göttlichen, das euch ausmacht, das euch ins Leben gebracht hat. Und öffnet euer Herz für all die Schönheit und Liebe um euch. Nehmt nicht immer nur die Dramen und Katastrophen um euch wahr, sondern eher die kleinen Wunder und Kostbarkeiten, die euch begegnen. Darum geht es, bewusst in der Gegenwart das wahrzunehmen, was sich gerade zeigt. Nehmt es an, dass all das Großartige und Schöne um euch für euch da ist. Nehmt die Geschenke an, seid dankbar! Hört auf zu jammern und euch zu beklagen, legt den Fokus auf die Schätze, die ihr bekommt und die euch umgeben.
Ja, es geht darum, bewusst zu leben, bewusste Entscheidungen zu treffen, konzentriert im Jetzt zu sein! Das ist mein Ruf, daran zu erinnern.

Warum springst du ins Regal, wo die Steine, Karten und Engel sind?
Oh, das ist sehr gut, dass sie sich damit beschäftigt, das bringt sie weiter auf ihrem Weg. Ich muss sie ab und zu erinnern, sich damit zu beschäftigen …

eine Karte nehmen und in sich zu spüren. Das ist so wichtig! Das sollte sie öfter machen!

Spielst du nicht gerne?
Nein, das brauche ich nicht mehr. Ich bin nun eher die Weisheitslehrerin und stehe mehr über den Dingen. So Albernheiten brauche ich nicht.

Was ist so interessant an dem alten Kleiderschrank, warum gehst du dort gerne rein?
Oh, dieser Schrank ist sehr behaftet mit alten Energien. Sie sollte dort nicht ihre Sachen hineinlegen. Es ist was Belastendes an dem Schrank. Es wäre leichter und klarer im Raum, wenn der weg wäre. Er tut der Atmosphäre nicht gut und stört die gute Schwingung. Es ist an der Zeit, ihn los zu lassen. Das wäre besser. Vor allem sollte sie nicht ihre persönlichen Sachen dort hineinlegen, die nehmen dort die schlechte Schwingung auf. Mich stört dieser Schrank massiv!

Möchtest du deinem Frauchen noch etwas sagen?
Sag ihr, ich liebe sie sehr und bin sehr dankbar, dass sie mich so liebevoll versorgt und ich bei ihr sein darf. So schön, bei ihr sein zu dürfen! Danke!

Offensichtlich ist es ratsam, sensibel auf das Verhalten unserer Haustiere zu achten. Sie bieten immer wieder Lernanstöße und weise Ratschläge.

•

So wurde ich direkt gebeten, einen Kater um Hilfe zu bitten, weil sein bester Freund, der Sohn der Familie große Sorgen hatte und es ihm nicht gut ging. Der weise Kater sagte mir:
Oh, ich bin gerne da, um meinem lieben Freund zu helfen!

Hast du eine Botschaft für ihn?
Er soll versuchen die Sache und die Umstände, aus einer anderen Perspektive zu betrachten. Etwas Abstand und den Blick aus einer Sicht von Außen darauf lenken. Dann wird er eine mögliche Lösung erkennen. So dreht er sich in seinem Gedankenkarussell buchstäblich im Kreis! Er soll aus dem Karussell

heraustreten und ins Riesenrad steigen und von oben darauf schauen. Allein mit den Gedanken sind die Dinge nicht zu lösen. Der Schlüssel ist, sein Herz zu öffnen und hinein spüren. Das innere heilige Herz weiß die Lösung. Wenn das Herz freudig zustimmt und sich das Gefühl stimmig anfühlt ist es der richtige Weg.

Wir Tiere sagen euch doch immer wieder, öffnet euer Herz! Er soll in die verschiedenen Aspekte hineinfühlen und sich für die Lösung entscheiden, bei der er sich am besten fühlt, die sich leicht und hell anfühlt. Es gibt solch eine Lösung! Er soll vertrauen, dass er dorthin geführt wird.
Es ist ein Problem, was er in der Lage ist zu lösen und er kann daran wachsen, wenn er die Herausforderung annimmt. Es ist nicht zu schwierig, als dass es nicht lösbar wäre.

Schaut doch, wie wir Katzen es machen: mit großer Geduld und aufmerksamer Spannung, konzentriert auf das Ergebnis und im richtigen Augenblick reagieren. So überleben wir in der Natur mit wenig Energieeinsatz. Naja, etwas Übung gehört schon auch dazu.
Im richtigen Augenblick wird er schon die richtige Strategie wissen. Wichtig ist die konzentrierte Ausrichtung auf das gewünschte Ergebnis.
Er soll seinen Geistigen Begleitern vertrauen, dass sie ihn unterstützen … allerdings müssen sie vorher darum gebeten werden, sonst können sie nicht agieren.

Ich hoffe so sehr, dass er bald seine Lebensfreude wieder findet und das Leben wieder genießen kann. Ich liebe ihn sehr, mein hochgeschätzter Freund! Er schafft das, ich weiß es! Zuversicht hilft!

Diese Aussage ist von so umfassender Klarheit, dass mir dazu keine weitere Frage einfiel. Ich war überwältigt! Eine Aussage, die sicher für noch viele andere Menschen hilfreich sein kann.

•

Ein großer Schäferhund, der zum Zeitpunkt des Gesprächs bereits verstorben war, hatte ebenfalls gute Ratschläge für seinen früheren Freund. Der Mann war an einem Tumor im linken Ohr erkrankt. Ich wurde gebeten, mit dem Hund Kontakt aufzunehmen und um Hilfe zu bitten:
Ja, das war schon immer ein Schwachpunkt bei ihm. Sein linkes Ohr ... es geht darum, genau hinzuhören auf Themen, die auf der Gefühlsebene liegen, die wollen gehört werden. Ein offenes Ohr für die eigenen tiefen Gefühle ... diese spüren und zulassen ... darum geht es. Wenn er sich dafür öffnet und hinhört ... hin spürt, heilt es wieder.
Die Heilung hat er selbst in der Hand, das kann ihm keiner abnehmen. Ich werde nun an seiner linken Seite sein, wenn er es möchte, und ihn begleiten. Er sollte sich nun Zeit nehmen, Ruhe, um in sich zu spüren, zu hören und die Gefühle zulassen, fließen lassen, sie da sein lassen, annehmen und da hindurch gehen. Ich stehe ihm bei, das soll er wissen!
Nur soll er jetzt auf keinen Fall Angst haben, das schwächt und raubt Energien. Diese Energien braucht er nun für seine Heilung, die Heilung auf der Seelenebene, der Gefühlsebene und dann auch auf der körperlichen Ebene. Die Reihenfolge ist zu beachten, es geht nur so!
Heilung ist möglich, wenn er die Angst überwindet und sich öffnet ... ja, dem Prozess hingibt.
Wir arbeiten zusammen, seine geistigen Begleiter, die göttlichen geistigen Wesenheiten und wir Anderen an seiner Seite unterstützend! Er soll vertrauen!
Vertrauen ist nun sehr wichtig ... der Schlüssel! Er soll wissen, ich bin nun bei ihm! Ich liebe ihn sehr und natürlich auch mein liebes Frauchen ... in tiefer Liebe verbunden!

Danke für deine Vermittlung!

So hatte auch eine weise, alte Katzen-Dame hilfreiche Hinweise für ihr Herrchen.
Ich soll dich fragen, ob du etwas von deinem Herrchen brauchst?
Er ist doch so liebevoll zu mir, besser kann es mir doch nicht gehen. Es ist so schön, wenn er da ist ... so schön!

Möchtest du ihm denn etwas sagen?
Er braucht sich um mich keine Sorgen zu machen. Er sollte eher auf sich selbst achten. Er lässt sich oft zu sehr ausnutzen und überfordert sich damit. Das tut ihm nicht gut. Das bringt ihn aus dem Gleichgewicht. Das zeigt sich dann auch körperlich bei ihm. Da wir so eng verbunden sind, übernehme ich das natürlich auch und spiegle ihm das.
Ich liebe ihn ja so! Ich möchte ihm gerne einige Belastungen abnehmen, damit er es leichter hat. Eigentlich schaffe ich das nicht, das weiß ich auch ... aber ich versuche es, damit er befreiter ist, unbeschwerter und sich besser fühlt. Das ist, was ich gerne möchte ... dass er wirklich glücklich ist. Das wäre schön! Das wäre doch dann das Paradies!
Also, sag ihm, er soll sich nicht so sehr unter Druck setzen, bzw. setzen lassen. Er soll gut darauf achten, wieweit eine Anforderung gut für ihn ist, wann ist es zu viel und schadet ihm? Darauf sollte er sorgsam achten und mehr auf seine innere Stimme hören und spüren, wann ihm etwas nicht gut tut. Wir Katzen haben dafür sehr gute Antennen, das fehlt euch Menschen oft. Wir gehen einfach, wenn uns was nicht passt. Da könnt ihr Menschen gut von uns lernen. Versucht feinfühliger zu sein für eigenes Wohlgefühl! Das ist ein Lernkapitel, das wir Euch vorleben ... genau spüren, wann ist der richtige Moment zu gehen und etwas zu beenden, den Platz zu wechseln. Entwickelt diese Sensibilität und es wird euch besser gehen!
Sag ihm, ich liebe ihn sehr und unterstütze ihn, solange ich kann!

Ich danke dir !
Oh, ich danke dir, dass du das alles für mein liebes Herrchen aufgeschrieben hast. Ich hoffe, ich erreiche sein Herz!

•

Ich habe auch mit einer Katze gesprochen, die sehr viel Hochachtung für ihr Frauchen zum Ausdruck bringt. Auf meine Frage, ob sie eine Botschaft für sie hat, sagte die Katze:
Oh, sie ist so liebevoll und es ist so toll, wie sie sich um mich kümmert. So toll! Sie hat ein offenes, liebevolles Herz und das ist so schön und leider bei den meisten Menschen selten. Die meisten Menschen sind so oberflächlich.

Bei ihr spüre ich sehr viel Tiefe und Bewusstheit. Ihre Verbindung zum universellen Ganzen ist schon sehr weit entwickelt. Das ist toll zu spüren. Ich liebe und schätze sie sehr. Sie ist eine großartige Wesenheit und sollte gut auf sich achten, damit sie nicht ausgenutzt wird. Das kann leicht passieren, dass Energien abgezogen werden. Da sollten so hoch strahlende Wesen besonders darauf achten und Vorsorge treffen.
Sag ihr, Danke, Danke für ihre Liebe und Fürsorge und ich bin sehr stolz, sie kennen zu dürfen!

Na, da kann auch ich mich geehrt fühlen, von dieser Dame um ein Gespräch mit ihrer Katze gebeten worden zu sein.

•

Die Tiere werden oft begleitet von Geistigen Helfern, die die Botschaften oft ungefragt zusätzlich vertiefter erklären. Das passierte mir bei einem Gespräch mit einer über 12 Jahre alten Hündin, die ich auch fragen sollte, ob sie ein Botschaft für ihr Frauchen hat.
Auf meine Eingangsfrage nach ihrem Befinden sagte sie mir:
Oh, ich bin doch so glücklich, bei einem so liebevollen Frauchen sein zu dürfen. Sie ist ja so wundervoll zu mir! Sie muss es doch spüren, dass es mir bei ihr gut geht!?

Hast du Schmerzen?
Ach, es wird schon mit der Zeit mühsamer mit dem Laufen. Hinten an den Hüften schon manchmal, aber es ist erträglich. Nur eben ist der Elan von früher weg. Es fühlt sich schwer an.

Kann dein Frauchen für dich etwas machen?
Ach, es ist einfach schön, ihre Liebe zu spüren und bei ihr sein zu dürfen. Das ist doch das Schönste was möglich ist. Ja, ihre Liebe spüren … so schön! Der körperliche Prozess ist wohl nicht aufzuhalten, damit müssen wir uns abfinden und die Zeit zusammen genießen … jeden Tag genießen!

Möchtest du noch was Spezielles tun?
Es ist immer schön, mit meinem Frauchen durch die Natur zu streifen. Einfach in der Natur sein, dort zu spüren, die Gerüche genießen und das Leben

dort wahrnehmen. Das ist, was ich sehr liebe. Da müssen wir ja nicht viel laufen, einfach da sein. Ja, darum geht es doch, da SEIN! Einfach zusammen sein! Das genießen!

Brauchst du etwas?
Bei ihr sein, das ist das, was ich brauche! Es ist so schön, wenn wir zusammen sind, denn ich gehöre doch zu ihr und ich liebe sie so sehr!

Kannst du ihr ein eindeutiges Zeichen geben, wenn Du dann gehen möchtest? Damit dein Frauchen weiß, wann sie den Tierarzt um Hilfe bitten soll.
Oh, ob ich das dann so genau spüre, wann die Zeit gekommen ist? Ich weiß es nicht. Wir werden sehen. Aber es ist doch noch nicht so weit! Oh, wir sollten bis dahin jeden Tag zusammen genießen!

Kommst du zu ihr zurück?
Wir werden für immer im Herzen verbunden bleiben, da bin ich sicher, denn unsere Verbindung ist doch jetzt schon so tief. Ich werde sie dann sicher in der anderen Schwingung besuchen. Was irgendwann später wird, muss ja dann noch entschieden werden. Dafür ist es jetzt noch viel zu früh!

Möchtest du ihr noch etwas sagen?
Na, ich kann ihr nur immer wieder Danke sagen für das wunderschöne Leben bei ihr und mit ihr zusammen! Und Danke für ihre große Liebe und ihr offenes Herz für mich, ihre Fürsorge ... ach, so gerne war ich bei ihr, bin ich ja noch ... und genieße es noch solange es geht. Und hoffe, es geht noch lange auch wenn es mühsamer wird. Egal, ich genieße ihre Liebe! Sag ihr das bitte!

Ja, das richte ich ihr aus. Hast du denn noch eine Botschaft für dein Frauchen?
Ach, das ist jetzt schwer für mich, es zu sagen. Ich werde ja nun mehr und mehr zu einer Belastung für sie und behindere so neue Wege für sie. Aber jetzt ist für sie eine gute Phase, in ihrem Herzen zu spüren wo es sie hinzieht. Sie kann es nur selber in ihrem Herzen spüren, welchen Weg sie gehen sollte. Oder?

Sie schaut sich um, denn neben und hinter ihr stehen geistige Wesen, die das Gespräch unterstützen. Die geistigen Begleiter sprechen nun:
„Es ist so, dass wir von außen keinen Hinweis zum Weg geben können. Ihr Menschen habt den freien Willen und könnt euch selbst entscheiden, wie es weitergeht. Allerdings geben wir gerne Impulse, den jeweils geeigneten Schritt zu tun. Wir bitten darum, dass sie sich öffnet, diese Impulse aufzunehmen. Da ist es die geeignete Weise, in das innere heilige Herz zu spüren, was es sich wünscht! Ihr höheres Selbst weiß jeweils den nächsten Schritt und darum geht es, diese Zeichen zu beachten und diesen nachzugehen.
Es geht darum, das zu tun, was das Herz mit Freude erfüllt. Fragt euch immer wieder aufs Neue, was euch wirklich mit Freude und Euphorie erfüllt, denn das ist der Wegweiser! Die Freude und die Liebe zu einem Thema gibt die Richtung vor, dann gebt euch hin den Entwicklungen und lasst zu, was sich zeigt. Sie soll sich öffnen für Hinweise und Unterstützung von Außen. Sobald sie in ihrem Herzen das Projekt ihrer Freude und vollen Hingabe gefunden und erspürt hat, werden sich ihr Türen öffnen und es fügt sich Eins nach dem Anderen. Es ist dann sehr wichtig, im Vertrauen zu bleiben, im Vertrauen, dass Begleitung da ist, wenn sie darum bittet. Denn das ist wichtig, dass sie die Geistigen Helfer um Unterstützung bittet. Ohne das können wir nicht aktiv werden. Doch wir helfen gerne, wenn es gewünscht wird und die Bereitschaft und Offenheit da ist, die nächsten Schritte zu tun. Auch wenn sie sich manchmal unangenehm anfühlen, es geht nun mal nicht gradlinig. Zyklen gibt es in allen Bereichen, so auch auf Entwicklungswegen. Also, wir helfen gerne und unterstützen die nächsten Schritte. Der Weg ist selbst zu wählen!"

Ich fragte die Hündin, ob sie noch etwas ergänzen möchte:
Oh, das ist doch alles so grandios formuliert. Ich bin ganz sicher, dass mein Frauchen es schon spürt, was das Richtige für sie ist. Ich denke auch, sie weiß es eigentlich schon. Ich werde sie dann später aus der anderen Ebene unterstützen. Versprochen!

Ich danke dir und den Geistigen Helfern für das Gespräch!
Die Hündin sagt: Danke für deine Übermittlung!

Die geistigen Begleiter verneigen sich!

Wir danken dir für dein Wirken!

•

Ich wurde gebeten, mit einer Hündin Kontakt aufzunehmen, weil sie scheinbar Schmerzen und gesundheitliche Beschwerden hatte. Von Seiten einiger Tierärzte konnte nicht abgeklärt werden, was mit ihr war. Bei meiner Kontaktaufnahme kam die Hündin schon sehr zögerlich auf mich zu. Sie sagte mir dann:
Oh, ich bin nicht ganz so in meiner Kraft, bin etwas bedrückt.

Was bedrückt dich?
Es ist im Moment etwas schwierig, weil mein Frauchen nicht glücklich ist. Ihr Herz ist schwer und sie grübelt so viel. Das beunruhigt mich.

Du hast gesundheitliche Beschwerden und Schmerzen, was sind die Ursachen?
Körperlich habe ich keine Schmerzen, da tut mir nichts weh. Es ist eher die Belastung, die ich bei meinem Frauchen spüre, das macht mich auch unglücklich, bedrückt mein Herz und lähmt mich ein Stück. Mir fehlt einfach die Lebensfreude.

Ja, das soll ich dich fragen, warum du so traurig bist. Was kann sie dir geben, damit du wieder ein fröhlicher Hund bist?
Ach … **(seufzt) …** ja ja, sagte ja schon, dass mich ihre Herzsorgen bedrücken. Sie sollte nun eine klare Entscheidung für sich treffen, damit sie frei wird von diesem Hin und Her und dem Nachdenken im Kopf. Sie sollte in ihr Herz spüren und fühlen, was jetzt für sie richtig ist, was sich richtig für sie anfühlt. Dann bekommt sie mehr Klarheit und kann wieder fröhlich werden. Das entlastet mich dann auch, denn wir sind doch so eng miteinander verbunden, dass ich all ihre Probleme auch spüre. Sag ihr das, ich liebe sie sehr! Und ich bin tief auf der Herzebene mit ihr verbunden. Solange ihr Herz nicht frei ist, ist auch meine Energie blockiert.

Du leckst dir an den Pfoten oder auch das Sofa oder den Teppich. Was ist der Grund dafür?

Oh, das ist meine Ungeduld, dass sich das immer noch nicht löst. Es ist alles so zäh! Ich versuche es so, mehr zu klären und zu säubern. Ist mir schon klar, wie verrückt das klingt aber ich weiß mir sonst keinen anderen Rat, ihr zu zeigen, dass sie mehr klären und reinigen sollte auf der Gefühlsebene. Ich will ihr nur zeigen, was jetzt ansteht!

Du hast öfter andere Hunde gebissen, manchmal war der Grund für dein Frauchen nicht nachvollziehbar. Warum hast du das getan?
Na, ich muss doch mein Frauchen beschützen. Ich merke, wenn sie so mit ihren Gedanken beschäftigt ist und nicht wirklich bei mir ist, kann sie doch auch nicht wahrnehmen, dass manche Hunde uns nicht wohlgesonnen sind. Manche sind frustriert, da weiß man nicht, wie sie reagieren, wenn mein Frauchen unaufmerksam ist. Ist also eine reine Vorsichtsmaßnahme. Ich passe eben auf und muss dann die Führung übernehmen. Das ist reine Vorsorge aus Liebe zu ihr!

Wie ist dein Verhältnis zu dem Lebensgefährten von deinem Frauchen?
Na, so als Mensch ist er ja ganz okay. Aber ich merke, dass er meinem Frauchen nicht gut tut. Sie ist deswegen oft unglücklich und das ist nicht gut. Das beunruhigt mich.

Wie siehst Du die Konflikt- und Trennungssituation zwischen den beiden?
Oh je, sie sollten endlich klare Verhältnisse schaffen. Dieses ständige hin und her ist sehr belastend. Klare Entscheidungen müssen her! Entweder so oder so, Hauptsache mal eindeutig klar. Dann kommt auch wieder mehr Leichtigkeit in unser Leben!

Möchtest du deinem Frauchen noch etwas mitteilen?
Sag ihr, ich liebe sie sehr und bin gerne an ihrer Seite. Ich würde ihr so gerne mehr helfen können, da sollte sie mehr auf meine Reaktionen und Aktionen achten. Ich gebe ihr doch Zeichen und möchte sie so unterstützen! Das ist doch meine Aufgabe hier!

Wer hat dir diese Aufgabe gegeben?
Na, das ist doch so von den Geistigen Helfern arrangiert, dass die Menschen mit der Offenheit für Tiere einen Helfer geschickt bekommen. Das ist eine Art, sich auf seinem Weg entwickeln zu können, indem wir Tiere eure

Herzen berühren und Hinweise geben. Wir Haustiere werden Euch dafür geschickt. Und wir tun es sehr gerne!

Ich danke dir!
Oh gerne! Ich danke dir, dass du das vermittelst. Super!

Daraufhin hatte ihr Frauchen noch weitere Fragen an ihre Hündin. Einige Tage später habe ich sie gefragt: *Kannst Du dich an unser Gespräch erinnern?* Oh ja, das kann ich gut. Ich habe gespürt, wie mein Frauchen danach auf den Text reagiert hat und so berührt war. Wie schön! Oh, das ist so toll!

Ich soll dich noch fragen, warum du vor Schmerzen schreist beim Abtrocknen und wenn sie dir beim Einsteigen ins Auto behilflich ist oder beim Spielen mit anderen Hunden?
Ach, ich bin einfach im Moment sehr überreizt. Dann habe ich schon mal Verspannungen, das ist aber nicht dramatisch. Bin nur einfach sehr empfindlich.

Ist es denn überflüssig, dass du zur Physiotherapeutin gehst?
Ach, das tut schon gut und entspannt mich etwas. Wir bräuchten das aber nicht, wenn sich unsere Gesamtsituation entspannen würde!

Ich soll dich noch fragen, was morgens mit dir los ist, auf dem ersten Wegstück bist du lustlos und langsam?
Ich brauche erst etwas Zeit, bis ich die Belastungen von Zuhause abgestreift habe. In der Natur lebe ich auf, da fühle ich mich unbeschwert und wohl. Die Natur heilt die körperlichen Blockaden, die durch die Spannungen in der Wohnung verursacht werden.

Was meinst du für Spannungen in der Wohnung? Die zwischen deinen Menschen oder energetische?
Das kann schon sein, dass auch in den Räumen was ist, was mich schwächt. Ich fühle mich drinnen immer sehr gedämpft, als würde mir etwas Kraft entziehen.

Ich frage die Geistige Welt und pendle: Es bestätigt äußere Einflüsse und Belastungen, negative Einflüsse durch andere Menschen, nicht durch den Partner.

Es stellte sich dann heraus, dass sie seit einiger Zeit gemeinsam in einem über 200 Jahre alten Haus leben. Die Frau hat dann mit Unterstützung von Freundinnen die Räume mit Klangschalen, Räuchern und energetischer Klärung gereinigt. Danach habe ich noch mal mit der Hündin Kontakt aufgenommen.

Dein Frauchen hat mit Unterstützung von zwei Frauen das Haus gereinigt. Wie findest du es jetzt im Haus?
Oh, es fühlt sich schon deutlich besser und leichter an. Da ist aber noch Einiges, ich denke, sie sollten das noch öfter machen. Einiges ist schon sehr hartnäckig und zäh. Immerhin ist es schon viel freier! Ja, so habe ich auch schon mal Lust zu spielen.

Warum kommst du nachts nicht mehr ins Schlafzimmer?
Oh, da fühle ich mich nachts gar nicht wohl. Besonders da hängt noch was fest. Das ist mir noch sehr unangenehm!

Ich soll dir noch sagen, dass dein Frauchen dich sehr liebt und gerne mit dir kuschelt und dich streichelt!
Oh, ja Danke, das spüre ich ja auch!
Wenn ich wieder mehr Lebensfreude habe, bekomme ich auch mehr Lust zu kuscheln und ihr nahe zu sein. Dann kann ich mich viel mehr entspannen.
Das wäre so schön, wenn wir das dann wieder mehr genießen können.
Sag ihr, dass ich sie auch sehr liebe und gerne an ihrer Seite bin!

Ich danke dir!
Oh, ich danke dir auch!

Die Frauen haben die Rituale noch einige Male wiederholt, besonders im Schafzimmer und das Partnerschafts-Problem wurde geklärt. Heute ist die Hündin wieder voller Lebensfreude und kuschelt gerne mit ihrem Frauchen.

Ich danke dir!
Oh, ich danke dir! Lebe wohl!

Ich war durch diese Worte so beeindruckt, dass mir die Tränen kamen ... wie so oft bei meinen Kontakten mit den Tieren auf der Seelenebene.

•

Diese beeindruckenden Protokolle von den Aussagen der Tiere machen deutlich, dass bei den Tieren die direkte Anbindung an die göttliche Ebene besteht und sie jederzeit darauf zurückgreifen können. Das lässt uns verstehen, warum Tiere, wenn sie unter normalen Bedingungen aufgewachsen sind, diese unendliche, bedingungslose Liebe ausstrahlen. Wenn wir mit offenem Herzen Kontakt zu ihnen aufnehmen, fließen sie buchstäblich über von Zuneigung. Schauen wir in ihre Augen, eröffnet sich ein Meer von Liebe, eine unmittelbare Tiefe und Offenheit für eine Begegnung. Wenn wir es schaffen, uns auf diese tiefe Liebe einzulassen, können wir teilhaben an dieser Welt der Verbundenheit mit Allem, Verbundenheit mit dem universellen Wissen.

Nehmen wir die Hinweise der Tiere an! Gerade unsere Haustiere, die eine starke Verbindung zu uns entwickelt haben, können uns Defizite aufweisen, uns zeigen, wo wir hinschauen sollten, was noch zu lösen und zu klären ist. Sie leiten uns an, bewusster in unserem Alltag mit uns Selbst umzugehen, zu handeln und um uns unsere Themen zu kümmern. Annehmen, was da ist und dann darauf reagieren, das ist so eine Strategie, die uns die Tiere zeigen. Und immer wieder der Hinweis, unser Herz zu öffnen, zu spüren, nach Innen zu fühlen was sich zeigt. Nicht sich im Außen ablenken sondern nach Innen zu schauen, sich Zeit nehmen, der wahren Realität auf den Grund zu gehen.

Wir sind hier auf die Erde gekommen, um Erfahrungen zu machen und daran zu wachsen, uns weiter zu entwickeln. So versuchen wir oft bis an unsere Grenzen zu gehen und auch darüber hinaus. Das treibt uns zu übersteigerten Leistungen, zur Perfektion, zum immer HÖHER, BESSER, WEITER ... Wir meinen, durch extreme Kicks und außergewöhnliche Erlebnisse unser

Glück zu finden. Meist kommt allerdings danach eine große Leere, die allzu schnell mit neuen Herausforderungen überdeckt wird. Bis wir lernen, unser Glück dort zu suchen, wo wir es immer schon in uns tragen. Tief in unserem Herzen finden wir die Antworten!

Das zeigen uns die Tiere, die so unmittelbar ihre Lebensfreude und Zufriedenheit leben. Sie haben den Zugang zu ihrem tiefen Glück in sich, in ihrem Herzen nie verloren. Wir brauchen uns nur wieder dafür zu öffnen und es zulassen, so wie wir als Kinder dieses Glück in uns meist noch gespürt haben. Am Anfang unseres Lebens hatten wir noch die Verbindung zu der unendlichen Tiefe und Weite in uns und haben unsere Lebensfreude gespürt. Lassen wir uns heute als Erwachsene wieder anstecken von diesem inneren Glück, erinnern uns und öffnen uns dem tiefen inneren Wissen und der Weisheit von Allem was IST!

Reaktionen der Tiere auf ihre Menschen

Unsere Haustiere, die in so enger Verbindung zu uns Menschen leben, reagieren natürlich unmittelbar auf uns. So entwickeln sich oft gesundheitliche Probleme wegen Störungen oder Disharmonien im Familiensystem. Manchmal fehlt einfach auch der liebevolle Umgang aus Gedankenlosigkeit oder wegen Stressphasen der Menschen.

So habe ich von einigen Tieren gehört, wie wichtig es für sie ist, wie sie ihr Futter bekommen. Ein Hund, den ich fragen sollte, ob ihm das Futter schmeckt und ob er damit zufrieden sei, sagte mir:
Ja, das Wichtigste ist dabei doch, dass es mit Liebe serviert wird. Und das ist schon okay … dann schmeckt fast alles!

●

Eine Katze hat einen besonders empfindlichen Magen und erbricht jedes mal, wenn die Tochter des Frauchens zu Besuch kommt. Sie hat mir ihr Erleben so geschildert:
Mit dem Erbrechen ist das so eine Sache, ich habe einen empfindlichen Magen. Wenn Aufregung und Unruhe da ist, reagiert er leicht. Das passiert aber nicht wegen Martina, sondern eher wegen der Unruhe und Hektik. Ich mag es eher, wenn mehr Gelassenheit herrscht. Meine gewohnte Ruhe ist mir wichtig.

Eine Frage nach deinem Futter, immer wieder verweigerst du es und verlangst dann neues?
Ach ja, das Futter. Ich sagte ja eben schon, dass ich einen empfindlichen Magen habe und manchmal nicht alles vertrage. Das schwankt und hängt von den Umständen ab. Es tut mir leid, wenn ich da Schwierigkeiten mache! Wichtig ist mir aber auch, dass das Futter liebevoll bereitet wird und ganz in Ruhe und mit Bedacht. Das klingt vielleicht jetzt kompliziert. Was ich zum Ausdruck bringen möchte ist, dass die innere Haltung im Zusammenhang mit dem Essen wichtig ist. Eine liebevolle, achtsame Energie wirkt sich gut auf das Futter aus. Das solltet ihr auch bei eurem Essen beachten. Dann ist

es viel bekömmlicher. Es ist dann nicht mehr so entscheidend, welche Sorte es ist. Ob mein Frauchen das versteht?

Ich werde es ihr schreiben. Ich danke dir!
Oh, ich danke dir auch für die Vermittlung!

Das ist sicherlich für uns alle ein wichtiger Hinweis, dass wir bewusster und liebevoller unsere Speisen zubereiten und auch zu uns nehmen sollten.

•

Das sagte mir auch eine andere Katzen-Dame:
Mein Verdauungssystem ist sehr sensibel. Manchmal ist es nicht ganz in Harmonie. Zum Beispiel, wenn ich zu schnell esse, zu sehr schlinge, ist das nicht gut. Vergesse ich schon mal, wenn es so lecker schmeckt. Vielleicht ist es besser, wenn ich kleinere Portionen vor mir habe. Wichtig ist, dass ich beim Essen nicht in Stress komme. Gut ist, wenn ich mein Futter mit Liebe bekomme und ganz in Ruhe, dann bekommt es mir gut.

Euer Frauchen fragt, ob sie zu wenig mit euch spricht und spielt?
Wir haben natürlich gelegentlich gerne Aufmerksamkeit und spüren gerne, dass wir geliebt werden. Da kommt es nicht darauf an, wie oft es direkten Kontakt gibt sondern eher, wie intensiv die Verbindung ist. Das ist das Entscheidende. Und das spüren wir sehr stark, dass die Liebe fließt und wir dazu gehören. Und wir sind doch dafür da, die Herzen zu öffnen. Es ist wichtig, entspannt miteinander zu sein, liebevoll und ungezwungen. Lasst das Leben fließen. Wir Katzen leben es so, einfach zu SEIN!

•

Eine Dackel-Hündin sagte mir auf die Frage von ihrem Frauchen:
Bist Du mit deinem Leben zufrieden?
Aber ja, ja, ich spüre doch ihre Liebe zu mir und unsere Verbundenheit. Das muss sie doch auch spüren, warum fragt sie das?

Sie ist vielleicht nicht ganz sicher und fragt nach der Länge und Art eurer Spaziergänge und dem Fressen!
Ach, das ist doch so schön, wenn wir zusammen draußen rum stromern. Da ist die Länge und Dauer nicht wichtig, sondern das intensive zusammen Erleben, dass ich sie intensiv spüre, dass sie bei mir ist, mit mir geht.
So ist es auch mit dem Fressen, wenn sie es mir mit Liebe hinstellt, ist es wundervoll und lecker. Wenn es mal hektisch ist und einfach so hin gepfeffert wird, ist es weniger bekömmlich. Also ... die Energie muss stimmen, dann ist alles bestens!

•

Etwas anders formulierte es eine Katze, die kränklich und energielos war.
Was brauchst du an Futter, ist das gut so wie es ist und möchtest du weiterhin das Selbstgemachte fressen?
Es ist ganz wichtig, dass das Futter mit Liebe gegeben wird. Und das Selbstgemachte ist meist mit sehr viel Liebe zubereitet. Das ist schon etwas ganz besonderes und das genieße ich sehr. Es ist eben ausschlaggebend, mit welcher Schwingung das Futter gegeben wird. Etwas in Eile und ohne Liebe hin geknallt zu bekommen kann dann nicht schmecken und bekömmlich sein.

•

Ein schwarzer Hund sagte es mir noch mit anderen Worten.
Schmeckt dir das Futter, was du bekommst?
Ja, das ist auch so, es ist wichtig, dass es mit Liebe und Hinwendung gegeben wird. Wenn ihr Menschen dabei an was anderes denkt, womöglich an was Schlechtes, dann kann es uns Tieren auch nicht schmecken. Wenn es liebevoll mit offenem Herzen hergerichtet ist, dann kann man das auch gut fressen.

Hättest du zusätzliche Essenswünsche?
Das ist eigentlich schon beantwortet ... die innere Haltung ist wichtig, dann bin ich vollkommen zufrieden!

•

Diese Aussage führt uns zu einer weiteren Problemquelle im Umgang zwischen Mensch und Tier. Wir Menschen sollten uns bewusst machen, dass die Tiere unsere Gedanken und Empfindungen wahrnehmen und darauf unmittelbar reagieren, egal wie wir uns verhalten. Schwierig ist manchmal das Verhalten von Hunden beim Gassigehen, wodurch sich Frauchen oder Herrchen überfordert fühlen.

Ein recht großer, kräftiger Hund beschrieb mir sein Reaktionsverhalten so:
Warum hast du Angst vor bestimmten Männern und auch anderen Hunden?
Oh, ich bin da sehr vorsichtig. Man weiß ja nie! Ich bin da sehr empfindlich, weil ich auch schon schlechte Erfahrungen gemacht habe, getreten und geschlagen wurde. Deshalb mache ich um solche Typen lieber einen großen Bogen. Damals war ich noch nicht so kräftig. Heute könnte ich mich ja wehren … aber dem gehe ich lieber aus dem Weg, will keinen Stress. Bin eher friedliebend.
Das ist ähnlich bei manchen Hunden. Wenn ich merke, die stehen unter Strom und könnten aggressiv sein, gehe ich denen lieber aus dem Weg.

Aber das ist erst in letzter Zeit so schlimm, wie kommt das?
Ja, das war jetzt wegen dem Bein, es tat ja doch weh und ich konnte nicht so schnell wegrennen. Das hat mich doch recht unsicher gemacht. Ich bin eben nicht mehr so schnell wie früher und war etwas gehandikapt.

Dein Frauchen hat mit dir Schwierigkeiten, wenn sie dich waschen, duschen und erziehen will. Auch schnappst du schon mal nach ihr, warum?
Na ja, das mag ich dann eben einfach nicht! Dann habe ich keine Lust dazu. Mir ist das auch viel zu oft … muss das denn sein? Ab und zu wäre ja okay. Aber so oft nervt es schon, dann weiß ich mir nicht anders zu helfen. Aber ich möchte ihr natürlich nicht weh tun. Es tut mir sehr leid, dass ihr das Angst macht. Ich werde versuchen, mich da mehr zu zügeln. Aber bitte nicht so oft waschen!

Was wünschst du dir von deinem Frauchen, was ist dein Motiv und was wünschst du dir bezüglich eurer Kommunikation?
Ja, ich bin doch ihr Lebensbegleiter an ihrer Seite! Ich passe auf sie auf und beschütze sie. Dabei respektiere ich auch, dass sie der Boss ist. Und das ist

nun wichtig: Sie sollte dann immer klar in ihren Gedanken sein, wenn wir etwas gemeinsam tun, denn ich nehme ihre Gedanken auf und richte mich danach. Wenn angstvolle Gedanken kommen, verunsichert mich das. Wenn sie absolut klar ist, gibt mir das Kraft und Sicherheit. Das brauchen wir Hunde, eindeutige, klare Richtung durch klare Ansage. Das reicht schon durch die Gedanken. Da muss gar nichts gesprochen werden. Ich spüre, wie es ihr geht und was sie denkt, was sie bewegt. Das überträgt sich auf mich und darauf reagiere ich. Manchmal verunsichert mich das, wenn ich nicht weiß, ob es sich auf mich bezieht, ob ich gemeint bin. Da ist es wichtig, klar gedanklich zu trennen. Was sind Infos für mich, was ist Zeugs, was mich nichts angeht. Wenn das durcheinander geht, fühle ich mich unsicher. Das ist dann schwierig für mich. Ihr Menschen müsst euch da klar machen, dass wir alles von euch spüren und eure Gedanken bei uns Tieren ankommen. Entsprechend reagieren wir. Deshalb ist es so wichtig, dass Verhalten, Denken und Fühlen bei euch Menschen übereinstimmen. Sonst wird es für uns Tiere problematisch.
So wünsche ich mir bei meinem Frauchen mehr Klarheit, damit ich weiß, wo ich dran bin. Dann überwinden wir die gelegentlichen Unsicherheiten. Denn ich liebe sie doch so sehr und möchte glücklich mit ihr sein!

Nach etwa einem Jahr sollte ich noch einmal mit diesem Hund sprechen, weil er gesundheitlich geschwächt war.

Hallo, kannst du dich an mich erinnern?
Oh ja, ich freue mich, schön dich zu treffen!

Wie geht es dir?
Ach, ich bin zur Zeit sehr eingeschränkt, meine Energie ist nicht so im Fluss. Es ist immer mal dies und das, was das Leben mühsam macht.

Nimmst du damit deinem Frauchen etwas ab oder warum kränkelst du so?
Ja ja, wir sind doch eine Symbiose! Bei ihr fließt die Lebensenergie zur Zeit auch nicht so, wie es könnte. Ob es am Winter und an der Kälte liegt? Wir sind beide nicht so fit. Das bremst mich dann auch, ich spüre das ja wie es ihr geht. Die Lebensfreude fehlt, sie ist oft bedrückt und traurig.

Hat das was mit den Entzündungen im Sprunggelenk und den Ohren zu tun?
Ja, da schwelt etwas unterschwellig. Sie will scheinbar da nicht richtig hinschauen und hinhören, was da noch zu lösen und aufzudecken ist. Deshalb geht es auch nicht richtig weiter. Ja und das zeigt sich bei mir im Körper. Es wäre schön, wenn sie mehr auf ihre innere Stimme hören würde bei dem, was sie selbst tief innen betrifft. Es liegt ein Thema bei ihr bereit, das geklärt werden sollte. Das Unklare belastet uns beide.

Warum gehst du nicht ins Auto, in den Kofferraum hinten und nur widerwillig auf die Rückbank?
Ach, ich bin nicht gerne im Auto. Die Geräusche, das Ruckeln … ich fühle mich da so ausgeliefert, wehrlos, bin nicht mein eigener Herr. Ja und es ist mühsam hinten rein zu springen, tut dann weh. Ich springe eben nicht gerne. Auf die Rückbank geht, da muss ich ja aber auch hochspringen.

Wie stellst du dir das weiter vor, dein Frauchen kann dich doch nicht immer zu hause lassen?
Ach ja, das ist schon ein Dilemma. Ich möchte ja möglichst immer bei ihr sein. Nur ist das mit dem Auto schon recht unangenehm. Ich bin da hin und her gerissen, was besser ist.

Dein Frauchen ist ratlos und würde sich freuen, wenn ihr das in den Griff bekommt!
Ja ja, ich spüre da auch ihre Verzweiflung. Das fühlt sich auch so verkrampft an, da geht es dann erst recht nicht. Mit Druck klappt das bei mir nicht!

Warum bist du da so stur?
Ach, das ist jedes mal so eine angespannte Geschichte. Ich spüre gleich, dass Autofahren wieder mal ansteht und sie sich verspannt und Angst vor der Situation hat. Dann geht bei mir schon gleich nichts mehr. Kann dann nicht entspannt da reingehen. Ist irgendwie recht verkorkst. Ich kann mich da nicht drüber wegsetzen. Ist mittlerweile eine verkrampfte Geschichte mit uns beiden und dem Auto.

Wie könnt ihr das lösen?

Ach, mir müsste es erst mal besser gehen und das Bein sollte nicht mehr weh tun, dann kann ich da auch entspannt rein springen. Die ganze Situation sollten wir gelassener angehen, ganz locker!

Willst Du nicht endlich wieder gesund werden?
Ach klar will ich gesund und fit sein! Fühle mich aber im System verfangen und kann mich da auch nicht einfach raus ziehen. Es hängt alles miteinander zusammen. Sagte ja schon, ich reagiere da auf ihre ungeklärten Themen.

Du wirst auch immer ängstlicher, vor allen Dingen dunkel, schwarz gekleideten großen Menschen gegenüber?
Ach, da fühle ich mich unsicher, weil ich ja jetzt nicht so weglaufen kann. Und es ist auch so, dass mein Frauchen sich unsicher fühlt und Angstgefühle hat. Das überträgt sich dann auf mich. Um uns zu schützen muss ich dann knurren und bellen. Das ist doch mein Job!

Mit anderen Hunden kommst du auch nicht so klar?
Ja das ist das Phänomen, wenn ich mich schwach und kränklich fühle, bin ich in der Rangordnung ganz hinten und die anderen respektieren mich nicht mehr. Die spüren das! Und ich fühle mich zusätzlich unsicher, weil ich nicht so laufen kann. Wäre alles nicht so dramatisch, wenn ich richtig fit wäre.

Hat das vielleicht mit deiner Welpen-zeit bei deinen früheren Besitzern zu tun?
Als ich ganz klein war, ging es mir eigentlich super gut. Meine Mama war sehr liebevoll. Das war ganz toll! Als ich dann groß war, gab es dann schon mal Probleme mit den neuen Menschen. Aber so dramatisch war das nicht.

Möchtest du deinem Frauchen noch etwas sagen?
Oh ja, sie soll endlich ihre richtige Lebensfreude wiederfinden, damit die Schwere weggeht. Das wünsche ich mir so! Dann lösen sich bei mir auch die Belastungen und ich kann wieder richtig ausgelassen sein. Ja, fröhlich sollten wir beide wieder sein! Ich liebe sie so sehr und bin so glücklich, an ihrer Seite sein zu dürfen. Ganz egal, unter welchen Bedingungen … Ich bin stolz an ihrer Seite zu sein!

Auf meine Nachfrage drei Tage später: *Was kann dein Frauchen noch machen, damit es dir besser geht?* Sagte er:
Ach, ich sagte es doch schon, dass ihre Lebensfreude mir so am Herzen liegt. Alles im Außen ist nebensächlich. Wichtig ist doch das innere Glück! Die unbeschwerte Freude aus dem Herzen!
Sie sollte die Belastungen lösen, um freier zu sein. Es ist wichtig, die Disharmonie in der Familie zu lösen. Für uns Hunde ist es besonders lebenswichtig, dass Klarheit und Liebe im Rudel fließt. Da wären solche Geschichten, die ihr Menschen euch macht, undenkbar und würden das Überleben gefährden. Das ginge gar nicht! Da bin ich jetzt auch ratlos.

Ich danke dir!
Oh, ich danke dir für deine Vermittlung!

●

Wie wichtig unsere innere Haltung beim Umgang mit unseren Tieren ist, wird auch durch das nächste Gespräch mit einem großen schwarzen Hund deutlich. Die Situation war, dass er nach der Trennung seiner Menschen nur noch ab und zu bei seinem Herrchen sein konnte.
Auf meine Frage: *Wie geht es dir?*
Ich fühle mich innerlich zerrissen. Es ist um mich vieles unstet. Mir fehlt ein sicherer Platz, ein Zuhause wo ich dazu gehöre. Die Menschen um mich sind sehr unklar in ihrer Haltung. Das verunsichert mich.

Bist du deshalb oft unberechenbar und gehst fremde Hunde an?
Ja, das hängt damit zusammen. Ich brauche eine klare Führung, ich bin kein Spielzeug! Mein Instinkt ist, zu beschützen und für die Herde zu sorgen. Wenn ich Unsicherheit bei meinen Menschen spüre, kommt mein Drang zu beschützen hoch. Mir fehlt dann die klare Führung und Ansage, was Sache ist. Ich muss doch meine Menschen beschützen, wenn sie sich unsicher fühlen. Das verstehst du doch!?

Aber bei kleinen Kindern besteht doch keine Gefahr. Warum bist du da auch unberechenbar?

Oh, bei Kindern habe ich schon schlechte Erfahrungen gemacht. Die sind unberechenbar! Da gilt es vorzusorgen wenn da kein klares Zeichen meiner Menschen kommt. Wenn die selber Angst haben, muss ich natürlich eingreifen. Das ist doch ein verständlicher Reflex.

Dein Herrchen möchte gerne wissen, was du für Probleme hast und wie du zu ihm und zu deinem Frauchen stehst!
Probleme? … hab ich eigentlich nicht. Versuche mich so gut es geht anzupassen und mitzukommen. Das ist manchmal schwierig, weil mir oft die Sicherheit und Klarheit fehlt. Mir fehlt eine klare Rudelstruktur, das verunsichert mich.
Ich mag die Beiden sehr. Jeden für sich liebe ich! Ich spüre bei Beiden ein offenes Herz für uns Tiere, das ist wunderschön und gibt mir ein behagliches Gefühl.

Wärst du gerne öfter oder ganz bei ihm? Fühlst du dich bei ihm wohl?
Oh, er hat ein sehr liebevolles Herz. Ich mag ihn sehr. Mir ist es am liebsten, wenn es ganz klar ist, wo ich hingehöre. So ein ständiges hin und her verunsichert mich. Es wäre schon schön, ganz bei ihm zu sein, dann muss er aber klar die Führung übernehmen und in seinen Gedanken und Gefühlen eindeutig sein.

Möchtest du noch etwas mitteilen?
Oh ja, ich möchte Danke sagen für die Liebe, die ich spüre und die Zuwendung und die gute Fürsorge! Danke sehr dafür! Besser kann es einem Hund nicht gehen, wenn er liebevoll versorgt wird.

Ich danke dir!
Oh gerne, es war schön mit dir zu reden und dass du das weitergibst ist so wundervoll. Ich hoffe sehr, dass sich einiges dadurch mehr entspannt. Danke!

●

Durch die Aussage eines anderen Hundes wird ebenfalls deutlich, wie wichtig die innere Sicherheit und klare Haltung der Bezugspersonen ist.

Dein Frauchen fragt, warum du bei Kindern oft so aggressiv reagierst?
Oh, bei Kindern bin ich sehr vorsichtig, sie können sehr merkwürdig reagieren. Ich habe halt erlebt, dass sie auch bösartig sein können und ihre Aggressionen an mir abreagieren. Ja, damals in der Familie meines ersten Frauchens war so ein Junge, der war sehr hinterhältig. Seit dem bin ich vorsichtig und gehe lieber auf Abwehr. Man weiß ja nie, ob so ein Entgegenkommen nicht umschlägt in Böses. Und ich weiß, dass ich mich dann eigentlich nicht wehren darf. Dann komme ich in Konflikt und Stress, dass ich bloß nichts falsch mache.
Ich habe eben damals schlechte Erfahrungen gemacht, das kann ich nicht vergessen. Am besten ist, wenn Frauchen dann ganz nah bei mir ist und vermittelt, damit die Kinder vorsichtig sind. Ich fühle mich sonst total unsicher. Und ihr wisst ja, dann werde ich laut. Aber es ist eher die Angst, was falsch zu machen. Und das will ich auf gar keinen Fall! Denn ich liebe mein Frauchen und Herrchen sehr. Sie haben so viel Geduld mit mir und sind sooo liebevoll. Ich bin so, so, so tief dankbar, dass ich nach all dem Hin und Her so ein schönes Zuhause habe. Wie wundervoll!!!

•

Ein andere Hund, der ins Tierheim abgegeben wurde und nun bei seinem neuen Frauchen lebt, sagte mir auf meine Frage, wie es ihm geht:
Oh, mir geht es doch eigentlich sehr gut, ich bin zufrieden. Danke der Nachfrage!

Wo warst du, bevor du ins Tierheim gekommen bist?
Ach, davor war es recht lieblos. Man hatte kaum Zeit für mich und ich hatte nicht richtig meinen Platz dort. Ich war den Menschen dann plötzlich viel zu groß, damit waren sie wohl überfordert. Wenn man noch Welpe ist, ist es einfacher, geliebt zu werden. Später kam das „böse Erwachen", weil ich immer größer wurde und nicht mehr so handlich war. Die Liebe ging immer mehr weg und ich wurde eher lästig und war fehl am Platz. Und beim nächsten Anlass wurde ich weggebracht. Das tat sehr weh, so aus meinem gewohnten Umfeld gerissen zu werden, abgeschoben zu werden, nicht mehr gewollt zu werden … **(er ist sehr traurig)**

Gefällt es dir auf dem Hof, wo du mit deinem neuen Frauchen wohnst?
Oh ja, es ist schön hier, ich kann draußen auf der Wiese laufen und habe ein so wundervolles, liebevolles Frauchen! Ich bin so dankbar, dass ich bei ihr sein darf, dass sie mich dann mitgenommen hat. Da ist es egal, wo ich mit ihr bin. Hauptsache, ich darf bei ihr sein!

Du hast Probleme mit den Ohren, was ist der Grund dafür und was kann sie tun, damit es weggeht?
Ach, das setzt sich immer wieder zu, ich höre dann schlecht, dann ist so ein Druck und Brummen im Kopf. Ich weiß ja nicht, vielleicht gibt es Tropfen, die das lösen?

Willst du ihr damit vielleicht etwas abnehmen?
Ja ja, das hat schon mit ihr zu tun. Wir sind doch eine Symbiose! Da ist bei ihr das Thema, mehr nach innen zu hören, der inneren Stimme zu lauschen, sich mehr nach Innen wenden und den äußeren „Lärm" abschirmen. „Lärm" sind die verurteilenden Gedanken, die kritischen Stimmen, Vorwürfe, sich klein machen lassen ... all das, was von außen kommt und ihr nicht gut tut. Eher der inneren Musik lauschen. Das ist das Symbol!

Hast du Schmerzen an den Ohren oder anderswo?
Ich sagte ja schon, es ist eher manchmal ein Druck auf den Ohren, fühlt sich eher lästig an.
Sonst werde ich natürlich immer etwas steifer mit dem Alter ... aber das ist wohl normal.

Leidest du unter dem wenigen Auslauf?
Es war schon schön früher, als wir beide so durch die Natur gelaufen sind. Es wäre schon am schönsten, mit ihr zu gehen. Aber es geht auch so, ist schon okay. Es ist dann eben so!

Was kann sie besser machen, damit du ganz zufrieden bist?
Na, das wäre schon schön, wenn sie mehr in ihre Mitte kommt und ausgeglichener wäre. Sie wird ja durch ihre körperlichen Blockaden auf sich selbst zurück geworfen, gezwungen, in sich selbst zu spüren und die Blockaden zu lösen. Wenn sie sich darauf einlässt, löst sich auch die körperliche

Einschränkung. Und dann kommt mehr Lebensfreude. Das wäre schön, dann ist das Leben leichter!

Wenn du Gassi geführt wirst, bist du aggressiv gegen andere Hunde, warum?
Ich habe da eben schlechte Erfahrungen gemacht. Und manchmal fühle ich mich unsicher. Ich brauche eine sichere Führung, muss wissen, wo es lang geht. Unsicherheit überträgt sich auf mich. Dann ist ja mein Frauchen nicht bei mir … das ist doch kein Wunder, dass ich unsicher werde.

Warum bükst du manchmal einfach aus?
Och, es ist schon manchmal schön, etwas Abenteuer zu haben, mich einfach mal umschauen zu können. Sich völlig frei zu fühlen ist auch mal schön. Ich laufe ja nicht weg … nur mal in der Umgebung etwas herum schnüffeln ist manchmal eine kleine Abwechslung. Ich komm ja immer wieder zurück zu meinem geliebten Frauchen. Keine Sorge!

Würde es dir im Süden gefallen? Könnte dein Frauchen dir überhaupt so eine Reise noch zumuten?
„Im Süden" heißt, ganz viel Sonne? Wär das dann immer heiß? Wärme ist natürlich viel schöner als jetzt der Winter mit der Kälte. In der Wärme, wenn es nicht zu heiß ist, ginge es uns sicher gut. Ihr wohl auch. Wenn es meinem lieben Frauchen dort besser geht, ist kein Weg zu weit! Sie kann mich doch bitte nicht alleine hier lassen, bitte, bitte nicht! Sie soll nicht ohne mich weggehen. Das würde mein Herz brechen. Oh, bitte nicht! Ich liebe sie doch so sehr und möchte so, so gerne bei ihr bleiben! **(wirkt nun sehr verunsichert)**

Oh, mach dir keine Sorgen, das war ja nur eine Frage!

Vier Tage später spreche ich noch mal mit ihm:
Ich soll dir von deinem Frauchen sagen, dass sie dich niemals verlassen oder zurücklassen würde!
Oh, danke, das tut mir gut! **(er wirkt sehr erleichtert)**

Im Mai fährt sie in Urlaub, da sollst du wissen, dass sie wiederkommt!
Ja okay!

Kannst du ihr sagen, welche Blockaden sie hat?
Das ist ihr Gedanken-Karussell! Sie hat so Gedankenmuster, die sie gefangen halten und nicht frei sein lassen. Sie sollte doch einfach mal auf ihre Gedanken achten, was sie sich alles in ihrem Leben da so gebastelt hat an Verstrickungen. Damit steht sie sich oft selbst im Weg. Ich spüre nur immer ihr Rattern im Kopf, dann kann sie nicht aus ihrem Herzen heraus leben. Das ist ja das Eigentliche worum es geht, das Herz sprechen zu lassen. Das Herz öffnen und fließen lassen … die Liebe fließen lassen. Ist doch eigentlich ganz einfach!?

•

Aus dem folgenden Gespräch wird deutlich, welche Bedeutung für die Hunde das Rudel hat. Diese Hundedame beschreibt die neuen Verhältnisse, nachdem sich ihr Herrchen getrennt hatte und die Ex-Freundin den zweiten Hund mitgenommen hatte. Nun ist er oft mit der Hundedame bei seiner neuen Freundin mit ihren zwei Hunden zu Besuch. Auf meine Frage, wie es ihr geht, sagt sie:
Oh, es ist so wunderschön, wenn es meinem Herrchen so gut geht. Dann bin ich auch glücklich! Und es ist so schön, wenn wir in diesem Rudel von ihr eintauchen.

Leidest du sehr unter dem Verlust deines früheren Gefährten?
Ach, es war erst schon traurig. Aber die ganze Atmosphäre um die Trennung unserer Menschen war traurig. Das hat mich viel mehr belastet, zu spüren dass mein Herrchen bedrückt und traurig war. Für mich war es da toll, weil ich nun all seine Liebe uneingeschränkt genießen durfte. Das war natürlich supie!
Das hat sich nun wieder etwas geändert aber so schön, dass er nicht mehr traurig ist, sondern auflebt.

Warum knurrst du immer die Nachbarin an und schnappst sogar nach ihr?
Oh, da kommt die alte Geschichte von früher hoch, alte Erinnerungen aus der Zeit vorher.

Was war da, was dich erinnert?

Da kommen Ängste hoch, wieder geschlagen zu werden, weil ich angeblich was falsch gemacht habe. Da kommt Unsicherheit, weil ich sie nicht kenne und noch nicht einschätzen kann. Es wäre gut. Wenn mein Herrchen mir da mehr zur Seite steht und deutlich macht, ob ich vertrauen kann. Ich brauche da seine Klarheit und Sicherheit.

Magst du die neue Freundin nur wegen seinen Gefühlen zu ihr?
Oh, ich mag sie auch sowieso sehr, sie hat ein großes Herz für uns Tiere. Das habe ich sofort gespürt, die Wärme und Liebe in ihren Augen ... da schmelzen doch wohl alle Tiere dahin, oder? Ja, und mein Herz geht natürlich auf, wenn ich die Liebe zwischen den Beiden spüre. Da verblasst doch dann alles andere. Das kannst du doch sicher verstehen. Da blüht dann auch mein Herz auf!

Eigentlich kommst du mit fremden Hunden nicht gut aus, mit den beiden von seiner neuen Freundin hast du dich aber gleich verstanden. Warum wart ihr euch gleich so vertraut?
Ach, es ist einfach eine tolle Truppe! Der kräftige schwarze ist doch ein super Kumpel und toller Kerl, da bin ich gerne dabei. Und die Andere ist mir vom Wesen her sehr ähnlich, wir waren sofort sehr vertraut, weil wir uns gut ineinander einfühlen können. Also, ich fühle mich mit den beiden super und wir sind doch ein tolles Team!? Eine bunte Truppe, sehr unterschiedlich aber im Herzen Eins!

Möchtest du den beiden Menschen etwas sagen?
Oh, ich bin so dankbar, dass ich bei ihm sein darf. Ich glaube, er weiß gar nicht, wie dankbar ich ihm für seine Liebe und Fürsorge bin. Ich weiß ja, dass das nicht selbstverständlich ist und auch ganz anders sein könnte. Deshalb bin ich sooo glücklich, bei ihm sein zu dürfen. Er gibt mir Sicherheit und hat sein Herz für mich geöffnet ... was kann eine Hundedame sich mehr wünschen? Ich liebe ihn so so sehr! Das soll er wissen und dass ich so dankbar bin, dass ich nun so glücklich sein kann. Ein Glück, das ich oft gar nicht fassen kann ... so schön!
Und sie mag ich einfach, sagte ich ja schon ... ein großartiges Wesen mit ihrem großen Herz. Es wäre so schön, wenn wir alle zusammen bleiben könnten. Das wäre so schön nach all dem Hin und Her vorher. Wir Hunde

lieben doch nichts mehr, als ein stabiles Rudel, in dem alles geklärt ist und alle einfach glücklich sein können. Ist das nicht das, was sich jedes Wesen wünscht? Einfach glücklich sein! Wie schön wäre das!

Ich danke dir!
Oh, ich danke dir auch und für die liebevolle Gesprächsatmosphäre! Ich bin da sehr feinfühlig und kann das gut genießen. Danke!

●

Bei einem anderer Hund wurde im Gespräch ebenfalls die Bedeutung des Rudels betont. Ich sollte mit ihm sprechen, weil er mal ein Katzenbaby tot gebissen hatte und nun eine Katze in der Familie mit aufgenommen werden sollte. Außerdem gab es noch eine Hundedame in der Familie. Auf meine Frage: *Wie geht es dir ?*
Oh, hey, mir geht es soweit gut!

Wie gefällt es dir bei deinen Menschen?
Ja, es ist schade, dass mein Frauchen nicht immer da ist und ich nicht immer bei ihr sein kann. Aber wir werden ja gut versorgt und betreut. Ist schon okay.

Ist es okay für dich, dass die Mama von deinem Frauchen sich die meiste Zeit um euch kümmert?
Naja, sie ist ja auch lieb zu uns aber ist eben nicht mein geliebtes Frauchen. Das fühlt sich etwas zwiegespalten an, weil das Rudel nicht komplett ist und oft wechselt. Naja, wenn es nicht anders geht, ist das schon okay.

Möchtest du etwas über die Hündin und euer Verhältnis sagen?
Es ist ganz schön, dass ich Gesellschaft habe, aber sie lebt schon in einer anderen Welt. Wir sind ja sehr unterschiedlich und sie ist nicht so lebendig zum herumtollen. Sie ist mir schon sehr vertraut, weil sie ja von Anfang an da war und mich gleich akzeptiert und gut angenommen hat. Aber sie lebt in einer anderen Welt … sagte ich schon … da erreiche ich sie dann manchmal gar nicht … wie in einer Traumwelt.

Wie gefallen dir deine Schlafmöglichkeiten?
Aber das ist doch nicht so wichtig, Hauptsache, mein Frauchen ist da und ich spüre ihre Liebe. Das ist wichtig!

Warum magst du keine Katzen und warum hast du das kleine Kätzchen getötet und die Katzenmutter verletzt?
Katzen sehe ich als Beute, als Konkurrenz. Das war mein Jagdtrieb, der mit mir durchgegangen ist. Bisher habe ich Katzen immer sehr aggressiv erlebt. So war auch diese Katzenmutter als ich kam. Sie hat mich gereizt und mich herausgefordert. Da ist es mit mir durchgegangen. Wir haben halt immer noch unser Wolfsinn in uns.

Du weißt, dass dein Frauchen Katzen sehr gerne hat und sich eine wünscht!
Ich habe gemerkt, wie sehr sie das Ereignis erschüttert hat. Es tut mir im Nachhinein auch sehr leid!
Wenn wir in unser Rudel eine Katze aufnehmen sollen, müssen wir Hunde uns aber sehr umstellen. Ob das geht? Ich denke mir, es gibt auch sehr friedliche Katzen, so wie deine mit einer starken Persönlichkeit. Sehr beeindruckend! (Meine Katze hat sich gerade während des Gesprächs sehr präsent neben mich gesetzt!)
Da hätte ich schon großen Respekt. Die sind ja schon mal sehr weise und schlau … Ob wir damit klar kämen? Ich weiß nicht …

Hast du eine Botschaft für dein Frauchen oder jemand anderen im Haus?
Ich bin sehr dankbar, dass es mir so gut geht und ich so liebevoll versorgt werde. Mein Frauchen ist eine ganz Liebe. Ich liebe sie sehr! Sie ist mein Ein und Alles! Sag ihr: Danke für alles und für ihre Liebe!

•

Nun kommt wieder mal eine Katze zu Wort, die offensichtlich durch Disharmonien in der Familie krank wurde. Ich frage sie, wie es ihr geht:
Ach, so ganz gut.

Geht es dir auch gesundheitlich gut?

Ich fühle mich oft schlapp, nicht richtig bei Kräften. Es tut nichts weh aber irgend etwas schränkt meine Energie ein. Ich würde gern lebendiger sein, fühle mich aber meist wie blockiert.

Wie geht es dir mit dem Medikament, tut dir das gut?
Ich weiß nicht, ob mir das wirklich hilft. Richtig fit fühle ich mich damit nicht. Ist das nicht eigentlich der Sinn davon, dass es einem danach gut geht?

Ich frage mit meinem Pendel die Geistigen Helfer. Ich bekomme signalisiert, dass ihr das Medikament nicht gut tut!

Hast du einen Wunsch oder können deine Menschen dir noch was Gutes tun?
Oh, es ist immer schön, wenn wir alle zusammen sind und ich einen warmen Platz habe. Und es ist wundervoll, gebürstet zu werden. Das hilft mir sehr bei der Fellpflege. Das ist uns Katzen ja besonders wichtig!

Hast du für dein Frauchen oder für andere Familienmitglieder eine Botschaft?
Oh, manchmal herrscht Unfrieden in der Familie, dann verrutscht die Harmonie und wir Katzen leiden. Das ist dann ein Gefühl von Hilflosigkeit, weil wir dann nicht mehr gesehen werden und nicht eingreifen können. In solchen Phasen werden Nichtigkeiten plötzlich wichtig und es wird nicht richtig dem Anderen zugehört. Ihr Menschen schlagt euch mit Worten, wir Katzen würden das mit Krallen erledigen.
Lehnt euch in solchen Momenten der Disharmonie einfach mal zurück und schaut auf das Wesentliche und lasst den Anderen in Ruhe zu Wort kommen. Da gibt es doch das Wort „Streitkultur“, das spart viel Energie und Aufregung. Dann ging es uns Katzen auch besser.

Ich soll dir noch ausrichten, dass dein Frauchen dich sehr lieb hat!
Oh, danke, ich weiß es ja. Das spüre ich doch! Und ich genieße es sehr. Danke!
Ich liebe sie auch sehr und bin dankbar, bei ihr sein zu dürfen. Danke, danke!

•

Eine andere Chaos-Geschichte mit zwei Katzen, die zusammen kamen, weil Herrchen und Frauchen zusammen gezogen sind und dann auch noch ein Menschen-Baby geboren wurde. Die junge Frau bekam mein Buch „Türen in eine Anderswelt“ von ihren Eltern geschenkt. So wurde ich gebeten, zunächst mit der Katze der jungen Mutter zu sprechen, weil sie wütend auf ihre Katze war, denn sie urinierte in die Wohnung.
Als ich mit der Katze Kontakt aufnahm, antwortete sie:
Oh, ich ahne schon, was du von mir willst. Ich weiß, zur Zeit ist das reinste Chaos bei uns zu hause. Ich bin völlig überfordert mit der Situation. Ich wünschte mir das Leben zurück, alleine mit meinem geliebten Frauchen … es war so schön!
Nun ist diese andere Katze da, die mich stresst und mir den Platz streitig macht. Und dann ist mein Frauchen nun nur noch mit dem Baby beschäftigt. Wo bleibe ich? Ich werde nur noch beschimpft und mein Frauchen ist im Stress.

Kannst du dir nicht denken, warum sie im Stress ist, wenn du überall hin pinkelst? Das ist nervig, wenn du so oft in der Wohnung urinierst!
Ich weiß mir nicht anders zu helfen um auf mich aufmerksam zu machen.

Aber dadurch machst du es ja noch schlimmer und deinem Frauchen noch mehr Arbeit!
Hm … ich weiß, das ist sehr unfair von mir … und undankbar. Ich weiß ja, dass sie mich eigentlich sehr lieb hat und nun damit völlig überfordert ist. Ich weiß auch, dass sie sich um das Baby kümmern muss und ich eben warten muss, bis Zeit genug ist.

Ja, warum machst du es denn?
Sie soll in ihre Kraft kommen. Sie soll tief in sich innere Ruhe finden, das Glück in sich finden, damit sie Glück ausstrahlt. Sie soll verstehen, dass es nicht ihr Job ist, die Familie, die Anderen glücklich zu machen, sondern das Glück in sich zu finden! Also ihr Herz öffnen und zu sein, in Gelassenheit einfach zu sein. Und nicht ständig im Stress etwas hinterher zu jagen, was sie im Außen nicht erreichen kann. Solange ist es meine Aufgabe ihr zu zeigen, dass sie am Wesentlichen vorbei läuft. Das Wesentliche liegt in ihr, in ihrem eigentlichen Zentrum und will wahrgenommen und gespürt werden. Ihre

Wut auf mich und mein Verhalten sollte sie als ihr eigenes Gefühl annehmen, ihre eigene Wut, die sie tief im Inneren eingekapselt hat. Ich nehme die Ablehnung gerne auf mich, um sie dorthin zu bringen, diese tiefe Wut in ihr zu spüren.

Wie stellst du dir konkret vor, wie es zukünftig weitergeht? Sie ist drauf und dran, dich weg zu geben wenn du weiterhin überall urinierst!
Ja, aber sie hat dich doch jetzt eingeschaltet. Das ist doch schon ein Schritt, dass sie nach einer Lösung sucht. Und ich habe es doch eben erklärt um was es geht. Wenn sie das annehmen kann, habe ich doch meine Aufgabe erfüllt. Wenn mein Frauchen aus sich heraus gelassen und glücklich ist, brauch ich das ja nicht mehr tun. Ich weiß, das wird sicher nicht einfach sein und der Schalter lässt sich nicht von heute auf morgen umlegen. Aber sie könnte wenigstens mal hinschauen und versuchen!

Können wir uns dann auf eine Übergangslösung einigen, dass du deinem Frauchen etwas Zeit lässt, darüber nachzudenken und in der Zeit urinierst du nicht mehr in der Wohnung?
Ja, das können wir gerne vereinbaren. Ich weiß ja, dass sie mich tief in ihrem Herzen liebt, sonst würden wir ja jetzt nicht darüber reden. Und sie soll wissen, dass ich all das aus tiefer Liebe zu ihr getan habe. Mir ist es wichtig, dass sie ihr Herz öffnet und ihre tiefe Liebe zu Allem erspürt, zu sich selbst findet und gelassener wird. Ach … ihre Herzensliebe spüren, das ist das, was ich mir wünsche. Dann kann ich mich entspannen. Wenn wir alle das Leben genießen können so wie es ist, ist alles gut! Wenn bewusst gelebt wird, ist die gegenseitige Aufmerksamkeit ja da. Es reicht, bewusst in der Gegenwart zu sein, um Glück zu spüren und zufrieden zu sein.
Ich liebe mein Frauchen sehr! Sag ihr bitte, sie soll mit sich selbst und mir Geduld haben. Ich liebe sie!

Ich danke dir und versprichst du mir, dich an unsere Vereinbarung zu halten?
Ja klar, war das nicht deutlich genug?

Okay!

Einige Tage später schrieb mir die junge Mutter, dass ihre Katze seit dem Gespräch das Urinieren in der Wohnung wirklich unterlässt und sie sich die höchst interessanten Aussagen sehr zu Herzen nimmt. Nach einem Monat schrieb sie, dass es mit ihrer Katze prima läuft und sie bisher nicht mehr in die Wohnung uriniert hat. Ich sollte jedoch mit der Katze ihres Lebenspartners sprechen, weil sich die beiden Katzen überhaupt nicht verstehen. Ich frage die andere Katze, wie es ihr geht:
Hallo, mir geht es gut. **(schaut fragend)**

Du weißt doch, dass ich mit der anderen Katze gesprochen habe, warum versteht ihr euch nicht?
Ja ja, ich weiß, ich habe das Gespräch mitbekommen. Seitdem ist sie ja auch entspannter. Ich weiß gar nicht recht, warum sie mich nicht mag. So war es von Anfang an! Sie sah mich als Eindringling in ihr Territorium. Na ... und ich habe mich einfach immer nur gewehrt.

Was müsste sich ändern, damit ihr friedlich und in Harmonie leben könnt und nicht mehr getrennt werden müsst?
Ach, an mir soll's nicht liegen. Ich brauch diesen Stress nicht. Eigentlich haben wir ja genug Platz, um uns aus dem Weg gehen zu können. Wir sind uns einfach fremd geblieben. Ich glaube nicht, dass wir Freunde werden könnten. Sie muss mich nur einfach tolerieren. Ich glaube, sie hängt da in einem Programm fest, dass sie Angst hat, etwas zu verlieren, dass sie ihren Platz verteidigen muss. Das ist doch eigentlich Quatsch. Kannst du da nicht mal mit ihr drüber sprechen? Ich bin bereit, mich mit ihr zu arrangieren. Es bleibt uns doch nichts anderes übrig, denn unsere Menschen möchten doch zusammen sein. Das sollten wir Katzen auch versuchen. An mir soll's nicht scheitern. Ich bin für eine friedliche Koexistenz offen. Meinetwegen können wir das versuchen.

Gut, ich werde mit der anderen Katze sprechen.

Ich nehme Kontakt mit ihr auf.
Kannst du dich an unser Gespräch erinnern?

Ja klar, kann ich. Und nun steht die Friedensverhandlung mit der Anderen an!

Die Andere ist bereit zu einer friedlichen Koexistenz. Was hältst du davon?
Oh, jetzt schiebt sie die Stresser-Rolle auf mich und tut so friedlich. Dabei ist sie ziemlich hinterhältig und das mag ich gar nicht!

Wärst du denn bereit, es friedlich und harmonisch zu versuchen und auszuprobieren? Die Andere wäre bereit.
Du musst wissen, eigentlich bin ich die friedliebende von uns beiden. Sie ist ja bei mir eingedrungen und macht mir das Revier streitig!

Aber ihr habt doch genug Platz und eure Menschen möchten zusammen sein. Das solltest du akzeptieren und die Andere tolerieren.
Wenn sie mich dann jetzt endlich in Ruhe lässt, wäre ich ja bereit. Aber bitte, wirklich in Ruhe lassen und nicht hinterrücks angreifen … dann können wir es versuchen. Ich will ja auch Frieden in meinem Zuhause.

Ja gut, ich werde ihr deine Bedingungen sagen und bist du dann bereit, es zu probieren?
Ja ja, an mir soll es nicht scheitern. Bin bereit!

Ich danke dir! Nun spreche ich noch mal mit der anderen Katze.

Hast du gehört, sie ist bereit es zu probieren, wenn du sie wirklich in Ruhe lässt und nicht hinterrücks angreifst. Versprichst du mir das?
Naja, ich werde mir Mühe geben.

Also nochmal, es geht um friedliches, harmonisches Zusammenleben ohne Aggression!
Ja ja, ich hab schon verstanden. Ich versuche mal, mein wildes Naturell etwas einzuschränken.

Nicht nur versuchen!
Ach ja, ist ja schon gut. Ich gebe mein Bestes. Find ja auch schöner, wenn es entspannter ist.

Prima, ich danke dir!

Meine diplomatischen Verhandlungen führten letztlich zu einem harmonischeren Miteinander.

•

Mit einer anderen Katze sollte ich Kontakt aufnehmen, weil sie mit zunehmendem Alter immer aggressiver wurde und nach Beurteilung des Tierarztes zu dick war. Ihr Frauchen hatte Angst vor ihren Attacken wenn sie herangaloppiert kam wie ein Pferd und sich in ihrem Bein verbiss, kratzte, fauchte und an ihrer Lieblingsstelle ihr Häufchen machte. Sie wurde deshalb ins Tierheim gebracht. Auf meine Frage: *Wie geht es dir?*

Naja, es geht so. Es ist nicht schön, wenn man so weggegeben wird, weißt Du.

Du warst sehr bissig und aggressiv. Warum?
Das ist so meine Art. Wir Katzen sind Raubtiere. So ist das eben!

Na komm, das kenne ich von anderen Katzen nicht. Du bist da wirklich eine Ausnahme! Warum?
Hm, ich fühlte mich da bei meinem Frauchen im Laufe der Zeit immer weniger wertgeschätzt und gesehen. Sie hatte immer weniger Zeit für mich und ich war sehr eifersüchtig. Mir fehlte sehr die Liebe und Zuwendung wie am Anfang … und die dann das Baby bekam. Ich wollte mit meinen Attacken Aufmerksamkeit wecken … ein Schrei nach Liebe!

Was wolltest du ihr damit sagen?
Ja, dass ich mich vernachlässigt fühlte! Zurückgesetzt, nicht genug wertgeschätzt. Ganz am Anfang war das so schön und es wurde immer weniger … bis ich dann die Angst von ihr spürte. Das hat mich dann erst recht zornig gemacht. Es war furchtbar!

Was hat sie als Mensch nicht verstanden?

Ich hätte mir gewünscht, dass ihre Liebe zu mir nicht verblasst wäre. Ich verstehe ja, dass sie ihr Kind mehr liebt als mich. Aber das tut weh! Ich habe ihre Liebe zu mir nicht mehr gespürt. Zum Schluss hat sie ihr Herz ganz verschlossen. Sie musste doch meine Schreie nach Liebe verstehen!!? Ich bin sehr enttäuscht, nicht verstanden und angenommen worden zu sein. Warum versteht ihr Menschen nicht, dass wir Tiere Respekt verdienen? **(Ist nun sehr traurig)**

Ich danke Dir!
Ich nehme sie in den Arm und tröste sie.

Zwei Tage später schreibt ihr Frauchen, dass sie sie über alles liebe. Sie soll ihr bitte verzeihen, dass sie sie weggegeben hat. Sie war überfordert mit ihrer aggressiven Art und den Kindern. Sie wünscht ihr von Herzen alles Liebe und dankt ihr für ihr Sein. Ich lese der weggegebenen Katze die Botschaften vor: Tja, schön, dass sie das jetzt erkennt. Ich verstehe, sie konnte damals nicht anders. Ist okay! Ich kann das annehmen. Nur, dadurch geht es mir hier auch nicht besser. Wäre schon lieber bei ihr und … richtig mit ihr kuscheln! Ich fühle mich hier alleingelassen.

Kannst du denn jetzt ihre Liebe spüren?
Ja schon, aber es macht mich doch wehmütig, weil wir nicht mehr zusammen sind. Es tut mir zwar gut … aber was hilft es nun?

Ich nehme sie in den Arm und sie kann sich etwas entspannen.

Darf ich nochmal mit dir sprechen?
Ja gerne, es ist schön, wenn du kommst. Es tut gut!

Leider weiß ich nicht, wie die Geschichte weitergegangen ist. Das tut mir im Herzen weh und macht mich traurig.

•

Harmonie-Probleme gab es auch in einer anderen Familie. Dort lebt eine kleine Hundedame, die von heute auf morgen Augen-Probleme bekam und zwei Katzen-Damen. Die eine hatte Probleme mit dem Atmen, die Andere erbrach sich oft nach dem Fressen. Die Katzen sind Geschwister und hatten sich Anfangs sehr gut verstanden, nun offensichtlich nicht mehr, fauchten und knurrten sich an. Eine von ihnen heißt tatsächlich Harmony.
Auf meine Frage: *Wie geht es euch?* **(Die Hündin sitzt bei unserer Begegnung vorne, die beiden Katzen weit auseinander in einigem Abstand dahinter)**
Die Hündin sagt: Hallo, das ist ja mal spannend, dass du uns richtig verstehst!? Mir geht es gut. Die beiden Damen sind etwas gestresst, sind noch nicht so in Stimmung.

Was ist mit euch? **(schauen sich aus den Augenwinkeln kurz an)**
Harmony sagt: Ja ja, es ist irgendwie alles stressig geworden. Es ist so eine Spannung zwischen allen. Das spüren wir natürlich, deshalb sind wir auch aggressiver. Ich kann mich da nun leider nicht der Bedeutung meines Namens entsprechend verhalten. Das tut mir sehr leid, es ist hier eben zur Zeit nicht harmonisch.

Atmest du deshalb manchmal so schnell, so als hättest du etwas mit den Bronchien?
Ja ja, die Spannung nimmt mir den Atem. Es belastet mich auch, dass sich das auf mein Verhältnis zu meiner lieben Schwester auswirkt. Eigentlich liebe ich sie sehr, nur geht sie mir auch öfter auf die Nerven. Na, weil ich eh angespannt bin, raste ich dann schon mal aus … tut mir dann zwar auch wieder leid … aber es bringt halt meine Balance aus dem Rhythmus und das zeigt sich beim Atmen. Es ist halt die Situation gerade hier, organisch brauch das nicht behandelt werden. Noch ist alles im grünen Bereich. Ich komme damit schon klar.

Nun frage ich die andere Katze: Was ist mit dir?
Ach, es ist wirklich schade, dass es hier so aggressiv geworden ist. Ich liebe meine Schwester ja auch aber manchmal rasten wir einfach aus. Ja, und mir schlägt das dann auf den Magen. Ich fühle mich oft angespannt, dann äußert sich das so … im wahrsten Sinne des Wortes, dass mein Magen sich umdreht und aggressiv wird. Ach, es tut mir so leid, dass ich dadurch solche

Umstände mache … ist mir schon peinlich! Vielleicht gibt es da Tropfen, die beruhigend wirken und besänftigen.

Ich bekomme die Information von den Geistigen Helfern: Baldrian

Ach, es wäre so schön, wenn alles wieder friedlich wäre. Wir möchten doch alle helfen und versuchen auszugleichen. Ach, ich denke, wir sind damit überfordert.

Ich frage die Hündin: *Was sagst du dazu und was ist mit deinen Augen?*
Ja ja, ich komm ja zum Glück mit den beiden Damen recht gut klar, spüre natürlich auch diese Spannung. Aber ich blicke nicht durch, ich verstehe das alles nicht so recht. Bin schon irritiert und mir fehlt der klare Durchblick. Vielleicht ist deshalb mit den Augen was nicht richtig. Es fühlt sich nicht mehr so klar an. Kann man da vielleicht was klar spülen und auswaschen?

Ich bekomme die Information aus der Geistigen Welt: Spülung mit Kamillen-Wasser

Ich möchte so gerne, dass alle wieder fröhlich sind! Ich schaffe es im Moment nicht so richtig, meine Menschen mit meiner Lebensfreude aufzuheitern. Das macht mein kleines Herz etwas schwer … ich bin doch für sie da, sie an die Lebensfreude zu erinnern … aber ich erreiche sie nicht. Sie sind immer so in Gedanken. Oh, sag ihnen, sie sollen das Leben nicht so schwer nehmen … mehr Leichtigkeit wäre besser … und den Augenblick genießen, sich an kleinen Dingen freuen und glücklich sein! Das ist doch so einfach!

Möchtet ihr beiden „Damen" auch noch etwas sagen?
Harmony sagt: Ja, sie hat schon recht. Meine Devise wäre: Das Leben mehr genießen und gelassener sein! Dann wäre Harmonie wieder möglich. **(sie grinst)**

Die andere Katze sagt: Oh ja, mehr zur Besinnung kommen und bedächtig und ruhig aussitzen, damit sich die Wogen mehr glätten können und alles in ruhigeres Fahrwasser kommt. Ach, es wäre so schön, wenn wir alle wieder friedvoll und glücklich wären … So schön wäre das!

Ich danke euch für das Gespräch!
Ja gerne! Sag unseren Menschen, dass wir sie sehr lieb haben und sie gerne unterstützen!

•

Bei der folgenden Geschichte dieser Dackel-Hündin ging es um die Frage, ob wieder ein neuer Hund für sie aufgenommen werden sollte, nachdem ihr bisherige Begleiter gestorben war.
Auf meine Frage nach ihrem Befinden sagt sie:
Oh, hallo! Mir geht es super gut! Habe doch ein tolles Dackel-Leben.

Hast du irgendwelche Beschwerden, körperlich oder psychisch, belastet dich etwas?
Ach, ich merke schon, dass das Leben langsam etwas mühsamer wird. Aber mir tut nichts weh, wenn du das meinst? Und es belastet mich auch nichts. Was war da noch … „psychisch"? Was ist das?

Damit ist dein Seelenzustand gemeint!
Ich denke, da ist doch alles okay!?

Dann fragt dein Frauchen, ob du mit deinem Leben zufrieden bist?
Aber ja, ja, ich spüre doch ihre Liebe zu mir und unsere Verbundenheit. Das muss sie doch auch spüren, warum fragt sie das?

Sie ist vielleicht nicht ganz sicher und fragt nach der Länge und Art eurer Spaziergänge und dem Fressen!
Ach, das ist doch so schön, wenn wir zusammen draußen rumstrohmern. Da ist die Länge und Dauer nicht wichtig, sondern das intensive Erleben, dass ich sie intensiv spüre, dass sie bei mir ist, mit mir geht.
So ist es auch mit dem Fressen, wenn sie es mir mit Liebe hinstellt, ist es wundervoll und lecker. Wenn es mal hektisch ist und einfach so hin gepfeffert wird, ist es weniger bekömmlich. Also … die Energie muss stimmen, dann ist alles bestens!

Möchtest du vielleicht wieder einen zweiten Hund an deiner Seite? Wenn ja, wie alt und groß soll er sein?
Ach, eigentlich genieße ich im Moment total, dass ich nun der Mittelpunkt bin und sich alle Liebe auf mich richtet. Ach, das wäre mir jetzt noch zu früh und zu viel Unruhe.

Vermisst du die, die euch leider verlassen musste sehr, kommst du damit klar?
Ich war schon sehr traurig, aber eigentlich hat mich am meisten belastet, dass mein Frauchen so traurig war und ich sie kaum trösten konnte. Das tat mir im Herzen so weh! Weniger, dass sie in die andere Ebene gegangen ist. Wir sind doch immer noch verbunden und ich weiß, dass es ihr gut geht. Mittlerweile ist es für mich okay, dass es so ist. Irgendwann gehen wir halt. So ist das Leben hier. Alles ist gut!

Womit kann dein Frauchen dir besonders Freude machen?
Oh, ihre Liebe spüren, wenn ihr Herz ganz weit ist. Und wenn wir kuscheln und sie mich krault … so schön! Ja, das ist doch das Paradies … in Liebe sein!

Fürchtest du dich vor etwas?
Na, ich bin recht klein, wenn etwas riesig Großes auf mich zu kommt, verlässt mich schon mal der Mut. Da werde ich eher vorsichtig. Furcht kann man das nicht nenne, eher Respekt vor der Übermacht!

Kann dir dein Frauchen eine Beschäftigung bieten, die du gerne zusätzlich hättest?
Ach, das ist so ein Programm von euch Menschen, ihr meint, ihr müsstet beschäftigt sein. Nein, das brauch ein Lebewesen eigentlich nicht. Wenn für das Notwendige gesorgt ist, geht es darum, zu SEIN! Einfach SEIN! Zusammen oder einfach mal alleine dösen … einfach so. Das ist doch schön! Ich beobachte sie auch gerne und bin einfach nur dabei, das ist doch mein Job, nicht wahr?

•

Eine Katze hatte große Probleme mit ihren Nieren und fraß nur noch wenig. Ihr Frauchen wollte gerne wissen, wie sie ihrer Katze helfen könnte, was sie sich wünscht und was sie braucht.
Ich frage die Katze, wie es ihr geht:
Ach, ich fühle mich recht schwach. Die eigentliche Lebensenergie fehlt mir, ich komme nicht richtig in meine Kraft.

Was hindert dich daran, in deine Kraft zu kommen?
Naja, ich liebe mein Frauchen sehr und fühle mich sehr eng mit ihr verbunden. So spüre ich direkt, was sie bedrückt und was bei ihr nicht in Balance ist. Das überträgt sich dann auf mein Körpersystem. Da kann ich nichts beeinflussen, es nur mittragen.

Was ist denn bei deinem Frauchen aktuell nicht in Balance, weswegen du Probleme mit den Nieren hast und keinen Appetit?
Oh, ich spüre ihre Probleme mit ihren Beziehungen. Da ist sie oft sehr unzufrieden, es fließt nicht richtig. Manchmal spüre ich richtigen Ärger in ihrem Herzen. Dadurch kommen die Funktionen durcheinander, es sind doch alle Systeme miteinander verbunden und wirken ineinander. Es ist doch die Schwingung, die sich dann auswirkt. Ja, und das schwächt auch mein System und beeinflusst meine Organ-Funktionen.

Was sollte denn dein Frauchen ändern, damit sich mehr Ausgewogenheit einstellt und du gesund wirst?
Ach, sie sollte da viel gelassener sein und mehr Geduld haben. Sie sollte mehr bei sich spüren und sich darauf konzentrieren, als beim Anderen die Themen zu dramatisieren. Jeder hat sein eigenes Programm und sollte dafür sorgen, dass es im eigenen System harmonischer und ausgeglichener wird. Bei sich selbst die Dinge klären und anschauen, das führt zur Lösung.

Wie kann sie dir noch helfen?
Ja, das wäre doch jetzt so wichtig, dass sie in dem Bereich mehr zur Ruhe kommt und mehr Klarheit erreicht. Dann wird sich auch bei mir die Störung ausgleichen. Das wird dann sicher alles wieder in die normale Funktion kommen.

Wünschst du dir noch etwas?
Ach, das ist doch mein sehnlichster Wunsch, dass mein Frauchen wieder glücklich ist und zufrieden! Wenn sie wieder ihre innere Ruhe und in ihrer vollen Kraft ist, geht es mir auch gut. Das ist mein Wunsch, dass es ihr wieder gut geht!

Was brauchst du noch?
Ach, im Moment hilft von außen kein Medikament oder so … was hilft ist die Kraft der Liebe, ein offenes Herz und auf dem Weg sein, neugierig verdrängte Themen zu lösen. Dann kann ich glücklich und gesund sein. Ja, spüren, dass die Liebe ganz tief fließt, das ist das Wesentliche!
Wenn ihr Menschen es schafft, alles mit den Augen der bedingungslosen Liebe zu sehen, gäbe es deutlich weniger Probleme, wären alle viel glücklicher und zufriedener mit sich selbst. Versucht es doch mal, es ist doch so einfach!

Ich danke dir!
Oh, ich danke dir für die Vermittlung!

Ihr Frauchen hatte daraufhin noch weitere Fragen und hatte versucht, energetisch ihre eigenen Probleme wieder zurück zu nehmen. In dem Moment war die Katze von ihr weggegangen. Hat sie das bewusst mitbekommen?
Ich habe noch mal Kontakt zu der Katze aufgenommen: *Kannst du dich noch an unser Gespräch erinnern?*
Ja ja, kann ich gut!

Ich soll dich noch fragen, ob du auch Schmerzen hast?
Nein, Schmerzen habe ich nicht. Nur eben schlapp.

Dein Frauchen hat versucht, energetisch ihre Probleme wieder zurück zu nehmen. Hast Du das bewusst mitbekommen?
Ja ja, habe ich natürlich gespürt. Es war dann aber auch so, dass unsere Herzverbindung unterbrochen war. Deshalb bin ich gegangen. Das möchte ich aber eigentlich nicht. Aber ich spüre dahinter, dass sie nur mein Bestes will und mir versucht zu helfen.

Ich soll dir sagen, dass ihre Probleme zu ihr gehören und sie versucht, sie zu beheben!
Ja, das verstehe ich doch und bin dankbar, dass sie sich um mein Wohl Sorgen macht. Aber durch unsere tiefe Verbundenheit ist das nicht einfach so zu trennen. Ich spüre doch ihre Gefühle und nehme das unweigerlich mit auf. Solange wir zusammen sind, trage ich ihre Schwingungen mit. Und ich trage es mit tiefer Liebe! Ich weiß, dass ich ihr nichts abnehmen kann aber wir Haustiere haben nun mal diese Aufgabe wenn wir bei einem Menschen leben. Das sind die Bedingungen!

Ich danke dir!
Ja, gerne!

Nach ein paar Wochen war die Katze wieder stabil und wirkte agil und freudig. Ihr Fell sah wieder gesund aus und ihr Frauchen erlebte sie wie neu geboren!

•

Eine große weiße Hündin lebte schon einige Jahre in der Familie, nachdem sie aus dem Tierheim zu ihnen gekommen war. Es schien ihr seit einiger Zeit nicht gut zu gehen und ihre Menschen machten sich Sorgen um ihre Gesundheit.
Ich fragte die Hündin: *Wie geht es dir?*
Ach, ich fühle mich etwas bleiern, so als würde mich etwas dämpfen … fühlt sich etwas schwer an.

Was dämpft dich denn, was kann das sein, ist das etwas von früher?
Das weiß ich nicht so genau … aber eigentlich gab es bei mir auch Zeiten, in denen ich mich leichter gefühlt habe.

Warst du da schon in dieser Familie?
Ja ja, das war bei der Familie jetzt, da gab es eine schöne unbeschwerte Zeit. Im Moment fließt die Energie nicht, weil zwischen den Menschen

die Harmonie nicht mehr stimmig ist. Das irritiert mich etwas, war früher klarer. Jetzt fühlt es sich eher neblig an.

Dein Frauchen hat die Vermutung, dass du für sie etwas von ihren Themen mitträgst. Reicht ihre „Arbeit" in die Richtung aus oder was könnte sie noch tun? Sie möchte nicht, dass du für sie mittragen musst!
Ach ja, ich fühle doch mit ihr und was sie empfindet spüre ich auch. Das ist doch nicht zu trennen, wir sind doch so eng miteinander verbunden. Es ist nicht zu verhindern, dass ich das mittrage! Ich bin doch bei ihr, damit ich ihr helfe!
Sie müsste noch mehr dafür sorgen, dass sie in ihre Kraft kommt, noch mehr zu sich selbst steht. Da ist immer noch zu viel, auf die Bedürfnisse der Anderen Rücksicht nehmen. Sie sollte noch mehr bei sich bleiben und auf ihre eigenen Bedürfnisse achten und denen gerecht werden. Alles Andere braucht zu viel Energien. Die zerfließen oft regelrecht, das kann ich richtig sehen und das tut mir dann fast weh. Es hat was von Aufopfern für die Belange Anderer … warum auch immer. Das ist aber doch sinnlos, raubt nur ihre Kraft. Die sollte sie für ihre Entwicklung einsetzen und mehr für sich stehen, einstehen … oder bei sich bleiben? Ich weiß grad nicht, wie ich das richtig sagen soll … sie wird schon wissen, was ich meine. Sie verzettelt sich immer noch zu oft und ist dann nicht bei sich! **(seufzt)**

Dein Frauchen möchte nicht, dass du das mitträgst, sie möchte, dass du ihr das zurückgibst auch wenn es körperliche Schmerzen sind!
Aber das habe ich doch schon gesagt, das geht nicht so, weil wir mit unseren Energien verbunden sind und in Symbiose leben. Wir leben wie in einem Rudel und da steht man für einander ein und unterstützt sich gegenseitig, das sichert in dem System das Überleben. Ich kann mich diesen Naturregeln nicht widersetzen. Und ich liebe sie doch so sehr und bin sehr gerne an ihrer Seite und unterstütze sie.

Dann hat dein Frauchen noch ein Anliegen: Hast du aus der Zeit vor dieser Familie Themen oder Problematiken mitgebracht, ist davon noch etwas da, brauchst du Hilfe, dass das heilen kann? Was können sie tun, damit du dich richtig wohlfühlst?

Ja ja, mein Leben vorher war nicht so einfach, es gab nicht viel Liebe, ich fühlte mich nicht wirklich dazugehörig und erwünscht. Die Menschen waren mit der Situation überfordert und nicht in der Lage, Liebe zu geben. Deshalb war es für mich ein Segen, dann in diese Familie gekommen zu sein und hier so liebevoll aufgenommen zu werden. Ihre Liebe und Fürsorge hat Vieles geheilt und mein Herz versöhnt. Es ist nun alles gut, ich fühle mich nun geliebt und dazugehörig, das ist das Wichtigste, was ein Hund braucht. Ich fühle mich doch sehr wohl bei ihnen, besser kann ich es mir gar nicht vorstellen.
Nein, es ist alles wunderbar, ich bin zufrieden und wir werden jetzt die Zeit der Disharmonien sicher überstehen. Mit Offenheit und Ehrlichkeit lässt sich sicher viel Klarheit erreichen. Die Fakten müssen auf den Tisch und angesprochen werden, das ist bei euch Menschen manchmal recht kompliziert. Wir Tiere regeln so was einfacher … Naja, solche Verstrickungen, wie ihr sie euch manchmal macht, kennen wir untereinander aber auch nicht. Manchmal bin ich da auch etwas verwirrt und überfordert. Nehme da ja nur die Energie wahr. Und wenn es nicht fließt und sich verknotet, spüre ich auch Knoten … so als Beispiel dafür, dass ich das doch alles mitkriege, ja auch körperlich.
Aber sie sollen sich um mich keine Sorgen machen, ich komme damit schon klar. Dafür liebe ich meine Familie zu sehr, als dass ich so was als Belastung empfinden würde. Nein nein, es ist schon okay für mich, denn ich bin sehr gerne mit eingebunden und fühle gerne mit! Und die Liebe fließt ja, das ist doch die Hauptsache! Und dafür bin ich so dankbar … für die Liebe und dazugehören zu dürfen! Danke!

Ich danke dir!
Ich danke auch! Und danke für die Übermittlung!

•

In einer Familie lebte eine 13 Jahre alte Katzen-Dame und zwei junge Katzen. Vor Kurzem verstarb eine der jungen Katzen-Kedy mit 2 Jahren an Herzversagen. Nun machten die Menschen sich Sorgen um den jungen Kater, weil er sehr traurig schien und ziemlich dünn geworden war. Der Tierarzt hatte ihn untersucht und meinte, er sei gesund.

Auf meine Frage nach seinem Befinden sagte mir der kleine Kater:
Oh, ich bin noch sehr traurig, dass Kedy nun woanders ist. Es ist nun hier irgendwie alles anders. Das bedrückt mich!

Was ist es, was dich bedrückt?
Ach, **(seufzt)** ich muss mich jetzt erst hier neu zurechtfinden. Hab halt gerne mit ihr gespielt ... sie fehlt mir sehr! Die andere will mich ja nicht, das tut mir im Herzen weh.

Liegt es vielleicht an dem Haus, in dem ihr wohnt oder bist du vielleicht krank?
Ich fühle mich so ganz okay, alles in Ordnung. Das Haus hier ist auch okay. Ich spüre eben, dass Kedy manchmal da ist, das macht mich dann immer so traurig und ich fühle mich alleingelassen. Sie war eben eine gute Freundin, die nicht mehr hier auf der Ebene ist. Das macht mich dann fertig!

Was können deine Menschen für dich tun, damit es dir besser geht?
Ach, sie sind doch schon so liebevoll zu mir! Mehr geht doch gar nicht. Sag ihnen Danke dafür! Sie sind so fürsorglich und ich spüre ihre Sorge um mich.
War für sie ja auch ein Schock und schmerzlicher Verlust. Erst war es für mich auch belastend, dass ich sie nicht aufheitern konnte. Sie waren so traurig, das hat mein Herz auch schwer gemacht ... noch zusätzlich! Es war schon sehr schlimm alles! Für mich ist das noch nicht verarbeitet, bin noch etwas verwirrt. Das braucht noch etwas Zeit!

Brauchst du einen neuen Spielpartner?
Oh, das wäre eigentlich ganz schön. Einer in meinem Alter mit dem ich mich gut verstehe. Ich glaube, dann komme ich schneller über den Verlust hinweg. Ach, das wäre doch schön!

Möchtest du deinen Menschen noch etwas sagen?
Ach, gerne sage ich ihnen Danke für Alles, für ihre Liebe und gute Versorgung. So geht es mir doch eigentlich recht gut. Ich denke, es wird schon wieder und ich komme wieder zu Kräften. Danke!

Hast du noch eine Botschaft für sie?

Ja, das mit dem Herzversagen hatte schon eine Bedeutung für sie. Sie sollten ihr Herz mehr öffnen und es mehr fließen lassen im Leben, noch mehr ihre Herzensliebe entwickeln und im Alltag leben. Es geht darum, auch die kleinen Dinge täglich mit liebevoller Hingabe zu tun und nicht so schnell, schnell oberflächlich. Alles sollte mit Liebe getan und behandelt werden, schon die Gedanken! Ja, das wünsche ich mir, mehr liebevolle Schwingung im Haus!
Es ist wie bei Musik, es gibt schöne, harmonische Klänge, wie es sie auch in den anderen Ebenen gibt und es gibt dagegen bei euch so Gehämmer. So ist mit allem bewusst umzugehen und die Auswirkungen zu bedenken. Dann ginge es uns allen besser! Lasst die Liebe fließen!

Ich danke dir!
Oh, ich danke dir auch für das Gespräch und die Übermittlung!

•

Nun möchte ich von zwei Beispielen berichten, bei denen die Geistigen Begleiter der Tiere zur Lösung der Probleme beigetragen haben.

Die Katze, mit der ich wegen ihrer Unsauberkeit sprechen sollte, lebt noch mit zwei anderen Katzen und einem Dackel in der Familie zusammen.
Auf meine Frage an die Katze, wie es ihr geht, sagt sie:
Oh, mir geht es gut soweit. Ich spüre, dass mein Frauchen sich in der letzten Zeit mehr mit mir verbunden hat. Das ist sehr spannend.

Was ist der Grund, warum du dein Häufchen immer nicht ins Katzenklo machst?
Hm, ich differenziere da. Da wo ich hin pinkele, gehört mein Häufchen nicht hin.

Brauchst du ein zweites Katzenklo?
Also, wir wollen da doch nicht übertreiben. Ich habe mir das nun mal eben so angewöhnt.

Das ist aber sehr lästig für dein Frauchen. Die Katze, die bei mir lebt, benutzt unterschiedliche Bereiche im Katzenklo. Das könntest du auch machen!?

Ich habe bisher gar nicht gewusst, dass das so ein Thema für mein Frauchen ist. Wenn ihr das so wichtig ist, kann ich das ja mal versuchen. **(Es ist ihr offensichtlich peinlich)**

Das ist deinem Frauchen wichtig, sonst hätte sie mich nicht gebeten, das anzusprechen. Deswegen wäre es toll, wenn du da jetzt achtsamer bist und immer das Katzenklo benutzt. Kannst du mir das versprechen?
Oh, ich werde versuchen, daran zu denken.

Versuchen ist mir zu wenig, denkst du zukünftig daran?
Hm, mal sehen, ob ich das schaffe.

Versprichst du mir das?
Na gut, ich schau mal.

Hast du Bauchweh?
Manchmal drückt da was. Aber weh tut es nicht.

Schmeckt dir dein Futter?
Ja, meistens, ist schon okay. Mein Frauchen gibt sich ja alle Mühe, es mir recht zu machen. Finde ich total lieb von ihr und herzlichen Dank dafür!

Nach einigen Tagen spreche ich noch mal mit ihr, weil sich an der Unsauberkeit noch nichts geändert hatte.
Auf meine Frage: *Kannst du dich an unser Gespräch erinnern?*
Ja, kann ich.

Weißt du noch, was wir besprochen hatten mit dem Katzenklo?
Ja, ja, weiß ich. **(wirkt genervt)**

Woran liegt es, dass du es nicht schaffst, dein Häufchen ins Klo zu machen? Schaffst du es nicht rechtzeitig wegen der Blähungen im Bauch?
Das kommt auch schon mal vor. Aber eigentlich ist mir das Klo dafür nicht geeignet.

Warum, weil deine Schwestern auch darauf gehen? Hast du einen Lösungsvorschlag?
Wär schon schön, wenn ich meine eigene Ecke hätte, ganz für mich.

Würden sich deine Schwestern denn daran halten?
Das müsste ich dann klar machen ... aber ich denke schon.

Geht es dir denn sonst mit den anderen tierischen Mitbewohnern gut?
Ja, ja, das ist schon toll, wir sind eine super Truppe, meine Schwestern sowieso.

Möchtest du gerne hin und wieder Nassfutter?
Oh, das ist natürlich viel leckerer, wär schon schön!

Ich frage ihre Geistigen Begleiter, ob es gut für sie wäre, wenn sie auch Nassfutter bekäme. Es kommt ein eindeutiges „Ja" und mir wird gesagt:
„Das mit der Futterunverträglichkeit löst sich immer mehr, je mehr sich die Themen des Frauchens lösen. Dann löst sich auch das Trotzverhalten mit der Katzenklo-Benutzung. Sie ist in dem Bereich sehr sensibel, deshalb wäre ein eigenes Klo nur für sie eine gute Lösung."

Die Katze freut sich:
Super, dann darf ich wieder das leckere Futter bekommen ... wie schön!

Dann versprich mir jetzt aber, dich wirklich daran zu halten, dein Häufchen ins Klo zu machen!
Ich versuch, dran zu denken. **(wieder etwas trotzig)**

Ich danke dir und deinen Geistigen Helfern!

●

Einem 10 Jahre alter Hund ging es nicht gut, er hatte Allergien und offensichtlich Schmerzen. Seine Menschen machten sich Sorgen, ob er noch genug Lebenswillen hat.
Er antwortet mir auf meine Frage, wie es ihm geht:

Oh, ich weiß gar nicht, warum alles so mühsam ist. Es fühlt sich an, als wär ich gelähmt. Es fühlt sich schwer an, als wär ich blockiert. Dabei möchte ich gerne wieder laufen und spielen, das Leben genießen. Jetzt ist es so, als wär ein Schleier um mich.

Hast du denn Schmerzen?
Mein Magen fühlt sich oft merkwürdig an, aber weh tut mir sonst nichts. Ich fühle mich nur wie benebelt ... komisch, wie eingehüllt, vom Leben abgeschnitten. Dabei möchte ich gerne wieder ganz dabei sein. Aber jetzt ist alles so entfernt, als wär ich in Watte.

Wie können dir deine Menschen helfen?
Oh, ihre Liebe hilft mir schon sehr! Ich weiß ja auch nicht, was wirklich mit mir ist und was mich so einlullt, vom Leben abhält. Ich bin ratlos.

Ich frage seine Geistigen Begleiter, was für ihn nun gut ist:
„Sein System ist aus der Harmonie gefallen. Sein Abwehrsystem wendet sich gegen ihn, das lähmt ihn. Die Abwehr müsste sich eigentlich gegen einen Faktor in seinem Umfeld richten. Das wagt er nicht aus Liebe zu seinen Menschen. Helfen würde, wenn diese schauen würden, wo sie etwas abwehren, nicht zulassen, was eigentlich wichtig wäre! Sie sollten annehmen, was da ist und eine neue Lösung zulassen, sich dafür öffnen, was bisher abgelehnt und als störend empfunden wurde. Er hat diesen Konflikt aufgenommen, um zu entlasten, zu helfen.
Kein Medikament wird dieses Problem lösen können ... nur ein Öffnen der Augen für das Thema!"

Was kannst du dazu mitteilen?
Oh ja, ich spüre da eine Disharmonie und versuche, sie auszugleichen. Ich möchte so gerne, dass es meinem Frauchen gut geht. Ich liebe sie so sehr und möchte ihr das so gerne abnehmen! Ich merke nun, dass ich mich damit völlig übernommen habe und daran zerbrechen kann. Oh, was soll ich nur tun, ich möchte ihr so gerne helfen!

Ich glaube, du hilfst ihr, wenn du an dich selbst denkst und wieder gesund wirst, denn sie lieb dich ja auch und möchte dich nicht verlieren!

Ja, das könnte schon sein ... das geht aber nicht so einfach. Ich spüre ja, dass im System etwas nicht stimmt, deshalb kann ich nicht anders. Es ist meine Aufgabe, zu helfen und mitzutragen.

Aber du hilfst ihr damit doch nicht wirklich!?
Doch, sonst würden wir jetzt nicht darüber sprechen. Es hat schon alles seinen Sinn. Ich kann nur leider nicht genau sagen, um was es konkret geht. Ich spüre nur einfach, dass was nicht stimmig ist, etwas nicht in der Wahrheit ist und nicht rund läuft. Und das irritiert mein System und nimmt mir die Kraft, schwächt mich. Ich merke auch, alle Medikamente, die ich nehmen soll, schaden meinem Magen und meinem Verdauungssystem ... das ist sowieso schon aus der Balance.
Ach, ich weiß nun auch nicht weiter ... ich würde so gerne wieder fröhlich sein ...

Er seufzt und geht langsam davon.

•

Solch eine Belastung endet oft tragisch, weil die Tiere sich nicht mehr alleine aus der symbiotischen Abhängigkeit von ihren geliebten Menschen lösen können. Sie nehmen diese Belastungen auf sich aus Liebe und Hingabe zu ihren Menschen. Diese tiefe, bedingungslose Liebe der Tiere berührt und beeindruckt mich immer wieder aufs neue.

Eine Lösung und Entlastung des Tieres wäre es, wenn wir Menschen diesen Spiegel und die Hinweise annehmen könnten. Die Verantwortung dafür zu übernehmen, dass wir selber die Ursache für das Leid unserer Tiere sind und wir selbst die dahinter liegenden Probleme und Themen erschaffen haben. Es gilt diese Zusammenhänge anzuerkennen und anzunehmen, dass es tatsächlich etwas mit uns zu tun hat. Wir sollten uns jedoch keine Vorwürfe machen oder uns schuldig fühlen, sondern uns dafür vergeben, verzeihen, dass uns die Zusammenhänge bisher noch nicht bewusst waren. Wichtig ist es nun, die Gefühle, die dahinter und dem Thema zugrunde liegen, zu fühlen, sie bejahend nachzuspüren und anzunehmen. Dann können wir geklärt eine neue Entscheidung treffen und neue Wege einschlagen. Unsere Tiere werden es spüren und sich entlastet fühlen. Der Weg zur Heilung ist offen!

Gespräche mit Pferden

Den Pferden möchte ich ein eigenes Kapitel widmen, weil sie nicht unmittelbar mit ihren Menschen zusammen leben. Zu Pferden habe ich zudem eine ganz besondere Verbindung, denn schon als Kind habe ich reiten gelernt und die Sehnsucht zu diesen Wesen hat mich viele Jahre gefesselt. Meine letzte Stute hat mir damals vor über 30 Jahren dazu verholfen, meinen spirituellen Weg zu gehen. Wir hatten intensive Jahre zusammen mit Ausritten in der Natur, mit Wanderritten und vielen Abenteuern. Eines Tages hatte sie im Stall in meiner Abwesenheit einen schweren Unfall. Sie hatte schwere Verletzungen am Rücken und der Tierarzt hatte geraten, sie einzuschläfern. Wir haben sie jedoch mit viel Geduld in Gurten hängend wieder auf die Beine gebracht. Danach konnte sie allerdings nicht mehr geritten werden, hat jedoch noch wundervolle Fohlen zur Welt gebracht.
Vor ein paar Jahren, nachdem sie lange verstorben war, sagte sie mir während einer Trommelreise, dass sie den Unfall damals auf sich genommen hat, damit ich mit dem intensiven Reiten aufhöre und mich auf meine spirituelle Entwicklung konzentriere. Diese Opferbereitschaft und tiefe Liebe hat mein Herz zutiefst berührt. Ich habe lange geweint und war diesem großartigen Wesen unendlich dankbar!

Für mich sind Pferde mystische Wesen und in einer ganz besonderen Weise hoch sensitiv. Sie spüren in einer sehr tiefen Intensität was um sie herum geschieht, was ihnen begegnet, wie es den Menschen und anderen Lebewesen um sie herum geht und welche Bedingungen in ihrem Umfeld bestehen. Das hat wohl zum einen mit ihrem Naturell als Fluchttiere aber auch mit ihrem feinen Gespür auf der Gefühlsebene zu tun. Sie sind in uralter Tradition mit uns Menschen im Arbeitsalltag in helfender und dienender Funktion auch heute immer noch verbunden. Pferde haben uns bei harter körperlicher Arbeit geholfen, haben uns in Kriegen begleitet, unsere Lasten gezogen, gefällte Bäume aus dem Wald gezerrt und dienen noch immer als Sportgerät in Wettkämpfen. Sie lehnen sich nur selten gegen unsere Domestizierung auf, ertragen geduldig und hingebungsvoll. Schauen wir in ihre großen Augen, spüren wir ihre tiefe Liebe, die trotz all der Mühsal und Einschränkungen besteht. In meinen Gesprächen mit Pferden wird dies sehr deutlich.

Ich sollte mit einem 11-jährigen Wallach Kontakt aufnehmen, weil er sehr kränklich war, dauernd irgendwelche gesundheitlichen Probleme hatte und auch nicht rund lief.
Auf meine Frage an ihn, wie es ihm geht, sagte er mir:
Ach, ich bin nicht glücklich.

Was ist, was macht dich unzufrieden?
Ja, es stimmt, ich bin oft kränklich weil ich mich nicht so wohl fühle. Ich will hier nicht ständig im Stall stehen. Am Liebsten wäre ich immer draußen in der Natur. Es ist ganz schrecklich immer hier mit den Gitterstäben wie im Gefängnis! Wir Pferde sind Wesen des Windes, die laufen möchten, Freiheit brauchen, den Wind in den Nüstern spüren möchten … und nicht ewig hier rumstehen im muffigen Stall. Bei aller Liebe, das macht mich krank, davon werde ich steif, hab Allergien … natürlich weil die frische Luft fehlt. Und dann zwingen sie mir immer wieder was hartes unter die Hufe, damit kann ich dann noch weniger laufen. Das alles ist wie Folter und Einzelhaft … ich bin so traurig und verzweifelt!

Willst du nicht geritten werden von Marita?
Ach, es ist sehr schön, wenn sie da ist. Ich spüre ihre Liebe und das genieße ich sehr! Wenn sie um mich ist und mich pflegt, das ist schön. Ja, aber dann kommt das Schreckliche um den Kopf und das um den Bauch, das ist jedes mal quälend. Ich würde gerne einfach so mit ihr draußen in der Natur sein.

Wie soll das gehen ohne Sattel und Trense?
Ach, ich sehe ja ein, dass das ja wohl so sein muss. Ohne dem könnt ihr Menschen euch das zusammen Erleben nicht vorstellen. Es wäre so schön, wenn sich Marita gedanklich so mit mir verbinden würde, dass ich sofort weiß, wohin sie möchte und ich würde dorthin mit ihr laufen … ohne diese vielen Programme drumherum! Es ist leider sehr kompliziert zwischen uns, weil sie sich nicht mit mir auf Herzebene verbindet. Es wäre schön, wenn sie ihre Herzliebe fließen lassen könnte.

Sie fragt, ob du überhaupt gerne weiter bei ihr bleiben möchtest und wenn, ob du dann lieber direkt am Haus bei ihr wohnen möchtest als in einem Reitstall?

Oh, zu ihr habe ich schon eine tiefe Verbindung und liebe sie schon sehr! Was heißt „bei ihr bleiben"? Sie ist doch nur ab und zu da. Wie viele Stunden bin ich alleine in meinem muffigen Gefängnis und stehe rum, kann mich kaum bewegen und warte, raus zu können.
Und was heißt „am Haus wohnen"? Stehe ich dann wieder ständig in einem Stall, nur näher bei ihr? Ich möchte gerne in ihrer Nähe sein aber nicht unter der Bedingung, immer in einem Stall eingesperrt zu sein. Es wäre so schön, wenn ich in ihrer Nähe sein könnte und draußen in der Natur. Auf einer Wiese laufen können, dann wenn ich das möchte, frei sein … das ist eine tiefe Sehnsucht! Wir Pferde lieben die Freiheit, ungestüm laufen können in der Natur!

Ich lese ihm einen Brief von ihr vor. Sie schreibt darin, dass sie ihn sehr liebt, aber mit den ewigen Kränklichkeiten nicht zurecht kommt. Sie fühlt sich hilflos, traurig, fast ohnmächtig und wütend. Die starke finanzielle Belastung macht sie krank. Sie möchte nicht, dass er irgendwelche Krankheiten für sie trägt. Der Wallach sagt darauf:
Ja, ich spüre ihre Liebe! Und ich habe auch ihre Traurigkeit gespürt und die Wut, die sie spürt. Ich habe ja eben beschrieben, so erlebe ich meinen Alltag des Eingesperrtseins … das macht mich wütend und traurig, ja und krank. Das ist ein Teufelskreis … ich möchte natürlich nicht, dass sie durch mich Schwierigkeiten hat, aber versteht doch bitte diese Schizophrenie. Ich werde hier hinter Gittern in Einzelhaft irrsinnig … und dann macht sie das noch traurig, wütend und kostet Geld.

In dem weiteren Text beschreibt sie ihm, dass sie mit ihm umziehen möchte zu ihrem Freund, der 5 Katzen hat:
Oh, der neue Freund ist ein ganz Lieber, ich mag ihn sehr! Ich finde es toll, wenn wir dann alle zusammen sind. Aber bitte dort nicht wieder weit weg in einen Stall, wo ich wieder eingesperrt bin den ganzen Tag. Bitte nicht das gleiche wieder wie hier. Ich möchte so gerne draußen sein und auch gerne in der Nähe von ihr. Ich habe schon gerne Gesellschaft, ganz alleine zu sein ist für uns Herdentiere schwierig. 5 Katzen ist ja auch schon eine Herde … **(er lacht nun sogar)**. Ich brauche keinen Stall, ein Schutz vor Sturm und Regen, mehr nicht, eine große Wiese und ich bin glücklich … bitte, bitte nicht dort wieder einsperren!

Im Brief schreibt sie weiter, sollten seine gesundheitlichen Beschwerden daher kommen, dass er nicht arbeiten will, so wäre sie auch bereit ihn in „Rente“ zu schicken. Er sagt mir daraufhin:
Was meint sie mit „in Rente schicken“ und als „Frührentner vor mich hin dümpeln“? Ich möchte deutlich machen, dass es hier auf der Erde darum geht, zu leben, Erfahrungen zu machen ... zu SEIN! Wir sind nicht hier, um zu arbeiten und was zu leisten. Die Erwartung, dass ich arbeiten soll schafft Blockaden. Ich möchte gerne mit Freude mit ihr zusammen etwas unternehmen, wenn ich mich stark genug dazu fühle. Wenn an mich Forderungen und Erwartungen gestellt werden, wird's schwierig ... ich bin blockiert. Es sollte aus Liebe geschehen, mit Freude und ohne Druck. Dann kommt es mehr ins Fließen ... und ich bin nicht mehr krank, wenn ich mich frei fühlen darf. Wenn die Freiheit gebrochen wird, zerbricht das wilde Pferdeherz ... darunter leide ich besonders, das kann auch die Liebe von ihr nicht ausgleichen. Es wäre alles so einfach und könnte so schön sein. Ja, wenn doch alles einfacher wäre ... In der Natur bin ich glücklich, da geht mein Herz auf. Sag ihr bitte, ich möchte mehr Freiheit, mehr Wind spüren, mehr draußen sein ...

Er geht sehr nachdenklich und traurig weg.

Diesen klaren Worten ist eigentlich nichts hinzu zu fügen!

•

Ein anderer Wallach hatte mutmaßlich durch falsches Futter Probleme mit den Hufen bekommen.
Auf meine Frage nach seinem Befinden sagte er mir:
Oh, jeder Schritt tut mir weh, meine Hufe schmerzen sehr. Es fühlt sich an wie brennendes Feuer.

Womit hat das zu tun?
Ja, es ist ein heißes Parkett hier im Stall. Es ist eine schlechte, gespannte Stimmung zwischen den Menschen und wir Tiere leiden darunter! Ich nehme das besonders auf, da mein Gespür sehr sensibel ist. Es ist weniger das Futter was der Auslöser ist.

Sondern, was ist es dann?
Es ist das gegenseitige Misstrauen, was ich spüre und aufnehme. Das hat sich hochgeschaukelt zwischen den Menschen weil sie sich nicht miteinander verbinden. Sie agieren auf einer Ego-Ebene, die von euch Menschen konstruiert wird. Jeder zieht sich auf seine Insel zurück mit irgendwelchen künstlichen Vermutungen. Warum überwinden die Menschen das nicht? Es ist doch alles miteinander verbunden, ihr braucht doch nur miteinander zu reden. Dann spürt ihr doch, dass der andere auch ein warmes Herz hat. Ihr könnt euch doch über eure Sprache verständigen und euch aussprechen, dann kann sich alles entspannen und ich muss das nicht auf mich nehmen und tragen. Ich stehe jetzt im Spannungsfeld und versuche diese Missverständnisse auszugleichen. Da diese Energie hier im Stall immer gespannter wird, brennt es immer mehr. Ja, ich stehe wie auf heißen Kohlen, die Emotionen kochen. Öffnet das Ventil und redet miteinander!
Das ist bei uns Pferden in der Herde auch so. Wenn man sich nicht so mag ... das gibt es bei uns auch ... wird die Position abgeklärt und man arrangiert sich in der Herde und geht zusammen in die gleiche Richtung in gegenseitiger Unterstützung. Da ordnet sich das einzelne Pferd dem Interesse der Herde unter.
Ich hoffe so sehr, dass ihr Menschen hier im Stall das auch schafft, damit ich mich entspannen kann.

Möchtest du deinem Frauchen etwas persönliches ausrichten?
Oh, ich habe sie sehr lieb und ich wünschte, ich könnte ihr helfen. Ich spüre, wie sehr sie unter Druck steht. Es ist wie ein Kokon, der sich ständig um sie dreht und sie kommt nicht daraus. Oh, könnte ich ihr doch helfen!

•

Anlass für das nächste Gespräch mit einer Stute war glücklicherweise kein gesundheitliches Problem.
Bei unserer Begegnung frage ich sie erst, wie es ihr geht und sie antwortet:
Oh, ich freue mich, auf dieser Ebene Kontakt zu Verena zu bekommen.

Ich soll dir ausrichten, dass sie dich sehr, sehr gerne mag. Du bist ihr sehr wichtig und sie freut sich auf viele gemeinsame Jahre mit dir. Du bist ein so liebes Tier und sie möchte, dass es dir mit ihr gut geht! Sie ist froh, dass du in ihr Leben getreten bist und sie möchte eure Zukunft mit deiner Hilfe schön gestalten.
Oh, das ist wunderschön! Danke! Ja, ich spüre eine tiefe, liebevolle Verbindung zu ihr und freue mich auf unsere gemeinsame Zeit.

Wie gefällt es dir, wo du untergebracht bist?
Ja, schön. Am Liebsten bin ich viel draußen in der Natur. Da tanke ich auf. Im Stall stehen ist nicht so die Art der Pferde, zu leben. Wir sind Bewegungswesen und laufen gerne. Und in Kontakt zu den Naturwesen tanken wir unsere Seele auf. Deshalb bin ich so gerne draußen. Würde am Liebsten frei laufen! Aber es ist schon okay meine Rolle als Reittier und die Verbindung zu meinem Menschen. Und ich bin sehr froh, dass ich die Verbindung zu ihr gefunden habe. Ich spüre ihre Liebe und ihr Verständnis für meine Pferdenatur.

Gibt es irgendetwas, dass du gerne ändern wollen würdest, bzw. gibt es etwas, dass Verena für dich tun kann und hast du spezielle Wünsche an sie?
Oh, ich freue mich immer sehr, wenn sie kommt und mit mir zusammen ist. Ich liebe es, gebürstet zu werden und die Leckerchen von ihr. Ja, ihre zärtlichen Liebkosungen sind herrlich! Davon kann ich gar nicht genug bekommen. Dann nehme ich auch die Trense und den Sattel in Kauf. Das muss wohl so sein? Eigentlich braucht sie mir nur mit ihren Gedanken zu verstehen geben, wohin es gehen soll und ich würde sie dorthin bringen. Das ist leider noch viel zu konfus in ihren Signalen an mich … oft wenig klar … Sie braucht sich doch einfach nur darauf zu fokussieren, wo es lang gehen soll und ich folge dem. So einfach wäre das. Aber das schafft ihr Menschen wohl derzeit noch nicht, euch klar auf eine Sache zu konzentrieren. Da kommen ständig andere Sachen hoch und ich weiß dann nicht, hat das was mit mir zu tun? Was soll mir das sagen? Ich nehme doch all ihre Impulse auf und Belastungen aus ihrem Leben spüre ich dann direkt. Ich bin gerne bereit, einiges mit ihr zu tragen und auszugleichen, aber oft ist es auch sehr konfus. Das irritiert mich dann und ich werde unruhig. Wenn sie traurig ist, ist das okay, dann tröste ich sie gerne und versuche sie aufzuheitern. Gut ist, wenn ihre Gefühle klar sind, dann weiß ich Bescheid und kann damit umgehen.

Dafür sind wir Pferde eure Begleiter, um für euch zu tragen und euch zu entlasten … auf allen Ebenen, körperlich, seelisch, geistig. Ja, wir nehmen das alles gerne auf und helfen gerne in Liebe! Dafür sind wir an eurer Seite. Und ich tue es gerne für Verena, sehr gerne, denn sie hat ein großes Herz!

Was liegt dir auf dem Herzen, was ist wichtig?
Ich sagte ja schon, einfacher ist es für mich, wenn Verenas Gefühle und Wünsche klar sind und nicht sprunghaft und schnell wechselnd. Damit komme ich dann nicht klar. Also, bitte etwas konzentrierter und eindeutig. Schonmal schlechte Laune ist okay, wenn mir klar ist, um was es geht … sonst irritiert mich das. Ihr müsst wissen, wir Pferde sind sehr sensible Wesen, die alles spüren und aufnehmen, was sich an Gefühlen zeigt. Darauf reagieren wir. Das solltet ihr Menschen wissen! Wir sind sehr in Verbindung mit Euren Emotionen und Empfindungen, die äußeren Masken sind für uns nicht relevant. Wir spüren!

Was wünscht du dir für die Zukunft?
Zukunft … wir leben immer nur jetzt … was ist Zukunft?

Gibt es etwas, was Verena über deine Vergangenheit wissen sollte, damit sie besser auf dich eingehen kann?
Das ist nun auch wieder so eine schwierige Frage. Ich genieße es nun, hier zu sein und mit Verena eine liebevolle Begleiterin gefunden zu haben. Es war früher manchmal nicht einfach, weil oft die Liebe fehlte. Das tut in der Seele weh, denn Liebe ist essenziell im Leben. Wenn sie fehlt ist es schwer auszuhalten. Aber das liegt zum Glück hinter mir.

Gibt es etwas, wovor du Angst hast?
Angst … da gibt es natürlich das, was in unserer Natur liegt, das, was uns veranlasst, weg zu laufen. Ich denke, sie meint was anderes? Ich bin noch vorsichtig, aber das ist ja auch vernünftig. Es gibt da nichts außergewöhnlich dramatisches, was mich in Panik versetzen könnte. Also, keine Sorge, ich bin ein ganz normales Pferd und es geht mir jetzt auf allen Ebenen gut. Ich genieße mein Leben nun mit Verena und liebe sie sehr! Sag ihr das: Ich bin sehr glücklich, nun zu ihr gehören zu dürfen und habe sie sehr lieb! Ich danke ihr für ihre Liebe!

Ich danke dir!
Oh, es war schön, dir das alles sagen zu können, Danke!

•

Nun folgt eine Geschichte von zwei Pferden, die längere Zeit auf Turnieren geritten wurden. Ihre Menschen haben den aktiven Wettkampfsport mit beiden beendet und sie danach zusammen in verschiedenen Ställen untergebracht. Sie wurden beide in der Zeit nicht geritten und nun hat die Besitzerin das Gefühl, den Kontakt zu ihnen verloren zu haben.
Auf meine Frage an Fuchs, wie es ihm geht, sagt er:
Oh, wir genießen es sehr, hier viel draußen sein zu können und keine Hektik zu haben.

Wie geht es dir Cora?
Ja, es ist mal ganz schön, sich auszuruhen und mal nichts zu machen. Aber es ist auch etwas langweilig, keine Herausforderung zu haben. Früher, das war ein stolzes Leben mit Aufgaben. Noch sind wir ja nicht so alt, dass wir nicht noch was leisten könnten.

Sabine fragt, was sie in der Beziehung zu euch falsch gemacht hat. Wie kam es, dass sie die Beziehung zu euch verloren hat?
Fuchs sagt: Aber wieso meint sie, sie hätte die Beziehung zu uns verloren? Das verstehe ich nicht. Sie hat nichts falsch gemacht. Wir sind zwar jetzt öfter umgezogen ... aber es ist doch schön hier, uns geht es doch gut. Daran kann doch nichts falsch sein!
Cora sagt: Das verstehe ich auch nicht richtig. Klar, Fuchs und ich sind gute Freunde und wir genügen uns. Hier in der Natur brauchen wir die Menschen nicht wirklich. Das ist es vielleicht, was sie meint. Jetzt, wo wir nicht mehr eng miteinander arbeiten, ist der Kontakt ein anderer geworden. Trotzdem sind wir mit dem Herzen doch noch verbunden!
Fuchs: Ja, ja, ich empfinde auch immer noch eine tiefe Verbundenheit zu unseren Menschen auch wenn das äußerlich manchmal nicht so sichtbar ist. Da ist aber eine tiefe Vertrautheit und das ist schön.

Cora: Ja, die Vertrauensebene ist doch da, das muss sie doch spüren! Sie sollte mehr spüren und fühlen, in ihrem Herzen ist die Verbindung immer noch da!

Wollt Ihr gerne mit Sabine wieder anfangen zu arbeiten?
Oh ja, gerne! ...kommt von beiden

Sie meint nette Arbeit: Ausritte, Bodenarbeit, Gymnastik
Cora: Ja, das wäre schön! Ich sagte ja schon, es ist hier doch recht langweilig. Ich habe gerne etwas Herausforderung.

Sabine möchte mit jedem einzeln etwas machen können. Sie kann euch aber nicht trennen, vertraut ihr ihr nicht?
Fuchs: Das ist schon okay, wir beide sind eben mittlerweile sehr eng verbunden. Dann ist es nicht schön, wenn einer von uns alleine zurück bleibt. Das mögen wir Pferde nicht, das ist gegen unsere Natur als Herdentier. Es wäre schön, wenn der andere dann mitkommen könnte. Geht das nicht? Mit fehlendem Vertrauen hat das nichts zu tun. Wir vertrauen ihr schon, sind aber nicht gerne allein.

Sie möchte, dass es euch gut geht und hat euch doch so lieb! Sie fragt sich, ob ihr sie überhaupt noch mögt?
Fuchs: Aber natürlich mögen wir sie noch und lieben sie auch sehr!
Cora: Ja, ja mögen wir sie noch und haben sie noch sehr lieb. Was für eine seltsame Frage! Wir gehören doch alle zusammen. Warum zweifelt sie so? Sie muss doch unsere Herzensverbindung spüren. Sie sollte sich mehr auf ihr Gefühl verlassen und nicht so viel grübeln. Ihr Herz öffnen und die Liebe zulassen, dann sind wir uns alle wieder ganz nah!

Sabine zieht mit euch am Montag in einen Stall, an dem ihr mehr Möglichkeiten habt, miteinander Schönes zu erleben. Sie hofft so sehr, dass ihr wieder ein Team werdet!
Cora: Oh, da bin ich ja sehr gespannt wie es da ist. Gerne wieder mehr Aktion ... ich freue mich!
Fuchs: Ja, finde ich auch super. Mal sehen, was uns erwartet.

Möchtet ihr noch etwas mitteilen?

Fuchs: Sag ihr, sie soll sich nicht so viele Gedanken machen ... das Herz öffnen und spüren, wie es fließt. Ich habe sie sehr lieb!
Cora: Ja, ich auch! Sehr lieb!

Zwei Monate später wurde Fuchs schwer krank und wurde wegen einer Darmentzündung operiert. Mit beiden Pferden sollte ich Kontakt aufnehmen, um sie zu beruhigen, weil Fuchs noch in der Klinik war und Cora alleine bei zwei anderen Pferden im Stall.
Auf meine Frage an Fuchs: *Wie geht es Dir?*
Oh, ich fühle mich ganz schwach, schlapp ... Ich weiß nicht, was mit meinem Bauch ist ... Es war was blockiert.

Was war blockiert?
Ach, ich weiß auch nicht ... Bin so traurig, dass ich nicht mehr bei Cora sein kann sondern hier in der merkwürdigen Umgebung. Ich möchte so gerne zurück ... oh, so gerne zurück und alles soll wieder gut sein!

Sabine möchte, dass du weißt, dass sie alles machen werde wenn du es möchtest!
Oh, ich weiß es ja! Danke, Danke für ihre Liebe und ihren Einsatz. Ich weiß, dass mir hier geholfen wird und man alles versucht ... Danke!
Ja klar, möchte ich wieder gesund sein ... gerne! Nur, es ist schwer, jetzt da durch zu kommen. Ich gebe mein Bestes damit ich zurück kann!

Ich schicke ihm Heilenergie und bitte Erzengel Raphael mit seinen Helfern um Unterstützung.

Ich spreche Cora an:
Sabine möchte dich wissen lassen, dass sie alles möglich mache, damit es Fuchs wieder besser geht!
Cora: Ja, ich weiß es ja! Ich bin doch mit Fuchs verbunden und spüre, dass er noch sehr geschwächt ist. Aber es geht doch langsam besser. Ich bin mit meinem Herzen bei ihm! Und sag ihr tausend Dank für ihre Bemühungen damit er wieder gesund wird und zurück kommt. Danke, Danke! Es ist so schön, so umsorgt zu werden. Ich bin natürlich traurig, dass es Fuchs so schlecht geht ... Aber es wird schon wieder und er kommt bald zurück.

Sag ihr, ich habe sie sehr lieb und Danke für ihr offenes Herz und ihre Fürsorge! Danke!

Leider ist Fuchs trotz aller Bemühungen gestorben. Ich habe daraufhin mit Cora noch einmal gesprochen. Auf meine Frage, wie es ihr geht, sagte sie mir:
Ich bin sehr traurig, dass Fuchs nun so weit entfernt ist und nicht körperlich zurück kommt. Ich habe natürlich Verbindung zu ihm und weiß, dass es ihm nun super gut geht … aber er fehlt mir hier! **(weint)**

Ich soll dir ausrichten, dass es Sabine sehr leid tut und dass sie Fuchs gern zurück geholt hätte!
Ja, ich weiß, dass sie auch sehr leidet und traurig ist und sie mich trösten möchte. Ja, trösten möchte ich sie auch, denn sie hat Fuchs ja auch so lieb. Ich spüre ihre Liebe und ihre Trauer. Ich weiß, sie hat alles versucht, ihn hier zu halten. Leider war es wohl anders bestimmt. Das müssen wir nun so annehmen.

Fühlst du dich bei den beiden Stuten wohl?
Ja, obwohl mir Fuchs noch sehr fehlt arrangiere ich mich mit der Situation. Die haben das ja auch mitbekommen und versuchen, mich zu trösten. Es ist noch etwas schwierig, meinen Platz bei den Beiden zu finden, denn mir fehlt im Moment etwas die Kraft für neue Herausforderungen. Auseinandersetzungen kann ich derzeit gar nicht haben, deshalb halte ich mich noch sehr zurück. Es wird sich einspielen mit der Zeit. Es ist ja nun nicht zu ändern.

Was kann Sabine noch für dich tun?
Ach, ich brauche einfach etwas Zeit, über die Trennung hinweg zu kommen. Etwas Ablenkung ab und zu ist schon schön!

Sie möchte dich wissen lassen, dass sie alles in ihrer Macht stehende für dich machen wird!
Ach, das ist ganz lieb von ihr! Ich brauche nur ihre Liebe, das ist das Wichtigste jetzt. Einfach nur ihre Liebe! **(weint wieder)**

Und ich habe auch Kontakt zu dem verstorbenen Wallach aufgenommen.
Ich rufe Fuchs:
Ja, ich bin da! Es tut mir sehr leid, dass ich sie verlassen musste. Es gab plötzlich eine heftige Komplikation in meinem Körper und ich bin davon gesegelt. Dann hatte ich keine Schmerzen mehr, alles war leicht und wunderschön. Helle Wesen waren an meiner Seite und geleiteten mich hier zu diesem wundervollen Ort. Das war dann nicht mehr rückgängig zu machen und ich habe mich damit abgefunden, dass das Leben bei ihnen nun abgeschlossen ist. Schade, dass ich mich nicht mehr verabschieden konnte. Und es tut mir sehr leid, dass sie nun so traurig sind. Unsere tiefe Liebe bleibt und auch die Verbundenheit … ja und die Liebe!

Ich soll dir von Sabine ausrichten, dass sie dich nie vergessen wird. Du wirst immer in ihrem Herzen sein!
Das tut so gut, ihre Liebe zu spüren. Ja, im Herzen sind wir verbunden, das spüre ich. Ja! Danke!

Sie wünscht dir von ganzem Herzen, dass du nun ohne Stress und Schmerzen sein kannst. Sie würde dich gerne in den Arm nehmen, du bist ihr aller bester Freund!
Es geht mir hier ja jetzt super gut. Ich erhole mich von den körperlichen Beschwernissen. Meine Seele heilt. Ich bin hier gut versorgt und betreut … es ist herrlich nun! Ach, in den Arm nehmen geht nun nicht mehr … das macht mich auch etwas traurig!

Möchtest du Sabine noch etwas sagen?
Sie soll nun bitte nicht mehr traurig sein. Mir geht es doch nun gut. Cora brauch jetzt ihre ganze Liebe! Und bei Sabine ist es wichtig, dass sie ein leichtes, fröhliches Herz hat, dann ist es für Cora auch leichter.
Ihr müsst wissen, wir spüren eure Gefühle und eure Befindlichkeiten direkt. Ohne dass ihr was sagen müsst, wissen wir was los ist. Deshalb bitte, sie soll Cora nun mit frohem Herzen beistehen, damit sie ihren Platz dort mit den anderen Pferden findet. Sie ist noch irritiert und nicht in ihrer Kraft. Dafür braucht sie jetzt die Liebe und Unterstützung von Sabine.

Sag Sabine, sie soll nun ihre Tränen trocknen. Es war ein guter Reinigungsprozess. Und es war heilsam, so intensiv ihr Herz und ihre Liebe zu spüren. Dafür war dieser Schritt nun gut. Alles hat seinen Sinn! Dafür habe ich dieses Leben gerne geopfert für den tiefen Lernprozess, die Liebe zu spüren. Denn die Liebe ist die Essenz von allem. Darum geht es eigentlich bei eurem Leben auf der Erde. Das ist zu erkennen und zu spüren. Es geht um die Liebe und darum, sein Herz weit zu öffnen. Dann ist alles möglich und ein unbegrenztes Potential kann sich entfalten. Mit Liebe sind alle Probleme zu lösen! So ist es!

Es ist für mich so berührend zu spüren, wie tief die Pferde mit uns in Liebe verbunden sind. Sie dienen uns hingebungsvoll, ertragen geduldig die mangelnde Bewusstheit und Sensibilität von uns Menschen. Ja, sie tragen uns buchstäblich und tragen damit auch unsere Probleme und Blockaden mit. Sie zeigen und spiegeln uns die Themen, die es anzuschauen gilt. Wenn wir unser Herz für die Pferde öffnen, spüren wir ihre Sehnsucht nach Freiheit und Bewegung, ihre Verbindung mit der Natur und den Elementarkräften. Ist es das, was uns so berührt, wenn wir solch einem Wesen begegnen und mit ihm zusammen sein können? Und ist es das, was einigen Menschen auch Angst macht? Ist es die unbändige Kraft und Geschwindigkeit, wenn sie sich frei bewegen können? Nehmen wir es als Geschenk von diesen wundervollen Tieren mit ihrer Schönheit, dass sie uns wieder an unsere Urnatur und tiefen Sehnsüchte erinnern. Nicht umsonst üben die Mythen der Einhörner zur Zeit solch eine Faszination auf viele von uns aus. Ich empfinde das Einhorn in Pferdegestalt als Symbol für die Seelenwelt der Pferde, für ihre große Weisheit und ihr Angebundensein an die Elementarebene. Symbolisiert das Horn im Stirnchakra die Verbindung zum Göttlichen? Es ist eine Einladung an uns, bewusster mit allem umzugehen, mit unseren Gefühlen, unseren Gedanken und Handlungen … in Liebe!

Suche nach vermissten Tieren

Dies ist ein ganz besonderes Thema, bei dem ich jedes Mal sehr gespannt bin, wie die Geschichte sich entwickelt und ausgeht. Inzwischen bin ich zu einer immer geschickteren Diplomatin in Verhandlungen mit den Tieren geworden.

So sollte ich mit einer jungen Hündin Kontakt aufnehmen, die noch keinen Namen von ihren neuen Menschen bekommen hatte. Am Tag ihrer Ankunft aus einem ungarischen Tierheim ist sie weggelaufen. In der Familie lebte bereits seit 10 Wochen das Muttertier.
Auf meine Frage an die Kleine, Hallo, wie geht es dir?, sagt sie mir:
Oh, ich fühle mich so verloren hier. Ich bin total verwirrt, weiß nicht wo ich hin soll!

Die Menschen, bei denen deine Mama lebt, die wollen dich doch auch aufnehmen in das Rudel. Dort bist du weggelaufen. Warum?
Ja, ich weiß noch, es war toll, meine Mama wiederzusehen. Ich habe mich total gefreut, war richtig überschwänglich und bin rum gerannt. Plötzlich wusste ich nicht mehr, wo ich war! Ich kenne mich doch hier nicht aus, ist alles total anders als früher. Ich wusste nicht mehr wohin!

Würdest du nicht zurückfinden?
Nein, ich weiß ja gar nicht wo ich war, war ja gerade erst angekommen.

Möchtest du denn dorthin zurück, in die Familie, wo auch deine Mama lebt? Hat es dir da gefallen?
Oh, ja, eigentlich schon … ich habe nur Angst, sie sind böse auf mich und schimpfen mit mir. Vielleicht wollen sie mich ja gar nicht! **(wirkt unsicher und ängstlich)**

Dein neues Frauchen, bei dem auch deine Mama lebt hat mich extra ausdrücklich gebeten, zu helfen, dich zu suchen damit du zurückkommst. Sie macht sich große Sorgen um dich und möchte, dass du zurückkommst in die Familie. Du

sollst doch zu dem Rudel dazu gehören! Die Menschen haben doch gerade dich ausgewählt und zu sich geholt und sind nun sehr traurig, dass du weg bist!
Ist das wirklich wahr? Ich habe so was bisher noch nicht erlebt. Bisher war ich immer eingesperrt und habe nun erst mal meine neue Freiheit genossen. Aber ich würde natürlich viel lieber dazugehören, da wo es mir gut geht und wo ich willkommen bin.

Das wäre doch genau da!!! Da wirst du nicht mehr eingesperrt und da wirst du in Liebe aufgenommen und darfst dazugehören!
Oh, das wäre so schön … wenn das so wäre … ?

Glaub mir, dort sind offene, liebevolle Herzen, die auf dich warten und sich sehr wünschen, dass du zurückkommst! Glaub mir bitte!
(Sie sitzt schweigend vor mir und überlegt)

Na, was hältst du davon? Wie wäre es, einfach hinlaufen und sehen, wie du aufgenommen wirst? Du kannst es dir dann ja immer noch überlegen, wieder zu gehen, wenn es dir nicht gefällt!
Eigentlich hast du Recht. Was soll mir passieren. Wenn du sagst, sie sind mir nicht böse, dass ich weggelaufen bin und dass ich wiederkommen darf … und sie auf mich warten … und mich sogar gerne aufnehmen möchten …

Versprichst du mir, es zu versuchen? Du wirst sehen, dort wirst du sehr glücklich!
Ja gut, ich schau mal.

Weißt du denn, wo du hinlaufen musst?
Ja, ja, ich finde schon zurück. Ich weiß ja, wo meine Mama ist.

Ja, dann ist es doch ganz einfach!
Ja, eigentlich ist es einfach!

Eigentlich … aber?
Ich schau mal … Danke dir! Durch unser Gespräch habe ich wieder Zuversicht bekommen, ist die Verwirrung weg. Ich war ja total durcheinander. Nun ist es ja eigentlich klar … ja, gut!

Ich wünsche dir viel Freude und Glück in deiner neuen Familie! Es wird bestimmt super!

Daraufhin lief sie ins Dorf und ließ sich finden. Nun lebt sie glücklich in ihrem Rudel.

●

Ebenfalls einen glücklichen Ausgang nahm die folgende Geschichte, obwohl die Menschen viel Geduld aufbringen mussten.
Die Katze war aus dem Auto vor der Tierarzt-Praxis entwischt und ließ sich in dem für sie fremden Ort nicht mehr anlocken und lief davon. Danach wurde ich gebeten, mit ihr zu sprechen. Auf meine Frage, wie es ihr geht, sagte die Katze zu mir:
Hi, mir geht es gut.

Wo bist du?
Ich bin draußen, ab und zu bekomme ich an einigen Häusern etwas zu fressen. Meist jage ich. Es ist ganz schön so ganz frei zu sein.

Hast du nicht Sehnsucht zurück zu deinen Menschen?
Ach, die wollen mich doch nicht mehr. Da war zuletzt immer Streit auch wegen mir. Das konnte ich nicht aushalten, deshalb bin ich weg. Da war oft so eine gedrückte Stimmung und Belastung im Haus. Da wollte ich nicht mehr sein.

Aber dein Frauchen hat dich doch so lieb und ist ganz traurig, dass du weg bist. Sie möchte gerne, dass du zurückkommst, auch dein Herrchen.
Das kann ich nicht so richtig glauben. Sie haben doch gestritten wegen mir.

Glaub mir, es ging bei dem Streit nicht eigentlich um dich. Der Streit ist jetzt auch beigelegt und nun sind beide sehr traurig, dass du weg bist. Dein Frauchen hat mich um Hilfe gebeten, dich wieder zu finden und bat mich um diesen Kontakt, damit du zurückkommst.
Hm … Ich weiß nicht so recht, bin unsicher. Kann ich das glauben?

Spürst du nicht die Liebe zu dir von den Beiden?
Ja schon, eher wie eine schöne Erinnerung. Der Schreck über den Streit sitzt mir noch in den Knochen. Möchte es friedlich, ich mag es nicht, wenn es Streit gibt und das war da so oft. Deshalb bin ich weg. Wenn du sagst, dass das vorbei ist ….

Schau mal, bald kommt der Winter, das wird sehr hart, draußen zu leben. Das macht deinen Menschen große Sorgen. Sie möchten, dass es dir gut geht und du zurückkommst.
Ja, noch ist es warm genug und schön draußen. Stimmt … im Winter weiß ich nicht, wie es geht. Ich habe noch kein neues Zuhause gefunden. Oft werde ich verjagt, viele wollen mich nicht. Ich bin es ja auch nicht gewohnt, immer draußen und allein zu sein. Wär schön, zurück zu gehen … **(ist nachdenklich)**

Die Beiden kommen dich sofort holen, wenn sie wüssten, wo du bist und du dann auch kommst.
Ich bin von dort, wo ich weggelaufen bin nicht viel weiter gelaufen. Erstmal zum nächsten Gebüsch am Waldrand. Hier sind nur wenige Häuser, zu denen ich ab und zu gehe. Ich stromere so rum. Weiß nicht, wie der nächste Ort heißt.

Bist du denn bereit, zu ihnen zurück zu gehen, wenn sie kommen? Sie wünschen es sich so sehr!
Ja schon, wenn du das so sagst, kann ich das so annehmen. Ich spüre ihre Liebe schon und hab auch Sehnsucht zurück, wenn sie mir nicht mehr böse sind.

Glaub mir, sie sind dir nicht böse und der Streit war nicht wegen dir. Er ist jetzt vorbei und es ist dort wieder friedlich!
Ich bin noch etwas skeptisch. Wäre so schön, wenn du recht hast. Wenn sie kommen, versuche ich es nochmal.

Ja, probiere es aus. Du kannst ja dann immer noch wieder gehen, wenn es für dich nicht stimmt.
Ja, ist eigentlich eine gute Idee. Kann es ja mal probieren.

Kann ich deinem Frauchen sagen, sie soll dich nochmal suchen? Und wie kann sie dich finden?
Gut, ich werde wieder in die Nähe kommen, wo ich weggelaufen bin. Ich höre, wenn sie rufen. Wir Katzen haben ein gutes Gehör. Sie kann sich ja auch innerlich mit mir verbinden, dann weiß ich, wann sie kommen. Dann versuchen wir es nochmal ... Die Sehnsucht nach meinem Zuhause ist schon da ... ich merke, möchte schon wieder zurück.
Hab die Beiden ja total lieb ... war schon sehr traurig zuletzt. Wäre schön, wenn alles wieder wie früher wäre ...
Ja gut, sag ihnen, sie sollen nochmal kommen und mich mit nach Hause nehmen. **(weint)** Ich freu mich! Danke dir! Ja, ich komme ganz bestimmt!

Die Menschen haben sie tatsächlich dort gesehen und ihr Futter hingestellt. Sie lief dann doch wieder davon. Ich habe sie dann wieder gefragt: *Wie geht es dir jetzt?*
Es war so schön, dass mein Frauchen da war. Wunderschön, ihre Liebe zu spüren.

Warum bist du dann weggelaufen?
Seine Energie war nicht gut, da habe ich es vorgezogen, hier zu bleiben. Ist im Moment noch okay für mich.

Bist du deinem Frauchen böse, dass sie dich festgehalten hat?
Ach, ich verstehe ja, dass sie mich mitnehmen will. Deshalb kann ich ihr doch nicht böse sein. Sie meint es ja gut. Ich will ja auch zurück nach Hause. Es wird langsam Zeit, dass ich mit nach Hause gehe. Ich merke auch, dass der Winter kommt und ich bin es nicht gewöhnt, in Kälte draußen zu sein. Ich sehne mich schon nach Zuhause.

Bist du denn bereit, im Auto mitzufahren wenn sie morgen kommen und dich mitnehmen? Morgen wollen sie es nochmal versuchen, dich zu finden.
Hm, Morgen? Nur noch eine Nacht hier? Na gut, dann werde ich Abschied von hier nehmen. Ich möchte schon gerne dann mitfahren, wenn nur mein Herrchen nicht mehr böse auf mich ist ...

Ich habe dir doch schon gesagt, dass er nicht böse auf dich ist, er ist einfach manchmal schlecht gelaunt. Du kennst ihn doch. Im Grunde seines Herzens ist er liebevoll und möchte auch, dass du zurückkommst.
Ja, du hast ja Recht, ich kenne ihn ja gut und seine Art manchmal.

Dein Frauchen hat mir noch gesagt, dass du Zuhause ja auch deine Freiheit hast, kannst jederzeit raus und wenn es dir nicht gefällt auch gehen. Und du darfst bei ihr im Bett schlafen, wenn du das möchtest.
Oh ja, das ist schön, da freu ich mich drauf. Und es ist dort warm und ich habe nicht mehr so viel Aktion mit dem Fressen. Das ist schon toll, so verwöhnt zu werden. Ja, dann machen wir das nochmal wie letztens, ich komme wenn sie mir Zeichen gibt und dann gehe ich auch mit. Und ich weiß, dass ich dann in diese Kiste muss und ins Auto. Aber das kenne ich ja, ist nicht so schlimm. Schaffen wir schon. Ich habe ja ihre Liebe gespürt und das ist sooo schön. Ich freu mich auf Zuhause!

Am nächsten Tag ist sie jedoch nicht zum vereinbarten Treffpunkt gekommen!
Auf meine Frage:
Warum bist du Donnerstag nicht gekommen, als deine Menschen da waren und auf dich gewartet haben?
Es ging noch nicht, ich konnte noch nicht kommen.

Warum?
Ich wollte noch nicht, ich bin doch hier so frei und unabhängig. Das wollte ich doch noch nicht aufgeben.

Ich will dich zu nichts überreden, aber sicher verstehst du, dass dein Frauchen sehr enttäuscht war, weil du doch versprochen hattest zu kommen. Auch für mich ist das jetzt doof.
Ja, das verstehe ich ja. Aber wir Katzen sind stolze, eigenwillige Wesen, die ihre Freiheit lieben. Das geht vor Gefühlsduselei. Es ist wohl mein Stolz, der hier stärker war. Ich wollte nicht eingefangen werden.

Aber du kannst doch einfach so ins Auto kommen, musst ja nicht in die Box. Da bist du doch ganz frei in deiner Entscheidung. Und Zuhause kannst du dich auch jederzeit frei entscheiden. Du wirst doch zu nichts gezwungen.
Ja, ich weiß, ich brauch noch etwas Zeit.

Wie sieht es aus, wenn deine Menschen nächste Woche wiederkommen?
Weiß ich noch nicht.

Und sie geht!

Einige Tage später, es ist mittlerweile Anfang November, versuche ich erneut, mit ihr zu sprechen:
Hi, ich bin da.

Hallo, morgen wollen deine Menschen wiederkommen und würden sich freuen, wenn du mit nach Hause fährst.
Hm!

Bist du nun bereit, mitzugehen?
Hm, morgen? Ich weiß nicht, bin noch unentschlossen.

Sollen sie noch eine Woche warten?
Ach, ich schau mal, wie ich morgen drauf bin.

Darf ich dich morgen Vormittag nochmal fragen?
Na gut.

Dann wünsche ich dir eine gute Nacht!

Wie geht es dir heute morgen?
Ich bin etwas wehmütig und auch noch etwas unentschlossen. Ich freue mich, wenn die beiden heute kommen. Ich bin dann in der Nähe.

Möchtest du denn heute mit nach Hause fahren?
Ich bin noch zögerlich, noch nicht so ganz entschlossen.

Bald kommt der Winter und es wird draußen ungemütlich.
Ich weiß, deshalb möchte ich schon gerne wieder zurück und vermisse auch ihre Zuwendung, ihre Liebe spüre ich ja auch so.

Du bist ja jederzeit frei in deiner Entscheidung auch wenn du heute mitfährst. Du kannst ja immer wieder gehen.
Ja, ich weiß. Ich schau mal.

Sie kam an dem Tag allerdings nicht zu dem Treffpunkt!
Auf meine Frage: *Wie geht es Dir jetzt?*
Ja, alles klar, mir geht's gut.

Vorgestern waren die Beiden wieder da am vereinbarten Treffpunkt, warst du auch da?
Ja, ich war das. Ich habe ihre Unsicherheit gespürt. Ich wollte aber auch nur schauen, ob sie kommen, sie sollten mich eigentlich nicht sehen.

Wolltest du noch nicht mit nach Hause?
Nööö, da wollte ich nicht.

Was sollte passieren, dass du mitgehst?
Ach, es ist immer noch ein Zwiespalt in mir. Bin noch unentschlossen.

Wovon machst du es abhängig?
Es ist zur Zeit noch so schön hier, frei zu sein. Ich liebe diese Unabhängigkeit und die wilde Natur. Da ist irgendwas Tiefes in mir geweckt, so eine tiefe Sehnsucht. Das will ich noch etwas ausleben. Ich kann noch nicht sagen, wann das vorbei ist. Kann auch sein, dass ich mich verändert habe, nicht mehr die frühere Katze bin. Irgendetwas ist in mir passiert, dass ich mich auch so sehr wohl fühle und das Leben genieße. Es ist im Moment so schön für mich.

Möchtest du deinem Frauchen noch was mitteilen?
Sie soll nicht traurig sein, mir geht es gut. Und ich habe sie immer noch sehr lieb!

Einige Zeit später, als es begann empfindlich kalt zu werden, hat die Wiedervereinigung dann endlich geklappt und sie lebt wieder glücklich in ihrer Familie.

•

Bei dieser Katze klappte das Wiedersehen schneller. Sie war mit ihrem Frauchen und einer anderen Katze gerade in ein neues Zuhause in einem anderen Land gezogen und kam nach dem ersten Freigang im neuen Umfeld nicht wieder. Ich habe sie gefragt:
Wo bist du jetzt? Findest du nicht zurück zu deinem neuen Zuhause?
Oh doch weiß ich wo unser neues Zuhause ist. Ich muss doch nun erst mal alles erkunden. Wir mussten doch so lange drin bleiben. Jetzt muss ich erst hier schauen, wo wir hier sind. Es ist so spannend! Und es ist sehr schön hier. Faszinierend!

Aber dein Frauchen macht sich Sorgen um dich! Sie bittet dich, doch wenigstens einmal am Tag zum Essen und Trinken vorbei zu kommen, damit sie weiß, dass es dir gut geht.
Hm, das habe ich wieder mal total vergessen, dass sie sich Sorgen machen könnte. Ich finde hier einiges Interessante, was ich fangen und verspeisen kann. Ich muss doch hier auch alles probieren.

Ab und zu vorbeischauen kannst du doch, oder?
Na gut, ich werde mich mal blicken lassen und guten Tag sagen. Eigentlich bin ich so total glücklich und sie hat doch die andere Katze.

Trotzdem vermisst sie dich!
Ja, ist ja gut. Ich gehe ja zurück nach Hause!

Und tatsächlich kam sie kurze Zeit später wieder und stand vor der Tür!

•

Ein schnelles Wiedersehen gab es auch mit dieser Katze, die längere Zeit nicht nach Hause gekommen war. Ich nahm Kontakt zu ihr auf und habe sie gefragt:
Wie geht es dir?
Och, ich genieße die Natur und das freie Leben.

Warst du in den letzten Tagen an einem Haus, wo es viele Katzen gibt und eine Frau hat dort deinen Namen gerufen?
Ich bin öfter an Häusern wo andere Katzen sind.

Warst du in den letzten Tagen an einem Haus, wo eine Frau deinen Namen gerufen hat?
Ja, kann sein. **(ist sehr distanziert, scheint ihr unangenehm zu sein)**

Du sollst dort bitte wieder hingehen und warten, dein Frauchen holt dich dann und kommt jetzt jeden Abend dort hin!
Hm …

Was ist passiert, dass du nicht mehr nach Hause gekommen bist?
Ach, es ist jetzt im Sommer so schön draußen. In der Wohnung war es mir zu eng. Das war ich so nicht gewohnt. Ich habe lieber meine Freiheit.

Möchtest du nicht zurück dort hin?
Na, schon … ich wurde ja gut versorgt und ich habe auch gespürt, dass sie mich sehr gerne hat. Ja ja, das regelmäßige Futter fehlt mir auch … hab nun ständig Hunger. Es ist schon mühsam, sich immer selbst zu versorgen.

Ich soll dir sagen, dass sie dich unbedingt wieder bei sich haben will!
Möchte sie das? Ist sie mir nicht böse, dass ich weggelaufen bin? Ich dachte, sie vermisst mich gar nicht.

Doch, sie hat dich sehr lieb und macht sich Sorgen. Sie ist dir überhaupt nicht böse. Möchte dich sehr gerne wieder aufnehmen!
Na, das wäre schon schön, wieder ein Zuhause zu haben. Ich merke nun, wie schwer das Überleben hier draußen ist.

Dann geh doch wieder zu dem Haus, wo du gerufen wurdest und warte dort auf dein Frauchen. Sie holt dich dort ab. Oder du läufst gleich nach Hause. Sie wartet auf dich und freut sich sehr, wenn du kommst. Sie hat dich sehr lieb!
Hm, ich schau mal.

Wenn du nach Hause kommst, sind dort zwei kleine Kätzchen, die sie als Notfall aufgenommen hat.
Hm, naja, mal schauen wie das ist.

Am nächsten Tag stand sie wieder vor der Tür und spazierte hinein, als wäre nichts gewesen!

•

Anders gelegen ist die folgende Geschichte, weil die Katze nicht vermisst wurde, sondern einfach nicht mehr ins Haus kam, sich in der Nähe aufhielt und sich draußen von ihrem Frauchen füttern ließ. Die Katze war ihr fünf Jahre zuvor zugelaufen, war allerdings oft aggressiv ihr gegenüber. Seitdem ein kleiner Kater dazu gekommen war, wurden die Angriffe heftiger und die Katze kam schließlich gar nicht mehr ins Haus. Ich wurde gebeten, nach den Gründen zu forschen. Als ich meine einleitende Frage nach ihrem Befinden stellte, kam die sehr ruppige Gegenfrage:
Was willst du von mir!

Ich möchte mit dir über deine Beziehung zu deinem Frauchen sprechen. Sie ist sehr verzweifelt und traurig, dass du nicht mehr ins Haus kommst. Möchtest du darüber reden?
Ach, lass mal! Sie hat ja gar kein Interesse mehr an mir. Ist kaum noch da und dann dieser Andere da im Haus. Ich werde nicht mehr gebraucht!

Aber du warst schon früher aggressiv ihr gegenüber?
Unsere Verbindung war nie sehr tief, weil sie ihr Herz nicht öffnen kann. Ihre Liebe kann nicht richtig fließen. Ja, diese Blockaden haben mich schon immer ungeduldig gemacht. Ich wünschte mir, dass sie weicher mit sich wird, ihr Herz wirklich öffnen kann und wieder die Verbindung zum Göttlichen, zu „Allem was Ist" findet! Ja, ihr müsst wissen, ich bin eine hohe Seele,

die gekommen ist, ihr zu helfen … zu helfen, auf den Weg zu kommen. Dafür muss nun erst mal die Verzweiflung sein. Normalerweise sind Hauskatzen ja nicht aggressiv, wenn sie normal behandelt werden. Ich wurde auch immer normal behandelt aber das reichte für mich nicht. Mein Auftrag ist weitergehend! Ja, ich bin zu ihr gekommen mit einer Aufgabe. Dazu gehörte es, zu provozieren, damit sie weitergeht.
Jetzt, da ich dir das erklären kann, sehe ich einen Hoffnungsschimmer … wenn sie das hört, versteht sie vielleicht.

Dann stimmt das ja nicht, was du anfangs sagtest, dass sie dich nicht mehr braucht?
Da hat noch mein Katzenego gesprochen. Jetzt eben ist mein höheres Selbst durchgedrungen, was mir selbst oft nicht so bewusst ist. Ich denke, du kannst das einordnen! Ich habe erkannt, dass unser Gespräch eine riesen Chance ist, was zu bewirken.

Was sollte es bewirken?
Sie sollte sich mehr mit ihrem Inneren, ihrem heiligen Herzen verbinden, öffnen für die Göttlichkeit in ihr, mehr Vertrauen in die geistige Welt haben, sich auf sich selbst besinnen!
Sie fragt, wie wir das finden, wenn sie eine Weltreise macht. Das wäre wieder eine Flucht ins Außen, sie sollte in ihre innere Welt reisen! Mein Tipp!
Ich bin zu ihr gekommen, weil unsere Seelen tief verbunden sind. Uns verbindet eine tiefe Liebe und ich möchte ihr helfen … helfen, auf ihren Weg zu kommen. Dafür bin ich bereit, alles zu tun. Ich nehme in Kauf, auf Distanz zu gehen, damit sie durch den Schmerz ihr Herz öffnet. Und schau, sie spürt ja unsere tiefe Verbindung unterbewusst. So ist nun was in Gang gekommen. Wenn sie auf Weltreise geht und lange weg ist, sehe ich meinen Auftrag gescheitert und werde gehen! **(es klingt so resolut, dass ich nicht nachfragen kann)**

Wäre denn eine Reise von 2 bis 3 Wochen okay?
Ja, das wäre okay, obwohl ich tief innen schon sehr traurig wäre, wenn sie so lange weg ist. Aber das geht ja vorbei und es könnte ja der Sache dienen.

Du meinst, durch ihre Entspannung könnte sie ihren Weg finden?

Ja, ja, wenn sie sich Zeit für sich nimmt und ohne Störungen auf sich konzentriert, hilft ihr das sicher sehr, ihre innere Ruhe zu finden.

Ich werde ihr das alles so mitteilen. Bist du denn dann bereit, friedlich mit dem Kater zu leben und wieder öfter ins Haus zu kommen? Die Katzenklappe ist ja jederzeit offen!
Ich werde sehr genau beobachten und nachspüren, was passiert, ob sich was ändert. Ja, er hat ja nun das Terrain übernommen, es stresst ihn, wenn ich komme. Es schmerzt mich sehr, so verdrängt zu werden, denn ich habe kein Interesse daran, mich mit ihm anzulegen. Du weißt ja auch, der Klügere gibt nach! So gehe ich lieber nach draußen, um dem Stress aus dem Weg zu gehen.
Die Katzenklappe mag ich nicht! Dagegen laufen mag ich nicht, das ist gegen meine Würde! Nein, nein!

Hast du Angst davor?
Nein, das nicht, hab das Prinzip schon verstanden. Mag es einfach nicht! Wenn ich drinnen erwünscht bin, möchte ich so hinein gehen können.

Dein Frauchen bittet dich noch, den Hasen im Garten nicht zu jagen!
Ja, unserer Katzennatur nach sind wir Raubtiere und wir jagen gerne. Das ist ein Spiel! Ich weiß ja, dass er mit zur Familie gehört, ich würde ihn ja auch nicht fressen. Nur eben gerne etwas spielen. Das versteht der schon, keine Sorge!

Möchtest du noch etwas mitteilen?
Ich wünsche mir so sehr, dass wir alle friedlich miteinander leben können in tiefer, göttlicher Verbundenheit, dass ich endlich meine Aggressivität ablegen kann, wenn meine Aufgabe erfüllt ist. Ja, dann kann ich mich endlich entspannen, wenn die tiefe Liebe fließt. Oh, das ist meine Sehnsucht … dass die Liebe fließen kann und unsere Herzen verbunden sind. Was wäre das schön! Wenn sie endlich wahrhaft spüren kann, wie sehr ich sie liebe … so sehr, so sehr liebe ich sie!
Und ich möchte dieses Erdenleben bei ihr bleiben können, bitte!

Ich soll noch fragen, was du für ein Gefühl bei ihrem neuen Freund hast?

Oh, er ist sehr lieb. Ist da auf der Herzebene ein Stück weiter als sie. Deswegen ist das nun eine ganz gute Möglichkeit für ihre Entwicklung.

Ich danke dir!
Ich grüße dich und bedanke mich auch für diese Möglichkeit, die Sache zu fördern. Segen für deine Arbeit!

Sie kam danach immer noch nicht ins Haus und war außerdem sehr aggressiv. Deshalb habe ich noch mal mit ihr gesprochen. Auf meine Frage: *Warum kommst du nicht mehr nach Hause?*
Ich halte mich zurück, auf Abstand und beobachte!

Was beobachtest du?
Ich beobachte was sich tut!

Ich habe das Protokoll unseres Gespräches erst vor ein paar Tagen an dein Frauchen geschickt. So schnell kann sich nun nicht alles ändern. Worauf wartest du?
Ja, ich erwarte schon, dass sich an ihrer Ausstrahlung etwas ändert, ein Entwicklungsschritt! Noch sehe ich keine Veränderung. Da werde ich wieder ungeduldig! Ich werde kommen, wenn ich einen Erfolg erkenne.

Du bist sehr hart dir und ihr gegenüber!
Ja, ja, das fällt mir auch sehr schwer. Aber es muss sein!

Das grenzt ja an Erpressung!
Wenn du es so siehst, okay. Ich meine es im Endeffekt nur gut!

Dein Frauchen fragt, warum du so aggressiv bist?
Ich mag es nicht, eingesperrt zu sein, nicht frei zu sein. Ich sagte ja, ich gehe nicht durch die Katzenklappe. Wenn ich so jederzeit wieder raus kann, ist es gut.

Sie findet es nicht hilfreich, dass du so aggressiv bist. Es macht sie traurig!
Ja, ich weiß. Es kann sich ja alles ändern. Demnächst … vielleicht … schauen wir mal!

Sie wünscht sich so, dass du wieder kommst!
Ja, ich weiß das. Ich warte noch ab!

Das Frauchen hat ihren Entwicklungsweg unterstützt durch diese Hinweise kontinuierlich fortgesetzt und die Situation hat sich irgendwann deutlich entspannt.

•

Das folgende Gespräch mit einem entlaufenen Kater hat nicht dazu geführt, dass er zurück kam. Er sagte mir in unserem Gespräch:
Mir geht es gut! Ich habe ein neues freies Leben jetzt.

Sie suchen nach dir und wollen alles tun, um dich zu finden!
Ich hatte mich entschieden zu gehen. Und so fühle ich mich besser. Es war dort für mich zu belastend. Ich wollte dort nicht bleiben, es waren zu starke Spannungen. Ich habe Abschied genommen und nicht das Verlangen, zurück zu gehen. Ich möchte nicht, dass sie mich finden und zurück holen. Deshalb bin ich sehr weit gelaufen, immer weiter ... Ich werde dir keinen Hinweis geben wo ich bin. Ich habe mir ein neues Zuhause gesucht. Hier werde ich gut versorgt und kann mich frei bewegen. Es ist wunderschön hier und ich fühle mich hier wohl!
Sorry, ich möchte nicht wieder zurück, sag ihnen das. Mir geht es hier, wo ich nun bin, gut. Ich werde mit offenem warmen Herzen geliebt. Und gerade das hatte ich dort vermisst. Ich will nicht undankbar sein, ich wurde damals auch gut versorgt. Danke dafür! Aber es fehlte die Herzliebe. Deshalb bin ich gegangen, um sie nun hier zu finden. Ich bitte sie, dies zu respektieren. Es geht hier darum, die Liebe zu leben. Das hatten sie nicht verstanden und das habe ich nicht ausgehalten. Und ... ich bin nicht ihr Besitz, den man zurück holen kann ... einfach so. Nein, wir Tiere haben ein Recht auf ein liebevolles Leben.
Das habe ich nun hier gefunden und möchte das nicht aufgeben und meinem neuen Menschen nicht wehtun und wieder verlassen. Das möchte ich nicht!

Deshalb gebe ich keinen Hinweis, wo ich nun bin. Ich bin weit gelaufen und es ist nun gut so wie es ist. Sag ihnen bitte, sie mögen das bitte respektieren. Und sag ihnen, sie sollen ihr Herz öffnen …. Dann werden sie es nachempfinden können, warum ich gegangen bin. Und sie werden es akzeptieren und bitte meine Entscheidung respektieren.
Ich liebe sie nach wie vor, aber es ging für mich so nicht!
Ade!

Danke dir, ich werde es ausrichten!
Danke für die Vermittlung!

Ich kann gut nachempfinden, wie es diesem Kater in seinem früheren Zuhause erging, denn meine Auftraggeber haben die Zahlung des vereinbarten Energieausgleichs an mich aufgrund des Ergebnisses verweigert. Zum Glück war das eine Ausnahme.

●

Ein anderer Kater war seit fast zwei Wochen verschwunden und ich wurde gebeten, mit ihm zu sprechen. Ich nahm Kontakt auf und er sagte, bevor ich etwas fragen konnte:
Ich bin hier!

Wo bist du?
Ich habe mich in Sicherheit gebracht. Mir war das alles zu heavy in meinem alten Zuhause. Ich brauche erst mal meine Ruhe. Sie sollen sich keine Sorgen machen, mir geht es gut. Ich habe einen Platz gefunden, wo ich es eine Zeit lang aushalte und mich auch versorgen kann. Derzeit harre ich hier aus und genieße die Ruhe. Ich werde mich umschauen, ob ich Alternativen finde.

Möchtest du nicht zurück?
Im Moment nicht! Sie sollen sich klar werden, was sie wollen. Derzeit ist kein ruhiger Platz dort für mich. So muss ich für mich sorgen und was anderes finden.

Ich werde das so weitergeben. Darf ich bald nochmal mit dir sprechen?
Na klar, gerne doch Liebes. War mir ein Vergnügen! Shirio!

Von seinen Menschen bestand jedoch kein Interesse daran, weiter nach ihm zu forschen. So hoffe ich, dass er ein liebevolles neues Zuhause gefunden hat.

•

Hier ist eine Geschichte von einem Kater, der leider auch nicht wieder nach Hause zurück kam. Es gab allerdings einen ganz anderen Grund. Der Kater war seit etwa sechs Wochen nicht nach Hause gekommen. Ich nahm Kontakt zu ihm auf und er kam sehr munter auf mich zu. Auf meine Frage: *Wie geht es dir?*
Oh, mir geht es sehr gut.

Wo lebst du jetzt?
Ich lebe in der Natur, jetzt wenn es warm ist, genieße ich es sehr. Fange mir kleine Tiere zum Fressen. Ich liebe es, einfach so rum zu stromern.

Warum bist du von Mona weggegangen?
Ach, es war manchmal mühsam, mir oft zu hektisch. Ich kam ja fast nie zur Ruhe dort. Ich mag es nicht, wenn es so laut und unruhig ist.
Ich bin sehr dankbar, dass mich Mona damals aufgenommen hat! Das war sehr schön für mich und im Winter recht angenehm und gemütlich. Ja, ich mag's gemütlich. Das geht im Sommer ja auch sehr schön draußen. Obwohl, das Streicheln und Kuscheln war schon sehr schön bei Mona, das vermisse ich jetzt etwas.

Was hindert dich daran, einfach zurück zu gehen?
Ich habe hier einen schönen Bereich gefunden, an dem ich mich wohlfühle. Bei Mona habe ich dann nicht mehr so meine Freiheit. Da muss ich mich einfügen. Das ist mir oft zu eng. Ich liebe es, in der Natur zu sein, die Wesen um mich herum. Das ist in der Wohnung nicht so. Vielleicht komme ich zum Winter wieder wenn ich dann noch darf?

Na, Mona vermisst dich und liebt dich sehr und würde sich sehr freuen, wenn du jetzt zurück kämst!
Ja, ist das so? Das habe ich oft nicht so empfunden. Vielleicht sollte sie ihr Herz mehr öffnen, damit das auch zu spüren ist.

Wäre das vielleicht ein Auftrag für dich, ihr Herz zu öffnen?
Oh man, es ist nicht so mein Ding, Aufträge zu erfüllen. Will einfach nur gemütlich leben und sein.

Vielleicht kannst du ihr das vorleben und zeigen, worauf es im Leben ankommt?
Ich sehe schon, du bist sehr geschickt, mich wieder einzufangen. Aber irgendwo hast du recht, ich bin schließlich keine Wildkatze sondern eigentlich ein „Haustier", wie ihr das so schön nennt. Aber ich liebe die Freiheit und meine Unabhängigkeit. Natürlich ist es schön, geliebt und gestreichelt zu werden.
Vielleicht können wir das kombinieren, dass man mir meine Freiheit lässt und ich komme wann ich möchte.
Ich möchte nicht undankbar erscheinen. Ich schätze es sehr, mit gutem Futter versorgt zu werden aber ich jage auch gerne. Das ist mein Naturell, ein freiheitsliebender Jäger!

Würdest du denn zu Mona zurück gehen, wenn sie diese Freiheiten respektiert und ihr Herz mehr öffnet?
Hm, ein recht guter Vorschlag, denn es ist mir wichtig, dass eine liebevolle Schwingung in der Wohnung ist. Das ist das Wesentliche, das ist ja auch für das Ganze hilfreich. Den Job nehme ich gerne an: Botschafter der Liebe. Ja, das klingt gut! Wenn keine Liebe da ist, hau ich wieder ab.

Das ist doch ein guter Deal, versuch das doch mal!
Ja gut, lass mir etwas Zeit.

Findest du denn zurück zu Mona?
Was für eine Frage, klar doch, ich weiß doch wo mein Zuhause ist.

Das klingt doch gut: Dein Zuhause!
Ja, du hast Recht … mein Zuhause, das ist stimmig.

Ich danke dir für das Gespräch!
Gerne Liebes, ist sowieso rührend, wie ihr euch um mich bemüht. Ich bin beeindruckt! Hab nicht gedacht, dass ich so vermisst werde.

Er geht nachdenklich weg.

Nach ein paar Tagen habe ich noch mal mit ihm gesprochen. Auf meine Frage: *Erinnerst du dich, dass wir vor einiger Zeit miteinander gesprochen haben?*
Ja klar erinnere ich mich.

Du wolltest doch überlegen, ob du zurück zu Mona gehst?
Ja, ja, ich hab ja gesagt, ich brauche noch etwas Zeit. Der Sommer ist hier draußen so schön, ich genieße jetzt einfach die Wärme, die Ruhe. Lasst mir das noch etwas hier, es ist so schön.

Spürst du die liebevollen Gedanken von ihr?
Ja klar, es ist doch alles miteinander verbunden. Ich spüre schon, dass sie ihr Herz mehr geöffnet hat und ihre innere Einstellung geändert ist. Ich spüre auch ihre Sehnsucht nach mir. Das ist sehr schön, ich genieße das sehr. Und die Sehnsucht, nach Hause zu gehen, wird langsam stärker. Aber ich bin immer noch zwiegespalten, fühle mich hin und her gezogen. Noch ist es hier so schön, fühle mich hier so wohl. Lasst mir noch etwas Zeit hier bis der Impuls, nach Hause zu gehen, stärker ist.
Ich bin ein Stromer und genieße das freie Leben. Sag ihr, ich komme irgendwann.

Kannst du das konkreter sagen?
Nein, weiß ich noch nicht!

Möchtest du ihr noch etwas sagen?
Sie soll sich keine Sorgen machen. Ich habe sie sehr lieb und spüre ihre Liebe! Danke!

Leider ist er nie mehr zurück gekommen. Nach einigen Monaten habe ich noch einmal Verbindung zu ihm aufgenommen und gleich gespürt, dass er nicht mehr auf dieser Ebene der Erde lebt.
Oh, es tut mir so leid, ich konnte mich nicht mehr verabschieden, es ging alles so schnell. Ich wollte damals zum Winter wieder nach Hause aber da ist es passiert an der Straße. Ich war wohl unaufmerksam und es ging so schnell. Es gab einen Schlag und ich bin hinweg geschwebt und auf die andere Ebene gekommen.
Es war so schade, ich wollte dann doch gerne zurück und mich bedanken aber leider sollte es nicht sein. Es tut mir leid!

Nach solchen Botschaften werde ich oft von den Menschen gefragt, wie sie es denn schaffen können, ihr Herz zu öffnen und in der Liebe zu leben. Die Tiere würden natürlich sagen, Schalter umlegen und einfach machen! So einfach ist es bei uns Menschen allerdings meist nicht. Häufig steht uns da der Verstand im Weg, begrenzende Glaubenssätze, Erziehungsmuster, tief sitzende Ängste, Misstrauen oder traumatische Erlebnisse die zu Vorsicht führen. Da gilt es für uns zunächst, tief in uns nachzuspüren, was genau da die Öffnung blockiert. Das geht nicht mit Nachgrübeln sondern über die Bereitschaft, sich einzulassen und zu fühlen. Das Gefühl, das tief darunter liegt, ist der Schlüssel!

Wenn du dich entschieden hast und bereit bist, dem Thema auf den Grund zu gehen, werden sich Wege ergeben, die dich zur Lösung führen. Die Möglichkeiten sind so vielfältig, wie irgend denkbar. Vielleicht fallen dir plötzlich Ereignisse ein, die etwas damit zu tun haben können. Sei es, du begegnest jemandem, der etwas in dir antriggert oder dir fallen Fotos in die Hände, die Erinnerungen wachrufen. Oder es zeigt sich etwas in deinen Träumen, was dich tagsüber weiter beschäftigt. Dazu ist es hilfreich, einen Schreibblock am Bett bereitliegen zu haben um etwas unmittelbar notieren zu können. Leicht können dir intuitive Hinweise im Halbschlaf in der Aufwachphase kommen. Sobald dein Verstand hell wach ist, können wichtige Aspekte wieder überdeckt sein, wenn du sie nicht sofort aufgeschrieben hast.
Ein guter Weg in ein Thema hinein zu spüren ist auch das Meditieren, begleitet mit tiefer, bewusster Atmung. Sollte sich bei dir in solch einem Prozess

sehr viel Widerstand zeigen oder Ängste hochkommen sich dem Thema ehrlich zu stellen, gibt es die Möglichkeit, dich von einer Vertrauensperson unterstützen und begleiten zu lassen.

Hilfreich können auch Visualisierungen sein. So habe ich mir früher oft vorgestellt, wie sich in meinem Herzen lodernde Flammen entfachen und alles Alte, Blockierende verbrannt wurde. Danach können im Herzbereich wundervolle Tempel, Schlösser oder sonstige Fantasiegebilde entstehen, die du für dich passend kreativ einrichten kannst. Dieses innerlich verankerte Bild kannst du dir bei Bedarf jederzeit aufrufen und darin schwelgen.

Grundpfeiler für deine Herzöffnung ist jedoch Vertrauen! Vertrauen in dich selbst und in deine Göttlichkeit, wie auch immer du dir das vorstellst und es sich für dich stimmig anfühlt. Dieses Vertrauen sollte tief in dir verankert sein. Mit diesem Fundament ist bedingungslose Liebe zu Allem was IST möglich!

Wenn ich mich selbst frage, was ich mache, wenn ich den Ruf meines Herzens in mir verspüre, kommt in mir der Impuls, am liebsten sofort dem nachgehen! Das ist so salopp gesagt und hört sich einfach an. Und ich gebe zu, früher haben mich oft mein Ego und meine alten Gedankenmuster ausgebremst. „Erstmal wohl überlegen und abwägen, ist mein Überleben weiterhin gesichert, reicht das Geld dafür, was sagen die Anderen dazu?" So erlebte ich es zum Beispiel nach meiner Transformations-Therapie-Ausbildung. Eigentlich wollte ich das Wissen gleich umsetzen und die Welt retten! Aber mein Sicherheitsbedürfnis ließ mich an meinem alten Job festhalten und die Therapie-Praxis nebenbei aufbauen. Die Therapie-Arbeit gibt mir Energie, mein Job hat mir all meine Energien geraubt. Das habe ich noch einige Jahre „durchgehalten" bis zum Burnout, bis es nicht mehr ging! Da endlich habe ich dem Ruf meines Herzens nachgegeben, habe den Job losgelassen und bin dem Ruf gefolgt.

Wenn ich vor einer wichtigen Wegkreuzung stehe und nicht weiß, welchen Weg ich nehmen soll, frage ich mein Höheres Selbst und meine Geistigen Helfer. Ich empfinde es als großen Segen und voller Dankbarkeit, dass ich diese Fähigkeit geschenkt bekommen habe und ich jederzeit Antworten und

Botschaften nicht nur für andere Menschen und für die Tiere, sondern auch für mich bekomme. Das führt oft nicht zum reinen Glück. Ich stelle oft fest, dass sie mich bewusst auch in Lernaufgaben schicken, von denen ich zunächst überhaupt nicht begeistert bin. Langfristig aus einer anderen Perspektive betrachtet, erscheinen sie jedoch für meinen weiteren Weg wichtig. Dann denke ich oft, musste das sein? Kurz kommen auch Zweifel. Wenn ich nach einiger Zeit spüre, wofür es offensichtlich gut war, kann ich es annehmen und auch dankbar sein!
Mittlerweile kann ich es sogar gut annehmen, dass meine Herzenswünsche meist nicht nach meinen Vorstellungen umgesetzt werden, sondern eher nach einigen „Umwegen" dann in einer Weise, die ich mir vorher so gar nicht vorstellen konnte.

Meine Meisterprüfung zum Thema Vertrauen durfte ich vor einigen Jahren bestehen, als ich aufgrund eines Gerichtsbeschlusses eine unerwartete, hohe Zahlung leisten musste. Durch diese Existenzkrise durfte ich noch einmal gründlich lernen, mein Vertrauen in meine göttliche Begleitung nicht zu verlieren. Durch das Erlebnis ist nun dieses tiefe Vertrauen in mir fest verankert und unerschütterlich, auch wenn es manchmal für eine Lösung Zeit und Geduld braucht. Zuversicht hilft mir und einfach meinen Weg weitergehen.

Mein mittlerweile tief verankertes Vertrauen bewahrt mich davor, hochkommenden Ängsten, Zweifeln und Sorgen viel Raum zu geben. Ich weiß tief in mir, es gibt immer mehrere Wege, meiner Vision zu folgen. Richtig oder falsch, wer will das beurteilen? Ich denke, egal wie ich meine Wege gestalte, Hauptsache es macht mir Freude, ich bin mit Spaß unterwegs und fühle mich erfüllt! Dann wird auch für mich gesorgt und die Energien fließen!

Heilungsarbeit an Tieren

Auf der Seelenebene, auf der ich mit den Tieren Kontakt aufnehme, entsteht eine so tiefe, intensive Verbindung, dass sich oft erstaunliche Möglichkeiten eröffnen. Ich lasse mich dabei von meiner Intuition leiten und fühle mich dabei sicher von der Geistigen Welt begleitet. Wie du bereits in einigen Protokollen zuvor lesen konntest, nehmen die Geistigen Helfer gelegentlich Einfluss auf den Gesprächsverlauf. Da ich mich vor jedem Kontakt mit der reinen „Göttlichen Quelle" verbinde, vertraue ich dieser Führung und dem, was mein Herz mir sagt.

Die Verbindung und Einflussnahme der geistigen Welt wird sehr deutlich in dem folgenden Gespräch. Ich sollte mit dem noch ganz jungen Hund Mokiba sprechen, der erst seit kurzem bei Elke eingezogen war. Meine Freundin Elke lebte vorher mit Sabik zusammen, von dem ich in meinem ersten Buch einiges geschrieben habe. Sabik ist jedoch vor einiger Zeit gestorben. Ein paar Monate später wurde Elke zu Mokiba geführt, der von der gleichen Rasse ist. Auf meine Frage an Mokiba: Bist du bei Elke glücklich?
Oh ja, das ist doch mein Platz an ihrer Seite! Das war doch so geplant und abgesprochen. Es ist alles perfekt. Klar, bin ich da glücklich.
Ich komme aus der Seelenfamilie von Sabik, deshalb haben wir diese tiefe Verbindung und Sabik ist oft da. Es wird etwas weniger, weil er sieht, wie sich nun alles fügt und ich meinen Platz in Elkes Herz gefunden habe.

Warum ist deine Haut so empfindlich?
Das weiß ich nicht … bin wohl ein Sensibelchen!?

Ich frage seine Geistigen Begleiter was es damit auf sich hat und warum er oft Durchfall hat:
„Er hat noch Schwierigkeiten, sich in der neuen Umgebung zurecht zu finden. Er war bisher noch nicht in diese Art Tier inkarniert, deshalb ist für ihn vieles neu. Er reagiert mit seiner äußeren Hülle sehr empfänglich auf Umwelteinflüsse, wie das, was in der Landwirtschaft verwendet wird und sonst die Atmosphäre belastet. Auch sind in jedem Futter Bestandteile, auf

die sensible Wesen reagieren. So kommt es auch dazu, dass die Darmtätigkeit aus der Balance gerät. Das liegt an den Bestandteilen im Futter. Elke sollte es austesten, welche Zusätze vermieden werden sollten. Es ist kaum zu umgehen, weil fast überall Zusätze enthalten sind. Versucht es mit Heilerde zu lindern. Mokiba wird sich mit der Zeit mehr an diese Bedingungen anpassen, es wird sich einspielen."

Mokiba, hast du gespürt, dass Elke mit deinen Ahnen gearbeitet hat?
Ja ja, ich bin ja vielfältig vernetzt. Es ist noch alles sehr ungewohnt hier, deshalb sind zur Unterstützung gelegentlich meine Vorfahren da und schauen nach dem Rechten und machen mir Mut. Ich kann das alles ja noch nicht so und weiß manchmal nicht, wie ich mich verhalten soll. Da bekomme ich dann Hilfe.
Ist alles sehr spannend!
Aber ich habe mich gerne in diese Situation begeben, um Elke zu unterstützen. Ich liebe sie sehr und bin ihr unendlich dankbar für ihre Liebe!
Sag ihr das: Ich liebe sie sehr und bin glücklich, den Weg zu ihr geschafft zu haben!•

•

Mit einem Kater sollte ich sprechen, weil er offensichtlich Probleme mit seiner Haut hatte. Er war gerade erst von einem Bauernhof in die neue Familie gekommen.
Auf meine Frage: *Wie geht es dir jetzt in deinem neuen Zuhause?*
Oh, ich habe mich hier sehr gut eingelebt. Hier fühle ich mich nun eigentlich total wohl. Nur zur Zeit juckt meine Haut. Deshalb muss ich mich ständig putzen und beißen. Weiß nicht, was das ist … fühlt sich an, als würde was ständig an mir krabbeln.

Frage an seine Geistigen Begleiter, was das ist:
„Es sind irgendwelche Grasmilben auf die er allergisch reagiert. Die sind dieses Frühjahr besonders aktiv. Er ist da doch sehr sensibel und hat eine empfindliche Haut. Die Globuli, die er nehmen sollte, sind nicht das passende Mittel. Sie sollten es mit Schüssler-Salzen versuchen, austesten was passt.

Schüssler-Salze sind bei der derzeitigen Schwingung in der Erdatmosphäre hilfreiche Mittel und eher geeignet zu helfen."

Ich frage den Kater: *Würdest du die dann nehmen?*
Ja ja, wenn das dann hilft!? Wäre ja toll ... dann wäre ich ja auch wieder ein schöner Kater!

●

Aus der nächsten Geschichte von einer Katze aus dem Tierheim wird deutlich, dass schon die Liebe der Menschen heilend wirken kann. Der Sohn der Familie hatte sich die Katze ausgesucht, sie hielt sich jedoch meist in der Nähe der Mutter auf, lief ständig hinter ihr her, wartete sogar morgens vor der Badezimmertür, bis sie wieder heraus kam. Die Katze ließ sich jedoch nicht streicheln, war sehr ängstlich und traute sich nur selten nach draußen.
Auf meine Frage. Wie es ihr geht, sagt sie:
Gut!?

Fühlst du dich wohl in deinem neuen Zuhause?
Oh ja, sehr! Hier werde ich nicht mehr misshandelt. Alle sind so lieb zu mir und gehen respektvoll mit mir um. Das tut mir sooo gut! Ich bin sehr dankbar, nun in Sicherheit und Geborgenheit zu sein und die Liebe zu spüren ... wie schön!

Du sagst, du wurdest misshandelt, was ist passiert?
Ach, ich wurde oft getreten, ich war nicht willkommen. Ich spürte die Ablehnung und Lieblosigkeit. Vielleicht waren sie auch überfordert, es gab viel Aggression. Nicht direkt gegen mich, aber die Schwingung im Haus war so. Man musste immer auf der Hut sein. Deshalb immer noch meine Vorsicht! Man weiß ja nie ... lieber gehe ich Allem aus dem Weg.

Magst du deshalb auch nicht gestreichelt werden?
Hm, da ist immer noch diese Angst, es könnte in Aggression umschlagen. Bin da immer noch sehr vorsichtig ... ja, ängstlich. Ich muss erst mein Misstrauen überwinden. Ich spüre ja, dass mich alle in der Familie sehr lieb haben aber ich brauche Zeit, die alten Erinnerungen zu vergessen.

Vergessen wirst du diese schlimmen Erlebnisse wohl nicht. Da ist deine Vorsicht sehr verständlich. Versuche doch nun in der neuen Familie mehr zu vertrauen … einen neuen Anfang mit Vertrauen!
Ja, du hast wohl recht, ich sollte mehr vertrauen. Hier ist ja nun alles anders. Ich muss mich erst langsam daran gewöhnen.

Warum bist du so gerne in der Nähe von deinem Frauchen?
Oh, sie ist so voller Liebe, ich spüre ihre Wärme. Das ist so schön! Das heilt meine verletzte Seele. Ich brauche zur Zeit noch diese Nähe. Bei ihr weiß ich, dass mir nichts passiert.

Warum gehst du so selten nach draußen?
Ich verlasse nicht gerne sicheres Terrain, warum sollte ich mich in Gefahr bringen? Ich möchte erst mal die liebevolle Schwingung hier tanken … ja, auftanken! Ich brauche im Moment keine neuen Abenteuer. Das kann sich irgendwann auch mal ändern. Mal schauen!

Wie kann dir deine neue Familie helfen?
Ach, sie machen es doch ganz toll! Ich brauche wohl noch etwas Zeit, um ganz ins Vertrauen zu kommen. Sie sollen bitte Geduld haben. Ich weiß nicht, ob ich mein Misstrauen ganz überwinden kann.

Warum juckst du dich so viel?
Hm, für mich ist das normal, mich stört das nicht. Machen das Katzen sonst nicht?

Ich frage nun die Geistigen Begleiter ob es vielleicht am Futter liegt oder einen anderen Grund hat:
„Es ist eine Angewohnheit, die mit nervöser Anspannung durch die früheren Erlebnisse zusammen hängen. Versucht es mal ganz vorsichtig mit einer weichen Bürste an einem längeren Griff. Das könnte ihr mehr Entspannung bringen … dabei beruhigend sprechen und summen oder singen. Schöne Musik hat eine gute Wirkung. Bitte alles ganz sanft. Das ist derzeit noch wichtig … sanfte, ruhige Bewegungen!
Respektvoll und achtsam sein, das ist das, was ihr durch sie lernen könnt!“

Hast du noch eine Botschaft für dein Frauchen oder möchtest du noch etwas mitteilen?
Ich hab sie so, so lieb und danke ihr für ihre Wärme! Sie hat so einen riesigen Schatz mit ihrer Herzensenergie. Das sollte sie noch mehr leben und der Welt geben. Nicht ausnutzen lassen, da muss sie aufpassen. Darum geht es nicht, nicht nur geben und verausgaben … nein! Es geht darum, die Herzschwingung wirken zu lassen, nicht viel tun … wirken! Das ist so kraftvoll und wird jetzt so gebraucht. Die Liebesschwingungen verstärken, das ist es! Und wie schön ist das anzuschauen, die hellen Farben dabei … wunderschön!
Sag ihr vielen, vielen Dank für ihre Liebe!

Einige Tage später sollte ich der Katze noch einige weitere Fragen stellen:
Dein Frauchen hat noch die Frage an dich, wie du ins Tierheim gekommen bist?
Ich bin da hin gebracht worden. Ich weiß nicht warum, ich wurde in eine Box gepackt und mitgenommen. Ich hatte dabei das Gefühl, es kann nur besser werden. Vielleicht werde ich erlöst … so fühlte es sich an und so war es dann ja auch. Und so habe ich ja dann auch mein neues Zuhause bekommen … wie schön!

Weißt du wie alt Du bist?
(ein fragender Blick) Wie alt? Hat das was mit Zeitverlauf zu tun? Weiß ich nicht.

Magst du deinen Namen, den du im Tierheim bekommen hast?
Eigentlich passt er ja nicht wirklich zu mir. Er klingt etwas divenhaft … das bin ich doch nicht! Meine Familie soll mir gerne einen anderen, passenderen Namen geben. Sie werden schon wissen, was meinem Wesen entspricht. Es soll nur weich und zart klingen … das wäre schön!

Dann hat dein Frauchen noch die Frage, wie du das meinst, wie sie wirken soll?
Ja, das ist doch nun einfach, sie soll ihr Herz öffnen und ihre Liebe ausstrahlen. Mehr nicht! Und das so halten, möglichst immer bei allem was sie tut und wo sie ist. Ihr Menschen meint immer, es ist wichtig, etwas zu tun. Nein, es ist wichtig, mit welcher Energie und Schwingung ihr etwas tut oder auch die Energie und Schwingung halten, ohne etwas zu tun. Darauf kommt es

an, es ist ganz subtil aber sehr effektiv. In der liebevollen Schwingung präsent sein … das meine ich! Und das ist so schön angenehm in dieser Energie für das Umfeld. Und ich genieße es dann auch sehr!
Sag ihnen: Ich liebe euch so sehr! Danke für eure Liebe!

●

Eine andere Familie hatte eine Streuner-Hündin vom Balkan aufgenommen. Sie kam als sehr ängstliche, scheue Hündin zu ihren Menschen, was sie jedoch nach fünf Monaten weitgehend überwunden hatte. Allerdings hatte sie immer noch große Angst vor fremden Menschen und wurde dann leicht aggressiv. Außerdem humpelte sie ab und zu. Auf meine Frage: *Wie geht es dir bei deinen neuen Menschen?*
Oh, ich bin sehr dankbar, dass ich es nun bei ihnen so gut habe. Danke für das gute Futter und die Liebe! Ich hab zwar nicht mehr die Freiheit aber ich füge mich gerne in die neue Familie, denn nun geht es mir wirklich gut!

Was ist mit deinem linken Knie?
Ach, das tut schon mal weh. Dort hatte ich früher eine Verletzung … ist aber nicht schlimm … eine alte Sache.

Ich soll dich fragen, wie es dir bei und mit deiner neuen Familie geht?
Es war am Anfang schwierig, mich auf Menschen überhaupt einzustellen. Das kannte ich nicht … ist sehr ungewohnt. Ich lerne jetzt langsam, dass das doch für mich gut ist und ich lerne gerne, mich einzufügen. Mittlerweile genieße ich den direkten Kontakt und die liebevolle Versorgung.

Ist das Futter und dein Futterplatz okay?
Oh, es ist super, regelmäßig so tolles Futter zu bekommen. Was für ein Luxus! Ich kannte es ja anders, es war damals sehr mühsam, satt zu werden … eigentlich hatte ich ständig Hunger. Nun ist für alles gesorgt … wie toll! Danke! Der Futterplatz ist mir so was von egal … Hauptsache, es ist lecker … und das ist es!

Warum reagierst du so aggressiv auf fremde Menschen wie vor kurzem am Fluss am Badeplatz?

Oh, man weiß ja nie bei fremden Männern, was die mit einem vor haben. Ich fand es sehr bedrohlich, dass sie in der Nähe waren. Ich wollte uns verteidigen! Ich habe da eben sehr schlechte Erfahrungen gemacht. Ich bin oft getreten und geschlagen worden. Dem wollte ich vorbeugen um uns zu schützen!

Aber du bist doch hier nun in Sicherheit und andere Menschen in der Nähe wollen doch nichts Böses! Das gibt es hier in deiner neuen Heimat nicht!
Ach, da bin ich immer noch unsicher, man weiß ja nicht … ich bin eben vorsichtig und beuge lieber vor, bevor was passiert.

Deine Menschen möchten dich gerne bei Spaziergängen frei ohne Leine laufen lassen. Aber du hörst außerhalb des Gartens nicht auf sie und so sind sie unsicher, wenn andere Leute euch begegnen!
Ach, es wäre schon schön, wenn ich ohne Leine laufen könnte. Das ist schon sehr ungewohnt. Es ist aber auch sehr ungewohnt, auf meine Menschen zu hören! Ich spüre dann mein altes Freiheitsgefühl und bin dann ganz bei mir in meiner Welt und vergesse die neue Struktur. Ich kannte das ja nicht, irgendwo dazu zu gehören. Ich musste immer für mich alleine sorgen und mich darauf fokussieren. Es ist mir noch nicht vertraut, dass ich nun in dieser Familie lebe, auf die ich hören soll, wo ich mich unterordnen und einfügen muss. Das ist für mich immer noch sehr ungewohnt und schwer. Das braucht noch etwas Zeit! Es ist schon so, dass ich bei Fremden oft an früher denken muss und meine, mich wehren und verteidigen zu müssen. Ich weiß nicht, ob ich das ablegen kann. Ich verstehe schon, dass das stressig ist für meine Menschen … für mich natürlich auch. Aber ich brauch noch Zeit. Sie sollen bitte noch Geduld mit mir haben. So schnell kann ich das alles nicht vergessen. Es waren eben oft traumatische Erlebnisse, die erst langsam verblassen.
Ich mag die Leine nicht besonders, aber sie gibt mir in der Verbindung zu meinen Menschen auch eine gewisse Sicherheit. Da spüre ich, ich bin verbunden, ich bin geschützt. Wenn sie weg ist, falle ich in mein altes Freiheitsmuster zurück. Das ist derzeit noch so. Schade eigentlich … ich will das lernen, dass ich mich da immer mehr entspanne und vertrauensvoll bin. Ich werde mich bemühen … Wäre schon schön, ohne Leine!

Möchtest du deinen Menschen noch was sagen?
Oh ja, sag ihnen, ich bin so, so dankbar, dass es mir jetzt so gut geht, dass sie mich so verwöhnen und ich ihre Liebe spüren kann. Danke für die Liebe! Womit habe ich das verdient? Es ist so schön! Ich liebe sie sehr und bin unendlich dankbar. Ja, ja, Danke, Danke für ihr großes Herz!

Ich wurde gebeten, noch einiges nach zu fragen. Nach ein paar Tagen nahm ich erneut Kontakt auf. Auf meine Frage: Hallo, kannst du dich an mich erinnern?
Ja klar kann ich das. Gibt es noch Fragen?

Ja, ich soll nachfragen, wen du mit deinem aggressiven Angriff auf den fremden Mann am Badeplatz verteidigen wolltest. Als dein Frauchen dazu kam, hattest du auch Angst vor ihr und kamst nicht zu ihr?
Oh, ich hatte ja erklärt, dass ich dann völlig in meinen alten Modus verfalle und meine neue Struktur vergesse. Ich bin es noch nicht gewohnt, dass ich zu dem Menschenrudel dazu gehöre. Ja ja, ich will dann eher meine Tochter verteidigen. Jeder Mensch wird dann wieder zum Feind. Wenn ich dann gerufen werde, bin ich erst ganz verwirrt und dann erinnere ich mich wieder an die neue Situation … und dann tut es mir leid … eher schlechtes Gewissen. Ach, es ist manchmal schwierig!

Dann soll ich dir sagen, dass es ganz böse Folgen für deine Menschen hätte, wenn du jemanden beißt!
(Sie schaut mich schweigend an. Denkt offensichtlich nach.)
Ich wiederhole den Satz nochmal:
Oh je, das will ich aber doch nicht! **(ist nun ganz aufgeregt)**

Können deine Menschen dir vertrauen, dass du wirklich nicht zubeißt?
Nein, nein, beißen tue ich nicht! Bestimmt nicht! Ich will doch immer nur warnen und vorbeugen.

Aber selbst das brauchst du doch nicht!
Ach ja, ich lerne langsam. Ja, ja!

Hast du früher nie bei Menschen gelebt, oder wurdest du draußen an einer Kette gehalten?
Ganz zu Anfang mit meiner Mama war ich schon bei Menschen … war aber alles sehr lieblos. Wurde dann mit meinen Geschwistern in ein Auto gepackt und irgendwo raus gejagt. Dann waren wir auf uns selbst gestellt und der Kampf ums Überleben begann. Eine Kette kenne ich nicht.

Deine Menschen möchten dir sagen, dass du alle Zeit hast, die du brauchst, um deine Ängste abzulegen. Sie sind so stolz auf dich, wie toll du das sowieso schon machst! Sie lieben dich sehr!
Oh oh, wie schön! (**ist ganz gerührt und weint**) Danke! Ach wie schön! (**nun freut sie sich ausgelassen**) Wie schön! Ich liebe sie auch so sehr, so sehr! Danke Danke! So schön!

Ja, die bedingungslose Liebe bewirkt wahre Wunder und heilt verletzte Seelen mit viel Geduld! Wo Heilung geschieht kann Dankbarkeit tief im Herzen gespürt werden und fließen. Das ist bei den Tieren nicht anders als bei uns Menschen.

•

Diese Katze ist sterilisiert worden und wurde danach nachts unsauber und veränderte auch ihr Verhalten. Auf meine Frage nach ihrem Befinden sagte sie:
Hi, mir geht es recht gut. Hinten am Bein habe ich immer noch ein merkwürdiges Gefühl. Es ist noch nicht wieder so wie vorher, es ist wie ein Kribbeln, tut aber nicht mehr weh. Wird auch immer besser.

Hast du eine Erklärung dafür, dass du im Schlaf Pippi laufen lässt?
Oh, es war ja auch damals heftig. Ich träume immer noch davon wie ich operiert wurde. Der Schnitt war sehr übergriffig! Ein Teil meiner Lebendigkeit wurde beschnitten. Dabei habe ich auch geschlafen, es hat nicht wirklich weh getan, war aber trotzdem ein schmerzhafter Einschnitt in meine Seele. Das habe ich doch mitbekommen. Es war ein Schock für mich der noch nicht verarbeitet ist. Im Schlaf versuche ich mich im Traum immer noch

dagegen zu wehren … Es hat natürlich wenig Sinn, ich muss jedes Mal aufgeben. Ja, und dann ergebe ich mich und lasse alles los.
Ihr wundert euch? Warum versteht ihr das nicht? Wir Katzen sind stolze und eigenwillige Wesen. Wenn uns so was angetan wird ist das ein heftiger Eingriff in unsere Persönlichkeit. Und ich bin eine Katze mit einem besonders stolzen Wesen, hochentwickelt und schon weit gereist. Und dann so was und MIR! Es war schlimm! Glaub mir, das war für mich sehr schlimm!

Gibt es eine Möglichkeit, diese Verletzung zu heilen? Dein Frauchen macht sich Sorgen, deshalb hat sie mich ja gebeten, mit dir zu sprechen.
Ja, hm … Ja, ich merke, wie viel Mühe sie sich gibt, die Sache zu klären. Es ist für uns Katzen manchmal schwer zu verstehen, wie ihr Menschen tickt. Aber ich sehe ein, es war gut gemeint, man wollte mich nicht entehren oder entwürdigen oder schädigen. Ich habe ja auch so alles gut überstanden und fühle mich in meinem Zuhause sehr geliebt und gewürdigt. So schaue ich mal, ob ich es langsam mal überwinde! Die Träume sind halt immer noch schrecklich.

Würde es dir helfen, wenn sich dein Frauchen bei dir entschuldigt? Wenn sie dies liest weiß sie ja, wie schlimm das für dich war.
Ach, ich merke auch so, dass ihr das leid tut. Du weißt doch, dass wir Tiere die Gefühle und Empfindungen der Menschen aufnehmen, die Schwingungen ihrer Gedanken. Das ist schon alles gut hier bei uns! Ich fühle mich geliebt und angenommen. Ich denke, ich brauche einfach noch etwas Zeit, das Thema zu verarbeiten.

Hast du eine Idee, wie man dich unterstützen kann?
Hm … Vielleicht so heilendes Streicheln über den Bereich, ganz vorsichtig darüber streichen, ganz zart, nur nicht mit Druck!

Darf ich dir Lichtwesen der Heilung schicken, die dir helfen?
Oh ja, das ist bestimmt schön. Schick sie mir auch in meine Träume, damit sich das alles beruhigt. Das wäre super! Ich möchte ja nicht, dass mein Frauchen sich so viel Sorgen macht. Sag ihr, ich habe sie sehr lieb und ich bin sehr dankbar, dass ich bei ihr sein darf. Danke für ihre Liebe!!!

Liebevolles Einfühlen und Zärtlichkeit helfen bei der Heilung. Auch unsere Geistigen Helfer und Engel der Heilung unterstützen gerne, wenn wir sie darum bitten. Sie wirken nicht ungebeten sondern nur, wenn wir sie dazu einladen.

•

Besondere Herausforderungen sind Gespräche mit Tieren, die plötzlich ein auffallend verändertes, aggressives Verhalten zeigen. So wurde ich von einer sehr verzweifelten Frau gebeten, mit ihrem Kater zu sprechen, weil er sie ungewohnt und plötzlich, unvermittelt angriff. Er sprang sogar ins Gesicht und hätte fast ihr Auge mit den Krallen verletzt. Vorher war er ein absolut friedliches Tier und war von einer Sekunde zur anderen verändert. Auf meine Frage an den Kater: *Was ist los mit dir?*
Oh oh, was habe ich wieder gemacht!? Es tut mir so leid. Ich weiß auch nicht so recht, was mich dann treibt. Bin zur Zeit leicht reizbar.

Warum, hast du Schmerzen?
Ach, ja, es geht mir nicht so gut!

Was ist?
Manchmal tut es im Bauch weh, ist nicht so schlimm, macht mich aber dann ziemlich nervös. Und ich kann manche Geräusche einfach nicht ertragen. Dann kommen alte Bilder hoch, Erinnerungen, wo es um mein Leben ging. Dann vergesse ich alles um mich und reagiere nur.

Das ist für dein Frauchen sehr beängstigend, weil du sie verletzt und andere. Kannst du verstehen, dass das so nicht geht?
Ja, ich weiß, gleich nach so einem Anfall merke ich es selber was ich da für einen Mist gebaut habe.

Sie macht sich Sorgen und hat Angst, dass du sie schlimm verletzt. Was passiert dann, wenn du so angreifst?
Es ist, als würde mich was packen und benutzen … ich habe dann keine Kontrolle mehr … bin dann nur Raubtier.

Weißt du, was Dich dann packt?
Es ist, was ich nicht kenne, es ist aber so stark … fühlt sich an, als würde es in mich rein fahren.

Ich frage euch, Geistigen Begleiter von ihm, was ist da los?
„Oh, es sind Momente, in denen wir nicht genug Kraft haben, ihn zu schützen. Es ist so, dass ein dunkler Schatten sich seiner bemächtigt und der Kater verliert die Kontrolle. Es ist eine dunkle Wesenheit, die sie schaden will."

Was können wir tun?
„Sie muss sich schützen, ständig um Unterstützung durch das göttliche weißgoldene Licht bitten. Sich selbst mit dem göttlichen Lichtkanal verbinden und die Wohnung und natürlich die Katzen damit einhüllen. Die Verbindung zur göttlichen Liebe halten! Wir versuchen auch unser Bestes, manchmal ist die schwarz magische Energie stärker. Deshalb ist der Kater geschwächt, weil der kleine Körper diese Energie kaum kompensieren kann, daher dann auch die Schmerzen.
Es ist kein guter Weg, ihn einschläfern zu lassen, das Thema würde bleiben und sich anders Bahn brechen. Das einzige ist Schutz! Sie soll sich vorstellen, dass um die Wohnung Wände mit Spiegeln nach außen sind, die die negative Energie zurück werfen. Sie soll um Hilfe und Unterstützung bitten und die Verbindung halten.
In die Schwäche und Opferhaltung gehen, öffnet die Tore! Sie muss ihre innere Kraft und göttliche Verbindung halten. Dann schaffen sie es, geschützt zu bleiben.
Habt Geduld, gebt nicht so schnell auf! Licht und Liebe! Das ist es!"

Sein Frauchen hatte schnell eine Erklärung dafür und wusste sofort, wer diese Manipulationen vornahm und sie schädigen wollte. Zum Glück für ihren Kater wusste sie gut damit umzugehen. Der kleine Kater lebt nun wieder friedlich und liebevoll mit ihr und der anderen Katze zusammen.

•

Eine besondere Herausforderung für mich war eine Anfrage, ob ich mit einem Buntbarsch im Aquarium sprechen könnte. Erst konnte ich mir das nicht vorstellen, denn das wäre mein erster Gesprächs-Kontakt zu einem Fisch. Aber ich sagte mir, man wächst an seinen Aufgaben und so habe ich es versucht. Ich war erst etwas unsicher, wie die Begegnung auf meiner imaginären Wiese von statten gehen würde. Ich habe einfach in meiner Vorstellung einen kleinen Teich angelegt, in den ich den hübschen Buntbarsch einladen konnte.

Dieser Fisch mit Namen Neo verhielt sich phasenweise sehr aggressiv gegenüber seinen Artgenossen. Seine Partnerin Fay hatte er bereits so heftig verfolgt und gejagt, dass sie gestorben war. Nun hatte er es auf ein anderes Pärchen Nele und Balu abgesehen. Seine Besitzerin Stephanie bat mich, dem auf den Grund zu gehen. Auf meine Frage an Neo: *Hallo, warum bist du so aggressiv gegenüber den anderen Fischen, erst Fay und nun Nele und Balu?*
Mir ist langweilig! Er wendet sich ab.

Das nehme ich dir nicht ab, da ist doch mehr dahinter?
Ich spüre nun bei ihm eine tiefe Traurigkeit.
Ja, es bedrückt mich was. Es fühlt sich schwarz in mir an.

Was kann das sein?
Es ist wie ein Fluch, der mein Herz blockiert. Ich fühle mich dann wie ferngesteuert. Ich will den Anderen gar nichts … aber es schießt wie ein Blitz in mich ein und ich muss auf sie zuschießen! Ja, so spüre ich das, da fühle ich mich machtlos dagegen anzukommen.

Ist denn dieser Impuls oder Blitz nur ab und zu oder ist das ständig in dir?
Ach, es gibt auch Phasen, in denen ich ganz entspannt sein kann. Aber diese Impulse, wie du sie nennst, kommen sehr oft. Gerade, während wir sprechen ist es nicht, das ist sehr schön und fühlt sich hell an.

Wie spürst du diese Impulse in dir?
Es ist wirklich so, als käme das von Außen, nicht aus mir selbst.

Beschreibe doch mal, was da von Außen kommt?

(Ich spüre es bei mir selbst wie einen leichten Stromschlag und bekomme ein innere Bild, so wie wir mit der Fernbedienung einen anderen Sender einstellen.)
Ja, als würden meine Muskeln gepuscht. Dann ist es wie alarmrot in mir und heiß.

Hast du eine Idee, woher das kommt?
Ich werde benutzt! Ich denke, ich soll was vorführen, um was zu spiegeln.

Wem zu spiegeln?
Na, Stephanie!

Und wer benutzt dich da?
Es ist eine menschliche Energie, mehr kann ich nicht sagen.

Ich habe den Impuls, Jesus Christus um Hilfe zu bitten. Er sagt mir:
„Es geht um eine frühere Beziehung von ihr und der Mann will sie verletzen. Er schafft es nicht mit seiner dunklen Energie an sie heran zu kommen und sie direkt zu treffen. So benutzt er diese Möglichkeit über Neo. Dieser Ex-Mann weiß um ihre tiefe Verbindung zu ihren Fischen und versucht darüber, ihr Herz zu verletzen. Sie sollte ihre gesamte Wohnung schützen, nicht nur sich selbst. Beschreibe ihr das mit den Spiegeln, die sie nach außen gerichtet um ihre Wohnung visualisiert, um diese Impulse abzuwehren. Das dies zurück an den Absender geht ist legitim, das ist im höheren Sinne erlaubt. Wenn das aufgebaut ist und von ihr immer wieder aktiviert wird, könnt ihr Neo reinigen und heilen, damit er regenerieren kann. Sonst bleibt er ein Getriebener, weil diese Impulse in seinen Muskeln abgespeichert sind. Diese Erinnerung muss bei ihm gelöscht werden."

Auf meine nächste Frage: *Gibt es bei Stephanie auch noch etwas zu klären?* Sagt Jesus:
„Sie ist auf einem guten Weg! Du weißt doch selbst, es hört nicht auf solange ihr auf der Ebene der Erde seid, gibt es immer noch Themen anzuschauen und zu klären. Bei ihr ist es nun das Thema was Neo spiegelt. Solange Energien der Enttäuschung und der Wut auf der Erde schwingen, kann es keine vollkommene Heilung geben. Da habt ihr eine Aufgabe!"

Danke!

Ich frage nun Neo: *Wie geht es dir mit diesen Aussagen?*
Oh, ich bin überwältigt … so viel Liebe … oh ja, bitte tut etwas, damit meine Traurigkeit weggeht! Oh, das wäre so schön! So schön!

Er schwimmt ganz beseelt davon!

Es hat mich überrascht, dass während der Begegnung die Präsenz von Jesus Christus zu spüren war. Hatte es damit zu tun, dass Jesus damals im Fische-Zeitalter gelebt hat oder das geheime Zeichen der Christen damals das Symbol eines Fisches war? Abgesehen von diesen Mutmaßungen habe ich sowieso eine starke Verbindung zu Jesus, er hat mir ja auch das Schlusswort für mein erstes Buch diktiert. Auch Stephanie schrieb mir, dass sie zu ihm eine besondere Verbundenheit spürt.

Stephanie hat mit den Informationen aus dem Gespräch mit Neo die entsprechenden Schutzmaßnahmen getroffen und das Thema mit diesem Mann geklärt. Nach etwa zwei Wochen sollte ich mich um die Heilung von Neo kümmern. Nach dem ersten Gespräch war er schon deutlich weniger aggressiv, nur Nele hatte noch sehr unter seinen Attacken zu leiden und versteckte sich meist. Balu gegenüber war Neo wieder freundlicher gesonnen. Auf meine Frage an Neo: *Kannst du dich an mich erinnern?*
Oh ja!

Wie geht es dir?
Oh, es geht mir deutlich besser, fühle mich viel entspannter.

Du jagst aber immer noch Nele und lässt sie nicht fressen, warum?
Ach, ich weiß auch nicht, ist so ein Spaß von mir. Bei mir kommt immer mal wieder so ein Frust hoch und sie ist die Schwächere und zieht sich sofort zurück. Dann ist bei mir eigentlich der Impuls wieder vorbei. Ist eben eine Angewohnheit, wie ein Reflex.

Ist es denn immer noch so stark wie vor unserem ersten Gespräch?

Ach nein, es ist nicht mehr so dramatisch. Eher so wie ein Zucken in mir. Und Nele haut sofort ab.

Wo spürst du das Zucken?
Na, am ganzen Körper bis in die Flossen, wie ein Pling …

Was hast du dann für ein Gefühl dabei?
Es ist wie ein kurzer Krampf im Körper, ich fühle mich dabei ganz neutral.

Dann entspann dich jetzt und bleib ganz ruhig an der Stelle. Ich bitte jetzt die Geistigen Helfer die Blockaden und belastenden Programme aus deinem Körper zu lösen und zu wandeln!

Ich nehme wahr, dass Erzengel Michael nun den Prozess unterstützt.

Neo, stell dir nun vor, wie silbernes Licht der Gnade über dich fließt, wie ein Lichtwasserfall in deinen Körper, in alle Zellen strömt und alle Blockaden, alle dich belastende Programme löst. Sieh, wie es durch deinen ganzen Körper fließt und alles Dunkle löst, der Körper entspannt sich!

Nun stell dir vor, wie eine violette Flamme deinen Körper umströmt und all das, was vorher gelöst wurde, wandelt und löscht. Schau, wie Erzengel Michael die Abtrennungen mit seinem goldenen Schwert unterstützt.

Nun schau, wie grünes Licht der Heilung wie ein Lichtwasserfall über dich fließt und dich einhüllt und durchströmt. Das Licht heilt all die Körperstellen, wo vorher die Ablösungen passiert sind! Spüre, wie Erzengel Raphael mit seinen Helferengeln die Heilung unterstützt.

Ich halte meine Hände rechts und links neben ihn, um den Heilstrom zu intensivieren.

Neo, wie geht es dir jetzt?
Oh, es tat erst richtig weh! Aber dann beruhigte sich alles. Nun fühle ich mich total entspannt und auch sehr erschöpft.

Ruh dich jetzt aus!
Ich Danke dir! Ich spüre es jetzt ganz hell um mich. Das ist so schön! Danke!

Stephanie hat gleichzeitig den Prozess mit Liebesenergie aus der Ferne unterstützt. Allerdings hielt mein Laptop diesen geballten Energien nicht stand. Bei meinen Kontakten zu den Tieren nehme ich ja immer ein Foto als Brücke und Hilfe zur Herstellung der Verbindung. So hatte ich das Laptop mit dem Foto von Neo über Internet vor mir, während ich meine Hände neben ihm hielt. Da war plötzlich die Internet-Verbindung weg und alles ging aus, obwohl die Stromverbindung gesichert war. Zum Glück funktionierte mein Laptop am nächsten Tag wieder tadellos.

In der ersten Zeit nach der Behandlung war Neo viel ruhiger und entspannter als sonst. Dann verfiel er jedoch wieder in sein altes Muster und bedroht und hetzt wieder die anderen Fische. So habe ich noch einmal Kontakt aufgenommen und ihn gefragt:
Hallo Neo, warum bist du jetzt wieder so aggressiv den anderen gegenüber, es war doch am Tag nach unserer Klärung besser?
Ach ja, ich weiß noch. Ich war da ganz entspannt und mir waren die Anderen plötzlich egal. Ach, wie schnell man das doch vergessen kann.

Warum machst du es denn jetzt wieder wie früher?
Ich fühle mich eher wie ein Einzelkämpfer und nicht mehr dazugehörig, weil ich mich so heftig verhalten habe. Ich habe mich da selbst raus katapultiert und werde scheinbar jetzt von den Anderen nicht mehr akzeptiert. Ich fühle mich jetzt ziemlich einsam hier und nun ist es Frust, der mich so reagieren lässt. Die Anderen wissen ja nicht, was mit mir war und warum ich so agiert habe. Ach, ich bin ziemlich verzweifelt.

Stephanie möchte dich jetzt weggeben, weil du für die anderen Fische eine Last bist und sie stresst!
Ich habe ihre Verärgerung gespürt und nun macht es das für mich noch schlimmer. Nun bin ich ganz isoliert wenn sie mich auch nicht mehr will.

Was hältst du denn davon, woanders hin zu kommen?

Ach, im Grunde wäre es wohl die beste Lösung, denn hier werde ich von den Anderen nicht mehr akzeptiert. Mein Verhalten war zu heftig und das ich nun wie ausgewechselt wäre, irritiert sie.

Meinst du nicht, die Anderen finden ein friedliches Verhalten von dir gut und akzeptieren dich nach einer Umstellungsphase? Vielleicht solltest du ihnen Zeit geben?
Oh, das überfordert mich total. Es ist nicht schön, so alleine mit dieser Geschichte zu sein und dann noch so ein Eiertanz. Das ist nun gar nicht mein Ding! Bin sowieso nicht so ein Teamplayer, sagte ja, eher Typ Einzelkämpfer. Deshalb war ich auch so ein leichtes Opfer für dieses perfide Spiel. Das war schon der passende Job für mich. Nun ist es eben so, dass ich mich damit hier in dieser kleinen Welt disqualifiziert habe. So ist es schon sinnvoll, wenn ich das Terrain hier verlasse und irgendwo anders neu anfange mich einzufinden.

Ich nehme wahr, dass Jesus Christus neben mir ist und bitte ihn um eine Erklärung:
"Ja, was Neo sagt ist schon so. Er ist ein Kämpfer-Naturell und deshalb war es ein Leichtes, ihn zu missbrauchen und zu instrumentalisieren. Durch diese Geschichte wird er in der Gemeinschaft dieses Aquariums missbilligt. Die anderen Fische können das Verhalten nicht einordnen und nun schaukelt es sich hoch. Es scheint die beste Lösung zu sein, Neo dort heraus zu nehmen. Er ist ein starker Charakter und wird sich in einem neuen Umfeld einfinden. Damit wird er umgehen können. Er ist jetzt ohnehin isoliert.
Eure Heilungsarbeit hat ihm gut getan, sein Körper ist nun wieder in Balance und ihr seid alle daran gewachsen. Das ist euch hoch anzurechnen! Ich meine euch Beiden, Stephanie und dich, ihr habt großartige Arbeit geleistet, wodurch das gesamte System und der Befreiungsprozess der Erde unterstützt wird. Jedes Mosaiksteinchen ist dabei wertvoll. Unterschätzt diese Prozesse der Klärung und Reinigung nicht. Sie sind hoch wirkungsvoll und wertvoll. Deshalb gebührt euch aller höchster Respekt und Dank! Ich verneige mich vor euch!

Schreib bitte dies alles so in deinem neuen Buch. Es geht eben nicht darum, dass sich alles zum Guten und zur vollkommenen Harmonie entwickelt.

Sondern es geht um die Erfahrungen, die ihr dabei macht, die Gefühle, die es dabei zu spüren gilt. Tiefe Emotionen zu durchfühlen bringen euch weiter und tragen zur Weiterentwicklung des Ganzen bei. Ja es ist so, das Gefühl ist der Schlüssel!
Segen für deine Arbeit und dein Wirken!"

Stephanie und auch mich hat das sehr berührt. Sie versucht nun auf ihre Weise mit Neo zu sprechen und möchte ihm gerne einige Tage Bedenkzeit einzuräumen. Wenn Neo bereit ist, sein Verhalten zu ändern und er bleiben möchte, ist er herzlich willkommen. Auch mit den anderen Fischen will Stephanie sprechen, ob sie ihm nicht noch eine Chance geben wollen, weil er dies alles für sie getan hat. Sie würde sich sehr freuen, wenn er bleiben würde, aber so ist der Lauf des Lebens und des Wachstums.

•

Ein Kater wurde in einem Keller abgemagert und verschmutzt gefunden und zum örtlichen Tierschutzbund gebracht. Er kam in eine neue Familie mit einer anderen Katze, die Gesellschaft haben sollte. Die andere Katze war plötzlich sehr ängstlich und fauchte den neuen Kater an. Außerdem wirkte der Kater sehr traurig. Auf meine Frage an den Kater: *Wie geht es dir?*
Oh, ich bin so froh, nun hier zu sein, so glücklich, dieses schöne Zuhause bekommen zu haben.

Dein neues Frauchen hat das Gefühl, dass du traurig bist, wie kann sie dir helfen?
Ich bin noch dabei, mich zu erholen. Was ich erlebt habe war ganz schrecklich. Ich war lange eingesperrt und sah keine Möglichkeit, dort raus zu kommen. Ich hatte schon mit dem Leben abgeschlossen, hatte schrecklichen Hunger und Durst, es war quälend. Und es war so enttäuschend, dass mich einige Menschen einfach ignoriert haben, obwohl sie mich hätten befreien können, weg gegangen sind. Diese Lieblosigkeit war auch so schrecklich.
Zum Glück wurde ich ja dann doch da raus geholt. Aber all das hat mir viel Angst gemacht, das steckt mir noch in den Knochen. Ich brauche noch Zeit, das hinter mich zu lassen. Es ist einfach schön, wenn mein Frauchen mich

verwöhnt und ihre Liebe zeigt, das hilft mir. Einfach ihre Liebe zu spüren ist so schön!

Wie ist das mit der anderen Katze, sie faucht und schlägt nach dir?
Na, sie ist wohl auch irritiert wegen meines Traumas. Ich trage noch dieses Schreckliche mit mir, das mag sie nicht. Es ist noch wie ein Fluch, der an mir hängt, den will sie nicht. Es hat nichts mit mir selber zu tun. Wir mögen uns schon und es ist schön, dass sie da ist. Ich trage da noch was mit mir herum, was ihr Angst macht und das sie bekämpft.

Bist du bereit, dass wir die Engel bitten, dieses, was noch an dir hängt zu entfernen?
Das wäre natürlich genial. Ja klar, ich bin bereit!

Ich mache zusammen mit den geistigen Helfern des Lichtes und der Liebe eine Reinigungs- und Befreiungs-Zeremonie für ihn so ähnlich wie vorher bei dem Buntbarsch Neo.

Wie geht es dir jetzt?
Oh, das war schön, erst war es etwas schmerzhaft, so als würde was weggezogen. Dann war es wunderschön! Danke, es fühlt sich jetzt gut an!

Ich danke dir, ruhe dich nun aus!
Ja, ich bin nun auch müde. Danke euch allen!

Etwa zwei Monate später sollte ich noch einmal mit ihm sprechen, weil seine Menschen das Gefühl hatten, dass er nicht wirklich glücklich und zufrieden war. Außerdem waren die Kämpfe zwischen den Katzen nicht weniger geworden. Ich sollte ihn fragen, ob er lieber woanders leben möchte, weil dort kein Freigang möglich war. Auf meine Frage: *Erinnerst du dich, wir haben schon mal miteinander gesprochen? Wie geht es dir jetzt?*
Oh ja, mir geht es schon viel besser. Es fühlt sich alles leichter an. Viel mehr befreit.

Möchtest du deinem Frauchen noch etwas mitteilen?

Ich danke ihr so sehr, dass ich hier sein darf und sie so lieb zu mir ist! Ihre Gedanken, mich wieder weg zu geben, irritieren mich sehr. Bin etwas verunsichert! Ich merke, dass sie manchmal darüber nachdenkt. Oh nein, bitte, ich möchte hier bei ihr bleiben dürfen!

Aber die Kämpfe mit der anderen Katze sind noch schlimmer geworden, deshalb hat sie darüber nachgedacht, ob es nicht besser für dich ist, woanders zu leben. Das soll ich dich fragen, ob du woanders hin willst wo du Freigang hast?
Na, die Andere ist recht zickig. Sie merkt nun, dass ich stärker werde und hat Angst um ihre Position. Aber für mich ist das kein Problem, ich kann da gut mit leben. Hätte zwar lieber meine Ruhe, ist aber okay.
Und … nein, nein, nein, ich möchte nicht woanders hin! Bitte nicht! Hier ist jetzt mein Zuhause. Nach draußen laufen zu können ist nicht so wichtig. Da werde ich nur wieder unsicher. Ich brauche keine Abenteuer.

Was brauchst du sonst, um zufrieden zu sein?
Ich brauche nur ein sicheres, liebevolles Zuhause. Die Liebe von meinem Frauchen, das ist mir das Wichtigste! Dann bin ich glücklich. Bei ihr zu sein und sie zu lieben, das ist mein Leben jetzt!

Nun frage ich noch die andere Katze, wie sie die Situation erlebt.
Warum gibt es so oft Kämpfe zwischen euch?
Er ist hier einfach in mein Zuhause eingedrungen! Erst war mir seine Gegenwart sehr fremd und bedrohlich. Das hat mir manchmal Angst gemacht. Das ist jetzt mit der Zeit besser, wir haben uns auch gut aneinander gewöhnt. Nur wird er jetzt doch immer kesser, das provoziert mich. Aber wir sind eben Katzen und dann gehört es dazu, sich auch mal zu kabbeln und die Position zu klären. Ich möchte nicht, dass er das Regiment hier übernimmt.

Könnt ihr euch nicht arrangieren, denn euer Frauchen gefallen die Kämpfe gar nicht?
Ja, das kann ich verstehen. Ist ja auch manchmal stressig! Eigentlich ist er ein ganz lieber Kerl. Ich werde mal versuchen, es gelassener zu nehmen und großzügiger zu sein. Denn ich habe mein Frauchen ja auch sehr lieb und möchte ihr keinen Stress machen.

Bitte, versuch es mal. Er hätte auch lieber seine Ruhe!
Hm … ja gut, ich schau mal ob ich es schaffe, nachsichtiger zu sein!

Danach haben sich die Verhältnisse deutlich entspannt.

●

Ein anderer älterer Kater war mit seinem Frauchen in eine neue Wohnung gezogen und seitdem schrie er nachts ab drei Uhr morgens laut, manchmal kehlig, heulend, manchmal jammernd. Außerdem hatte er sich angewöhnt, unter dem Bett zu sitzen. Ihm fehlt eine Hinterpfote und es wurde bei ihm Arthrose diagnostiziert. Ein Jahr vorher hatte er eine Magen-Darm-Entzündung. Sein Frauchen wollte nun gerne wissen, ob er Schmerzen hat. Auf meine Frage nach seinem Befinden sagt er:
Es ist manchmal mühselig mit der Einschränkung beim Laufen, kann halt nicht mehr so viel laufen. Aber es geht schon. Es tut dann manchmal weh, ich kann mich ja dann ausruhen und schlafen. Dann reise ich in eine unbeschwerte Welt voller Schönheit. Ich komme aber immer gerne zurück zu meinem lieben Frauchen. Ihre Liebe genieße ich sehr.

Hast du noch Bauchweh?
Nein, das ist jetzt ausgestanden und liegt hinter mir.

Warum schreist Du nachts um 3 Uhr in der neuen Wohnung?
Die neue Wohnung ist sehr belastet. Wir Katzen versuchen es ja, so was auszugleichen. Besonders nachts bin ich damit überfordert … habe es bisher noch nicht geschafft. Es sind Wesenheiten hier, die besonders nachts aktiv sind. Die sind nicht damit einverstanden, dass wir hier eingezogen sind.

Kannst du sagen, wer das ist?
Es sind Seelen von Verstorbenen die hier festhängen und sehr frustriert und ärgerlich sind. Deswegen komme ich nachts nicht zur Ruhe, es ist dann wie Folter! Ich nehme das eben alles wahr und versuche es zu neutralisieren. Aber ich kriege es nicht hin. Das ist eine Nummer zu groß für mich. Und wir müssen aufpassen, dass wir davon nicht noch weiter krank werden. Die

Energien sind sehr belastend und wirken subtil, Nacht für Nacht. Ich weiß nicht, wie lange ich das durchhalte. Ich sagte ja schon, es ist sehr mühsam!

Was könnte helfen, damit es besser wird?
Wir brauchen Unterstützung, diese Energien hier heraus zu befördern und alles zu reinigen. Ich gebe mein Bestes, die Belastung zu bewältigen, aber ich schaffe es leider nicht alleine.

Möchtest du deinem Frauchen noch etwas sagen?
Oh, ich liebe mein Frauchen so sehr. Sie hat so ein großes Herz! Deswegen möchte ich solange meine Kräfte reichen, bei ihr bleiben. Ich merke schon, dass meine Lebenskraft weniger wird, ich bleibe aber noch eine Weile bei ihr. Das ist mein innigster Wunsch, noch so lange wie möglich bei ihr zu sein und ihre Liebe und Fürsorge zu genießen. Sag ihr „Danke" für alles und für ihre Liebe!
Das die Liebe fließt ist das aller Wichtigste! Das ist das, worauf es hier auf der Erde ankommt. Liebe muss fließen!

Ich nehme gegen 3 Uhr in der Nacht wieder Kontakt mit ihm auf.

Was ist jetzt?
(Er zittert.) Es ist sehr unangenehm. Sie machen Druck.

Wie viel sind jetzt da?
Es sind mehrere, unterschiedlich stark präsent. Es scheint so, als würden sich noch zusätzlich welche an die Energie dranhängen.

Bist du einverstanden, dass du nun Unterstützung von Helfern aus der geistigen Welt bekommst?
Oh ja, bitte gerne!

Ich bitte die Helfer des Lichtes und der Liebe, die mit der reinen göttlichen Quelle verbunden sind, dort zu wirken. Nach einiger Zeit werden die Energien und Wesenheiten scheinbar abgezogen und mit ins Licht genommen.

Wie geht es dir jetzt?
Oh, es ist nun viel besser. Welch eine Erleichterung! Großartig war das, Super, Danke!
Ich habe nun endlich das Gefühl, ich kann mich entspannen. Ja, es fühlt sich so an, als wäre nun alles frei. Oh, wie schön!

Danach wurde noch ergänzend die gesamte Wohnung energetisch gereinigt. Seitdem ist der Kater in der Nacht vollkommen ruhig und hat sich deutlich entspannt.

•

In der folgenden Geschichte geht es um eine junge Katze, die aus dem örtlichen Tierschutz als Zweitkatze zu einer 11 jährigen ruhigen Katze dazu aufgenommen wurde. Die Beiden verstanden sich allerdings gar nicht gut, es wurde gefaucht, geknurrt und sich gejagt. Die junge Katze kratzte und biss auch ihre Menschen und es schien als sei sie wütend und jähzornig. So habe ich mit ihr gesprochen, um ihr Verhalten besser einordnen zu können.

Dein Frauchen hat mich gebeten, mit dir Kontakt auf zu nehmen, weil du oft so aggressiv bist, kratzt und beißt. Kannst du mir dazu etwas sagen?
Ich habe früh gelernt, mich zu wehren und zu behaupten damit ich überlebe. Ich habe von Anfang an um mein Leben kämpfen müssen. Das ist mein Programm mit dem ich bisher gut gefahren bin.

Aber nun hast du doch ein sicheres Zuhause wo du nicht mehr um dein Leben kämpfen musst. Nun ist die Aggression nicht mehr nötig!
Ja schon, ich habe das halt so gelernt und mir angewöhnt.

Macht dich etwas wütend, dass du so reagierst?
Wut? … Weiß ich nicht … Hab das halt so in mir, dass ich ständig unter Spannung stehe um sofort zuschlagen zu können. Bin eben eine Kämpfernatur!

Wie kann dein Frauchen dir helfen, das zu überwinden?
Ich will das gar nicht überwinden, mir geht es gut damit.

Bist du unglücklich bei deiner neuen Familie? Oder hast du Heimweh und trauerst deiner alten Heimat nach?
Oh nein, nein! Ich fühle mich hier sehr wohl! Mir geht es hier doch sehr gut. Wo ich ganz zu Anfang war, war ich nicht willkommen. Meine Mama vermisse ich schon sehr ... es war furchtbar plötzlich ohne sie zu sein und alleine. Die Menschen haben mich einfach weggebracht ... ohne Herz und wollten mich nicht ... ich wurde verstoßen! Das hat mir einen tiefen Schock versetzt ... meine liebe Mama war plötzlich nicht mehr da .... **(weint bitterlich)**
Das hat mein Herz hart gemacht und ich hatte mir vorgenommen zu kämpfen ... zu kämpfen um mein Leben!

Versuche mal dieses kleine verstoßene Katzenkind in dein Herz zu nehmen und spüre, dass es zu dir gehört. Geht das? Du bist jetzt die Große, die die Kleine trösten kann und ihr Herz heilen.
(Sie schaut mich groß an und weint.)

Versuch es mal, öffne dein Herz!
(Sie weint und legt sich entspannt hin. Sie leckt sich und es scheint, als leckt sie die Kleine.)
Ja, ich kann das so annehmen, die Kleine trösten und lieb haben. Ja, ich spüre jetzt, wie schrecklich das damals für sie war.

Ich rufe nun das silberne göttliche Licht der Gnade, das euch einhüllt und durchströmt. Dieses Licht löst nun alle Anspannungen, Blockaden und die Härte im Herzbereich.

Nun rufe ich das violette Licht! Es wandelt nun alles, was gelöst wurde in Leichtigkeit, liebevolle Energie, Freude, Vertrauen.

Nun rufe ich goldenes und rosa Licht, das euch einhüllt und wärmt. Schau wie sich die Kleine vertrauensvoll in dein Herz kuschelt und sich wohl fühlt!

Wie geht es dir jetzt?
Oh, wie schön, es fühlt sich alles so weich und zart an! **(Sie schnurrt nun.)**
Ach, ich glaube, ich kann mich endlich entspannen. Nun ist ja alles gut ... es fühlt sich so schön an ... so schön!

Ich schicke ihrem Herzen Heilenergie. Sie ist nun so tief entspannt … sprechen ist jetzt nicht mehr möglich …

Ihr aggressives Verhalten hatte sich danach jedoch nicht geändert. So nahm ich nach ein paar Tagen noch einmal Kontakt mit ihr auf. Auf meine Frage:
Kannst du dich an unsere Begegnung vor ein paar Tagen erinnern?
Ja, kann ich sehr gut.

Weißt du noch, worum es ging?
Ja, ja, ich weiß … um meine Aggression. Und nun geht es wohl wieder darum?

Ja, warum beißt und kratzt du immer noch?
Ach, es tut mir leid, es kommt immer wieder über mich. Das ist bei mir so ein eingefahrenes Muster. Dagegen komme ich nicht an.

Warum greifst du die große Katze an?
Hm, ihre Friedfertigkeit reizt mich. Manchmal ist es aber auch nur ein Spiel.

Meinst du nicht, das da noch tiefe Aggressionen in dir stecken?
Ach, eigentlich nicht. Ich bin halt sehr impulsiv, das kommt von der angelernten Anspannung.

Du hast doch gespürt, wie schön es ist, diese Anspannung los zu lassen und gefühlvoll zu sein!
Ja, das war wunderschön … das stimmt, wunderschön …
Sie wirkt sehr nachdenklich.

Erinnere dich doch öfter an dieses schöne Gefühl, damit du nun dieses schöne Gefühlvolle einübst!
Hm, ja …

Wenn du weiter so aggressiv gegenüber deinen Menschen und der großen Katze bist und ihnen weh tust, musst du von dort weg. Es geht nicht, dass du Schaden anrichtest und Unfrieden stiftest. Dein Frauchen ist sehr verzweifelt!

Oh, ist sie das? Ich habe gar nicht gemerkt, dass das so schlimm ist.

Also, nun weich nicht aus! Ich meine das ernst. Deine Menschen müssen dich weggeben, wenn du dein Verhalten nicht änderst!
Oh je, oh je, das will ich aber nicht. Nein, nein, bitte nicht!

Verstehst du jetzt, um was es geht?
(Sie ist nun sehr aufgeregt.) Oh, ich glaube, mir dämmert da was ... Ich will mein liebevolles Zuhause nicht verlieren. Sie sind ja doch so lieb zu mir. Ja, und es stimmt, ich verhalte mich sehr undankbar! Ja, und es stimmt, mein Verhalten ist völlig unangemessen. Oh je ... das sehe ich jetzt ein. Es tut mir sehr leid! Oh, bitte verzeiht mir! Bitte, sag ihnen, sie sollen mir nicht böse sein. Ich will versuchen, mich demnächst zurückzuhalten, liebevoller, gelassener zu sein, mich mehr zu kontrollieren. Bitte, bitte lasst mich bei euch bleiben!

Lässt du dann auch die andere Katze in Ruhe? Sie hat nämlich ältere Rechte als du und ihr gebührt Respekt!
Ui, Ui, ich hatte gehofft, sie verscheuchen zu können.

Es wird eher anders sein. Wenn du sie nicht respektierst, musst du gehen!
Hm ... ja gut, ich kapier so langsam. Wird wohl Zeit, dass ich vernünftig werde, damit ich nicht alles aufs Spiel setze. Nicht wahr?

Das ist wohl wahr, da hast du recht, das wäre vernünftig!
Oh, das ist jetzt aber ein Projekt! Ich weiß nicht, ob ich das schaffe ...

Kann dein Frauchen helfen, um die Situation für alle zu verbessern?
Ach, sie ist doch schon so liebevoll und geduldig. Mehr geht ja schon gar nicht! Sie soll mich ruhig streng erinnern, wenn ich mal wieder in mein altes Muster verfalle. Ich werde mich bemühen, liebevoller zu sein ... kann aber nichts versprechen.

Bemühen ist mir zu wenig! Entscheide dich, liebevoller zu sein! Entscheide dich für ein friedlicheres Verhalten! Das ist ein wichtiger Schritt. Geht das?
(Sie schweigt und schaut mich länger an.)

Du hast die Macht, dein Verhalten zu ändern!
(Sie überlegt und richtet sich dann auf.) Na gut, abgemacht!

Ehrenwort?
Ehrenwort!

Bitte enttäusche mich nicht!
Nein, ich will ja ein friedliches Leben und das schöne Gefühl spüren ... mit dem Licht. Ja, das will ich!

Gut! Danke!

Danach berichtete mir ihr Frauchen, dass sich die Kleine an dem Abend zurück gezogen hatte, ganz friedlich war und recht früh für ihre Verhältnisse schlief. Am nächsten Morgen gab es für ihre Menschen eine große Überraschung. Sie lagen noch im Bett und es war ungewöhnlich still. Also standen sie leise auf und schauten nach. Im Wohnzimmer lagen beide Katzen gemeinsam auf der Fensterbank und schliefen. Seitdem liegen die beiden sehr oft beieinander. Ein kleines Fauchen gibt es zwischendurch trotzdem, aber absolut im Rahmen des Vertretbaren. Die Kleine benimmt sich sehr friedlich, sie spielt und manchmal beißt sie auch - aber nicht mehr so schlimm wie vorher. Ihr Frauchen wünscht sich sehr, dass es so bleibt und meint, sie solle ja spielen und toben wie es sich für eine kleine Katzen-Göre gehört.

Einige Zeit später schickte sie mir ein Bild von der älteren Katze und bat mich, auch einmal mit ihr zu sprechen.
Auf meine Frage, wie es ihr geht, antwortet sie mit dünner Stimme:
Hallo! Ach, es ist mühsam. Ich habe nicht mehr die richtige Freude an meinem Leben. Mit der neuen Katze ist es oft anstrengend. Ich muss ständig auf der Hut sein und aufpassen. Du weißt ja, am Anfang war es ein Kampf ums Dasein! Sie wollte meinen Platz einnehmen ... und ich wollte gar nicht kämpfen. Ist gar nicht meine Art. Ich bin eher eine Katze von der ruhigen Art, die Harmonie und Ruhe liebt.

Aber dein Frauchen hat die Kleine doch genommen, damit du Gesellschaft hast!
Ja, das hat sie vielleicht lieb gemeint. Konnte ja keiner wissen, was das für ein Wildfang ist und wie angriffslustig sie ist. Langweilig ist es seitdem nicht mehr.

War es denn vorher langweilig?
Ach, wenn ich alleine war schon. Aber dann schlafen wir Katzen viel, das ist eine Reise in eine andere Welt. Dort ist unser zweites zu Hause, dort sind wir gerne. Dann verliert man schon mal die Verbindung zu dieser Realität. Das kann passieren und man wird immer zurückhaltender. Das ist mit der Kleinen jetzt wieder anders. Sie holt mich immer wieder rabiat in diese Realität zurück.

Dein Frauchen fragt, ob dir der jetzige Zustand sehr zu schaffen macht?
Es ist ja jetzt etwas entspannter geworden. Die Kleine gibt sich doch Mühe, nicht mehr ganz so heftig zu sein. Ich kann mich immer mehr mit dieser Situation arrangieren. Ist ja auch schön, wenn mal was los ist.

Wie kann dein Frauchen dir helfen, mehr Selbstwert zu bekommen damit du mutiger wirst und die Kleine in ihre Schranken weist?
Ich sagte ja schon, ich bin eine friedliebende Katze. Mein Wesen kann ich nicht verändern. Ich bin eben keine Kämpfernatur. Klar, das nutzt sie natürlich aus. Ich weiß ja, dass mein Frauchen mich sehr lieb hat. Das ist, was mich aufrecht hält. Ich bin mit diesen Machtkämpfen gar nicht glücklich … das ist, was so mühsam ist. Ich bin so müde zu kämpfen!

Dein Frauchen möchte, dass es euch beiden gut geht und möchte es euch so angenehm gestalten wie es geht, sodass Ihr beide Freude am Zusammenleben habt!
Ja, ich weiß, sie gibt sich große Mühe uns beiden gerecht zu werden. Und manchmal habe ich das Gefühl, doch etwas zu kurz zu kommen, weil die Kleine sich ständig in den Vordergrund spielt. Ich habe nicht die Kraft, ständig dagegen zu halten. Da ziehe ich mich lieber zurück. Schön wäre, wenn mein Frauchen nicht immer auf diese Spielchen hereinfallen würde und noch mehr zu mir halten würde. Es wäre für mich hilfreich, wenn sie der Neuen gegenüber klar deutlich machen würde, wie sehr sie mich liebt, damit diese Rangkämpfe aufhören. Unsere Liebe kann doch nicht stören … oder doch? Nein, doch eigentlich nicht!? Manchmal bin ich da nicht so sicher.

Mit der Zeit hat sich das Verhältnis in der Familie harmonischer eingespielt, sicher auch, weil kleine ungestüme Katzen irgendwann ruhiger werden.

●

Ein weiteres Beispiel für Begleitungen bei Transformationsprozessen während eines Gespräches mit einem Tier ist die Geschichte von Erni. Er ist ein großer, strubbeliger Hund, der sehr traumatisiert war und sich im Umgang mit Menschen sehr schwierig und aggressiv verhielt. Er war drei Jahre zuvor als Streuner ins Tierheim gekommen. Dafür musste er sogar narkotisiert werden, weil er sich nicht einfangen ließ. Weil sich niemand für ihn interessierte, kam er in eine Pflegefamilie mit viel Hundeerfahrung. Er war sehr futterneidisch und ließ sich an manchen Stellen nicht anfassen. Besonders am Hals und auch an den Hinterläufen. Er knurrte dann und hat auch schon mal gebissen. Das größte Problem für seine neuen Menschen war seine Trennungsangst, wenn er für einige Zeit alleine in der Wohnung bleiben sollte. Hier ist nun der sehr berührende Kontakt mit Erni.
Auf meine Frage, wie es ihm geht, sagt er mir:
Oh, mir geht es hier jetzt super gut! Ich spüre hier nun endlich Liebe, spüre, dass ich hier willkommen bin. Das ist für mich total neu und ungewohnt. Das kannte ich vorher nicht, dass Menschen auch voller Liebe sein können und für mich ein offenes Herz haben. Das ist so wunderschön! (**Er hat Tränen in den Augen.**)

Warum bist du so empfindlich beim Anfassen, und wenn man dir das Halsband abnehmen möchte knurrst du?
Ach, ich bin immer noch so voller Angst, dass mir doch weh getan wird. Ich habe eben erlebt, dass Menschen hinterlistig sein können und schlagen, treten, mich wie Dreck behandeln. Das kann ich nicht vergessen, das hat sich in mir tief festgesetzt.

Hast du deshalb auch Angst vor Trennung und willst nicht alleine bleiben?
Oh ja, ja! Mein neues Frauchen ist so liebevoll zu mir. Wenn sie weggehen will, werde ich panisch vor Angst, sie verlässt mich und kommt nicht wieder.

Oh nein, nein, sie darf mich bitte, bitte nie mehr verlassen, mich alleine zurücklassen … das noch mal erleben, halte ich nicht aus!

Wann hast du das denn schon mal erlebt?
Da war ich noch ganz, ganz klein und meine Mama kam nicht wieder zurück … sie kam einfach nie wieder! (**Er weint nun sehr.**)
Ich weiß nicht, was passiert ist, aber sie war plötzlich weg und ich war alleine und war noch viel zu klein!

Spüre noch mal, wie es dir als kleiner Erni ging!
Oh, ich war so verzweifelt, so in Panik, so unendlich traurig, fühlte mich sooo verlassen! (**Er weint bitterlich.**)

Erni, stell dir nun vor, dass du als großer Erni von heute zu dem Kleinen hingehst und ihn tröstest, ihn leckst und ihn wärmst. Geht das?
Ja, das geht! (**Er lächelt nun sogar.**) Er freut sich, wedelt mit dem kleinen Schwänzchen und kuschelt sich an mich. Oh ist das schön!

Sag dem Kleinen jetzt, dass du dich als Großer nun immer um ihn kümmern wirst und ihm beistehst und er vertrauen kann. Und lade ihn ein, sich in deinem Herzen einen schönen Platz zu suchen. Sag ihm: Du bist nicht alleine, ich bin nun bei dir!
Geht das?
Oh ja, das geht. Er kuschelt sich gerne in mein Herz. Endlich kann er sich entspannen und fühlt sich zu Hause.

Wie geht es dir jetzt?
Oh, es ist so schön, den Kleinen bei mir zu spüren, dass er nicht mehr so alleine ist. Es fühlt sich so warm an.

Stell Dir nun vor, wie silbernes göttliches Licht der Gnade über euch fließt, wie ein Lichtwasserfall in deinen Körper, in alle Zellen strömt und alle Blockaden, Ängste, alles Misstrauen, alles Belastende löst. Sieh, wie es durch deinen ganzen Körper und den von dem Kleinen fließt und alles Dunkle löst!

Nun stell dir vor, wie violettes Licht von oben über euch fließt, in deinen Körper strömt und all das, was vorher gelöst wurde wandelt. Lass es in alle Ecken deines Körpers fließen und lass dann das silberne und violette Licht in die Erde abfließen.

Nun schau, wie goldenes Licht wie ein Lichtwasserfall über dich fließt und dich und den Kleinen warm einhüllt und durchströmt. Genieße das und sieh, wie ein rosa Lichtstrahl der Liebe in dein Herz strömt und den Kleinen umhüllt. Das rosa Licht umhüllt nun auch dich, Erni. Du bist jetzt in Sicherheit!

Er schaut mich mit feuchten Augen, ganz selig an und legt sich hin.

Ruh dich nun aus, Erni, halte das schöne Gefühl, genieße es! Schlaf nun!

Ich summe ihn in Schlaf und höre nun auch die Engel um ihn herum singen!

Danach war er deutlich umgänglicher und kommt auf die Couch zum schmusen.
Bei unserem zweiten Gespräch ergab sich wieder ein erstaunlicher Transformationsprozess.
Auf meine Frage: *Hallo Erni, kannst du dich an unsere letzte Begegnung vor Kurzem erinnern?*
Ja, das war schön! Ich weiß noch, mit dem Kleinen ... Ja und es war so wundervolles Licht und Melodien. Ja und so viel Liebe und Wärme ... so schön!

Ich soll dich fragen, ob du gesundheitliche Probleme hast und dich deshalb nicht so nett verhältst?
Nö, so geht es mir gut. Hab mich jetzt hier sehr gut erholt und regeneriert. Werde ja auch super versorgt.

Möchtest du etwas erzählen, was vor dem Tierheim war, damit deine Menschen einiges besser verstehen können?
Ach, davor war mein Leben sehr lieblos, ich wurde herumgezerrt und wenn es mal nicht so klappte wurde ich getreten. Das Schlimme war dabei, ich wusste gar nicht so recht warum, ob ich etwas falsch gemacht hatte oder ob es einfach nur Aggression war und ich war nur das Ventil dafür? Das Unberechenbare und Launische der Menschen damals hat mir sehr zugesetzt.

Anfangs fanden sie mich noch recht niedlich, aber als ich immer größer wurde, waren sie wohl überfordert. Es gab viel Streit dort und Gewalt, schreckliches Gegröle. Ich spürte überhaupt keine Liebe, eher, dass ich lästig war und kein Geld für Futter über war, eher für diese vielen Flaschen. Wenn ich mich irgendwie bemerkbar machte, wurde ich geschlagen und getreten … Als es ganz schlimm war, bin ich einfach bei nächster Gelegenheit weggelaufen. Ich wollte nie mehr Kontakt zu Menschen, das hatte ich mir vorgenommen! Ich wollte mich so in Freiheit durchschlagen. Schlimmer konnte es ja nicht werden. Und mein Misstrauen gegenüber Menschen hat sich tief eingegraben.

Hat sich das Misstrauen denn nun etwas gelöst in deiner neuen Familie?
Hm, hier spüre ich endlich Liebe, das war für mich ganz neu und ungewohnt. Das hat mich erst sehr überrascht. Daran kann ich mich schon gut gewöhnen, aber das Misstrauen ist noch da, dafür war das, was ich vorher erlebt habe zu heftig!

Erni, spüre mal in deinen Körper, wo dieses Misstrauen gegenüber Menschen sitzt. Wie fühlt sich das in deinem Körper an?
Ich spüre das im Nacken, es drückt mich da runter. Es fühlt sich wie eine Last an.

Spüre mal, was das für eine Last ist, drückt sie von Außen oder von Innen?
Das fühlt sich an, als würde eine Hand in meinen Nacken packen und jederzeit zudrücken. Das macht mir richtig Angst.

Spüre jetzt mal diese Hand im Nacken und die Angst. Woher kennst du diese Angst?
Oh, das ist einige Male passiert, dass ich gepackt wurde und ich Todesangst hatte, richtig Panik …

Spüre nochmal diese Panik, diese Angst!
Er zittert und winselt, Tränen kommen.

Nun stell dir vor, wie silbernes Licht der Gnade über dich fließt, wie ein Lichtwasserfall in deinen Körper, in alle Zellen strömt und alle Blockaden, Ängste, Panik, alles Misstrauen, alles Belastende löst, besonders im Nacken. Sieh, wie es durch deinen ganzen Körper fließt und alles Dunkle löst, der Körper entspannt sich!

Nun stell dir vor, wie violettes Licht von oben über dich fließt, in deinen Körper strömt und all das, was vorher gelöst wurde, wandelt. Lass es in deinen Nacken fließen und dann in deinen ganzen Körper und alles wandeln. Dann lass das silberne und violette Licht in die Erde abfließen.

Nun schau, wie grünes Licht der Heilung wie ein Lichtwasserfall über dich fließt und dich einhüllt und durchströmt. Das Licht heilt dein Herz, heilt all deine Wunden und Verletzungen, die Wunde am Nacken wird geheilt!

Nach einiger Zeit sage ich zu ihm: *Ich soll dir von deinen Menschen ausrichten, dass du ihnen vertrauen kannst und sie immer wieder kommen, dich nicht verlassen. Sie wollen dir nichts böses antun und nur dein Bestes!*

Er seufzt tief und schaut mich mit großen Augen an.

Wie geht es dir jetzt?
Oh, ich bin ganz benommen, mir fehlen die Worte … es war so heftig, erst die Erinnerungen an damals und nun … es ist nun alles wie weggeblasen. Es fühlt sich nun so leicht und frei an. Ach, ich kann nun so ein wenig spüren, wie sich wohl Freude anfühlt … so eine Ahnung davon … oh, wie schön wäre das.

Die Liebe deiner Menschen wird in dir diese Freude wecken, mehr und mehr. Vertraue ihnen! Sie wollen dein Bestes. Bestimmt!
Oh, Danke! Danke! Das wäre so schön!

Das ist, Erni, das ist so schön!
Ich kann es noch immer nicht so ganz glauben, ist noch so ungewohnt und neu …

Es ist deine neue Welt! Nimm es an!

Er kommt mit wedelndem Schwanz auf mich zu und ich darf ihn in den Arm nehmen.

Ach Süßer, vertraue deinen Menschen jetzt, sie lieben dich!
Danke dir, Liebes!

Ruh dich jetzt aus!

Danach war er deutlich entspannter und die Couch ist nun sein selbstverständlicher Platz. Mit seinem Frauchen schmust er ausgiebig und nun auch mit deren Mutter, was vorher undenkbar war. Er zieht nun nicht mehr den Kopf ein und spielt jetzt total gelöst. Bei seinem Futter hat er ab und zu nochmal das Gefühl, darauf aufpassen zu müssen. Sein Frauchen hat Videos von ihm gemacht, während er alleine war. In der ersten Zeit lag er noch direkt an der Haustür, jaulte zwischendurch mal, aber nicht ausdauernd. Ab und zu schaut er gespannt zur Tür wenn er Geräusche hört. Das entspannte sich mit der Zeit immer mehr. Mittlerweile ist er offizielles Mitglied der Familie. Am dem Tag, als der Übergabevertrag abgeschlossen wurde, war Erni besonders entspannt, denn er spürte ja, dass er nun endgültig in seiner neuen Familie bleiben durfte. Er lernt, immer mehr zu vertrauen und kann das Leben endlich genießen. Fünf Wochen nach dem letzten Gespräch mit Erni berichtete mir sein Frauchen, das es sehr harmonisch in der Familie läuft und Erni sogar beim Staubsaugen ganz entspannt auf seinem Couch-Platz liegen bleibt. Vorher ist er dann immer zu seinem Futter gerannt, um es zu verteidigen.
Nach etwa drei Monaten wurde ich noch einmal gebeten, mit Erni zu sprechen, weil sich sein früheres Verhalten scheinbar wieder eingeschlichen hatte. Ich frage ihn, ob er sich noch an unsere Gespräche erinnern kann und er antwortet:
Hm … **Er überlegt.** Ja, doch, kann ich!

Seit einiger Zeit wird der Umgang mit dir wieder schwieriger und schlechter. Hast du denn alles vergessen, was wir besprochen haben?
Hm …

Beim Alleinsein fiepst du und versuchst, die Tür zu öffnen. Du weißt doch, dass dein Frauchen immer zurück kommt oder hast du das vergessen?
Er seufzt.

Hast du wieder Angst beim Kämmen und Streicheln?
Er legt sich hin und schaut mich an.

Erni, was ist los?
Ach, du hast ja Recht, ich habe das scheinbar alles wieder vergessen. Das alte Muster hatte sich schon tief eingegraben ... ja, ja, ab und zu kommt es wieder hoch.

Was meinst du, kannst du das endlich ganz ablegen und im Vertrauen bleiben?
Ach, du hast ja Recht, mir geht es jetzt hier so gut. Es gibt keinen Grund, nicht zu vertrauen. Ja ja, ich sollte das nun endlich mal überwinden was früher so in mir ablief. Ja, das alte Muster ablegen ... Ja, ich versuche dran zu denken.

Ich bitte dich, nicht nur zu versuchen, sondern jetzt im Vertrauen zu leben!
Ja ja, verstehe! Hatte wohl wirklich so nen Rückfall. Soll nicht wieder vorkommen!

Versprochen?
Ja, versprochen!

Ich danke dir!
Okay!

Ich hülle ihn energetisch in eine violette Flamme, um die alten Muster zu transformieren und zu reinigen!

Seit dem letzten Gespräch hat er sich immer weiter entspannter und ist heute ein glücklicher, lebensfroher Hund!

•

Eine andere Therapie-Klientin ist eine kleine sehr scheue Katze. Ihre Menschen hatten sie auch aus dem Tierheim erst mal zur Pflege aufgenommen.

Sie wurde zusammen mit ihrem Brüderchen ins Tierheim hingebracht, weil die Vorbesitzerin verstorben war. Zunächst hatte die neue Familie beide Katzen aufgenommen, Leonardo und Melodie. Mit Leonardo gab es allerdings Probleme, weil er unsauber war. Hier nun die wechselvolle Geschichte des Geschwister-Paares.
Auf meine Frage an Leonardo: *Wie geht es dir ?*
Oh, es ist nun schön, ein neues Zuhause zu haben. Es ist noch alles ungewohnt und wir müssen uns noch an die neue Umgebung gewöhnen nach all der Aufregung.

Wie geht es dir körperlich, alles okay?
Ja klar, alles okay!

Warum seid ihr so schreckhaft und scheu?
Es war in letzter Zeit alles sehr verwirrend. Wo wir zuletzt waren gab es sehr viel Unruhe, viele andere Tiere, wechselnde Menschen, wenig Ruhe. In unserem früheren Zuhause war ja leider zuletzt alles aus dem Ruder gelaufen, nichts war mehr wie vorher und unser Frauchen hat uns zurück gelassen. Diese Männer kamen mit ihren schrecklichen Anzügen und großen Schuhen und haben uns gepackt und eingesperrt! Oh je, wir hatten solche Angst, was nun aus uns werden soll. Nun bin ich ganz froh, hier zu sein bei den liebevollen Menschen. Sie nennen uns nun wieder anders … aber der Name gefällt mir … klingt gut. Früher hieß ich Peterle … war etwas albern, nicht wahr?

Eure neuen Menschen würden sich freuen, wenn ihr Beiden euch gut versteht, euch akzeptiert und kuschelt!
Na, wir sind doch ein gutes Team. Wir verstehen uns auf Katzenart. Ich bin schon sehr froh, dass meine Schwester bei mir ist. Aber wir sind auch recht unterschiedlich.

Warum seid ihr manchmal unsauber und geht nicht aufs Katzenklo?
Oh, ich weiß, das ist total peinlich! Es ist die Aufregung noch. Es war ein regelrechtes Trauma, was wir in letzter Zeit durchgemacht haben! Ich bin manchmal noch richtig durcheinander und weiß dann nicht mehr, wo ich bin und hab die Orientierung verloren. Gar nicht Kater gemäß! Oh, ich muss mich entschuldigen für dieses Dilemma. Sie sind so geduldig und lieb zu uns

… es ist so schön, bei ihnen sein zu dürfen! Ich werde mich bemühen, dass das nicht nochmal passiert.

Versprichst du mir das?
Ich bemühe mich … sagte ich ja schon. Vielleicht braucht es noch etwas Zeit, bis wir diese Erlebnisse verarbeitet haben.

Eure neuen Menschen möchten euch ein neues, sicheres Zuhause bieten und möchten, dass ihr eure Angst verliert!
Oh, das ist so wundervoll und ich bin auch sehr dankbar! Sag ihnen: Danke! Ich sagte ja, dass es noch Zeit brauch, diese Angstimpulse zu überwinden. Ich mag es ja, gestreichelt und gekrault zu werden … kann es nur noch nicht so ganz genießen, bin immer noch recht angespannt. Für tiefes Vertrauen braucht es noch etwas Geduld! Bitte sag ihnen, sie sollen bitte noch etwas Geduld haben! Und Danke für Alles!

Kurze Zeit später rief mich das neue Frauchen ganz aufgeregt an, weil Melodie vom Balkon gefallen war und sie mehr dazu wissen wollte. Auf meine Frage an Melodie: *Wie geht es dir, du bist vom Balkon gefallen. Wie ist das passiert?*
Oh ja, das war ein Schreck! Ich war neugierig, das war ja ganz neu da draußen und ich wusste nicht, dass es so tief runter ging. Es hat schon sehr weh getan … der Aufprall … war erst wie gelähmt. Ich wollte so gerne zurück, aber es ging ja nicht. Deshalb bin ich einfach da geblieben, wo ich war … schon, um mich zu regenerieren. Ich habe mich sooo sehr gefreut, dass mich mein liebes Frauchen gefunden und zurück gebracht hat. So liebevoll … so schön … ach, ich bin so dankbar für diese Liebe!

Du hast Probleme mit dem Atmen und es wäre gut, wenn du die Tabletten nimmst und wieder richtig frisst!
Ach ja, es ist alles noch etwas viel, das nimmt mir die Luft, kann immer noch nicht frei atmen. Ich habe auch noch nicht so richtig Appetit, es tut beim Fressen im Mäulchen auch etwas weh vom Sturz. Das muss noch heilen. Bald wird sicher alles gut sein. Ich spüre doch schon, dass ich mich hier wohl fühle und im neuen Zuhause angekommen bin. Das war so schön, dass sie mich gesucht hat und nach Hause gebracht hat … und ich habe ihre Sorge

und Liebe gespürt. Das ist so wunderschön! Sag ihr danke dafür. Danke für Alles!

Möchtest du deinen Menschen noch etwas mitteilen?
Ja ja, ich möchte ihnen Danke sagen, dass sie so gut für uns sorgen und so liebevoll sind. Das tut so gut! So schön ist das! So willkommen zu sein und geliebt zu werden, ist so schön! Das wollte ich mitteilen, damit sie wissen, dass wir das anerkennen und wertschätzen!

Danach habe ich noch Leonardo angesprochen: *Dein Frauchen macht sich Sorgen, weil du so ängstlich bist?*
Oh, das war so ein Schreck, dass meine Schwester verunglückt ist. Ich habe doch gespürt, dass es ihr schlecht ging und ich konnte ihr nicht helfen. Es geht ihr ja immer noch nicht so richtig gut, das macht mir doch Sorge. Ich bin auch noch irritiert, wie das passieren konnte, dass sie so abgestürzt ist und ich konnte das nicht verhindern. Langsam beruhigt sich die Sache ja zum Glück und ihr geht es langsam besser.

Einen Monat später wurde ich erneut gebeten, mit den Beiden zu sprechen, weil immer wieder in die Wohnung uriniert wurde. Auf meine Frage an Leonardo:
Kannst du dich an mich erinnern?
Ja, kann ich!

Warst du das, der auf die Felldecke gepinkelt hat?
Oh, tut mir leid, ich hatte es leider mal wieder vergessen. **(ist sehr verlegen)**

Kann es sein, dass du das aus Protest machst, weil du nicht sofort Futter bekommen hast? Sei ehrlich!
Ach ja … zuletzt das stimmt. War trotzig und sauer … ich weiß ja, dass sie das sehr aufregt mit dem Pippi.

Wenn das nicht aufhört, müssen sie euch wieder zurückbringen. Es geht nicht, dass ihr unsauber seid!

Oh, das möchte ich natürlich nicht. Oh je, oh je! Nein, nein, bitte nicht! Ich werde mich bemühen, dass das nicht noch einmal passiert!

Bemühen reicht mir nicht. Es darf nicht nochmal passieren!
Hm … ja, ja, ist schon gut! Ich hoffe, ich halte das durch, dass ich das nicht wieder vergesse.

Versprichst du mir das?
Hm, oh … da muss ich mich ja wirklich zusammen nehmen.

Ja, solltest du!
Na gut!

Dann soll ich dich fragen, warum du so traurig bist?
Oh, ich bin nicht traurig … meine Lebensfreude kommt doch langsam zurück.

Willst du deinem neuen Frauchen etwas sagen?
Ich möchte ihr doch immer wieder sagen, wie dankbar wir sind, dass es uns hier so gut geht. Und ich will ihre Liebe erwidern, ihr Herz erreichen. Ich merke, so öffnet sie ihr Herz, wenn ich so maunze … und das ist so wundervoll!

Deine Augen sind an den Lidrändern rot und entzündet. Tut das weh?
Ach, das brennt etwas. Es tut sehr gut, wenn ich da was drauf bekomme, das erleichtert.

Ich nehme auch Kontakt zu Melodie auf und frage sie: *Warum bist du immer noch so scheu und sitzt den ganzen Tag hinterm Sofa?*
Ach, ich brauch noch meinen Rückzugsort. Meine Angst lässt doch immer mehr nach. Ich beobachte, was sich tut. Ich nehme schon Anteil. Bin eben zurückhaltend und noch nicht so ganz fit. Fühle mich noch nicht wirklich gesund und stark.

Du musst in nächster Zeit nochmal zum Arzt. Er hilft dir und du kommst ganz bestimmt wieder zurück!

Ach je. Aber gut, das muss dann wohl sein! Ich komme dann wieder zurück?

Ja, versprochen! Du wirst dort nur untersucht und behandelt. Dann fahrt ihr wieder zurück in dein neues Zuhause.
Ach ja, das ist schön! Gut, weiß ich Bescheid … muss dann halt wieder in diese Kiste rein … naja!

Zwei Monate später ist die Verzweiflung der Menschen groß, weil die Unsauberkeit von Leonardo noch schlimmer geworden ist. Ich frage Leonardo: *Mit deiner Unsauberkeit ist es ja noch schlimmer geworden. Jetzt hast du sogar in der Küche Pippi gemacht. Du hattest doch versprochen, dass das nicht mehr passiert?*
Ach ja, ich weiß! Es entgleitet mir immer wieder. Ich kriege das nicht in den Griff. Fühle mich damit total überfordert. Ich weiß, es ist schrecklich, tut mir auch sehr leid … ich weiß aber nicht, wie ich das hinkriegen soll.

Wenn du das nicht schaffst, müssen deine neuen Menschen dich zurück ins Tierheim bringen. So geht es nicht!
Ja ja, ist mir schon klar! Verstehe ich gut. Ist dann wohl so … damit muss ich mich dann abfinden. Vielleicht gibt es andere Menschen, denen das nicht so wichtig ist. Fände ich auch schön, wenn ich ab und zu in die Natur gehen könnte. Das fehlt mir hier schon.

Wärst du nicht traurig, von deiner Schwester getrennt zu werden?
Ach, wir sind doch jetzt erwachsen. Anfangs war es beruhigend, dass wir zusammen waren. Ist mir jetzt nicht mehr wichtig. Die kommt auch ohne mich prima klar. Manchmal nervt sie mich ja auch, bin da lieber für mich, brauch den Kontakt nicht so.
Von meinen lieben Menschen Abschied zu nehmen, fällt mir da schon schwerer. Sie sind so lieb und geduldig mit mir. Kann es aber gut verstehen und annehmen, dass es so nicht geht. Ich will ihnen ja auch nicht zur Last fallen und Stress bereiten. Nein, nein, das möchte ich nicht. Deshalb ist es okay, dass ich gehen muss. So können sie ihre Liebe an Melodie fließen lassen, sie braucht das sehr dringend.

Möchtest du dann lieber zu einem anderen Menschen alleine?
Oh ja, ich bin da eher der Einzelgänger. Finde liebevolle Zuwendung sehr schön, brauch aber auch meinen Freiraum. Deswegen bin ich bereit, einen neuen Weg einzuschlagen. Ich möchte aber nicht undankbar erscheinen. Es war wunderbar hier für eine Zeit, in der ich regenerieren konnte. Sag ihnen Danke für Alles, für ihre Liebe und Fürsorge. Das werde ich nie vergessen, dass es so liebevoll sein kann. Danke!
Und sag ihnen auch, sie sollen sich keine Sorgen um mich machen. Ich werde meinen Weg finden und nicht aufgeben. Es ist wie es ist!

Melodie sagt dazu:
Wie findest du das, wenn Leonardo zurück ins Tierheim geht und du alleine bei deinen Menschen bist?
Och, das ist dann schon okay! Er ist zwar mein Bruder, aber so gut haben wir uns ja nicht verstanden. Am Anfang war es schön, dass er da war. So fühlte ich mich nicht so alleine. Aber jetzt macht er hier schon ziemlichen Stress, kann sich einfach nicht zusammen nehmen. Ist ja total peinlich! Ich finde es sehr unangenehm. Vor allem, dass unsere lieben Menschen dadurch so in Stress kommen … ist schon eine Zumutung, was er da macht. Soll er doch seinen eigenen Weg finden. Ich kann das gut verstehen, dass er gehen muss. Aber bitte, ich möchte bitte gerne bleiben dürfen!? Ich möchte gerne hier bleiben! Bitte! Ich fühle mich hier jetzt so wohl und behütet und genieße die Liebe und die Fürsorge! Danke, Danke dafür!

So kam Leonardo zurück ins Tierheim und Melodie durfte in der neuen Familie bleiben. Mittlerweile lebt Leonardo in einer anderen Familie, in der es mit ihm keine Probleme gibt.
Melodie war, nachdem sie mit ihren Menschen alleine lebte, immer noch sehr scheu. Ich habe sie ein paar Wochen, nachdem Leonardo nicht mehr da war gefragt, wie es ihr nun geht:
Oh, es geht mir immer besser hier. Es ist nun viel entspannter, seitdem ich hier alleine bei meinen Menschen bin. Ich genieße sehr ihre uneingeschränkte Liebe.

Warum ziehst du dich immer hinters Sofa zurück?

Dort fühle ich mich wohl und sicher, der Platz ist mir vertraut. Hier weiß ich, bin ich geschützt und mir kann nichts passieren. Nach dem Abenteuer auf dem Balkon und dem Sturz bin ich vorsichtiger geworden und mag es lieber sicher.

Warum kommst du so schnell in Panik und bist so scheu?
Ach, meine Schreckhaftigkeit kann ich wohl nicht ablegen, das habe ich so verinnerlicht. Es ist schwer, das zu ändern, gelassener zu werden. Es wird doch immer ein wenig besser!? Ich fühle mich hier jetzt sicher und geborgen. Bestimmt werde ich mit der Zeit ruhiger, gelassener.

Was können deine Menschen tun, damit du zutraulicher wirst, wie können sie helfen?
Ach, sie sollen bitte noch etwas Geduld haben. Ruhige, vertraute Bewegungen helfen mir schon sehr. Alles was ungewohnt ist, macht mich unsicher. Vielleicht bin ich da auch etwas übersensibel. Ich kann die Nähe ja nun immer mehr genießen. Es ist so schön, die Liebe zu spüren. Das ist das Wichtigste, das liebende Herz und innere Ruhe meiner Menschen. Das überträgt sich dann auf mich. Innere Anspannung spüre ich sofort und verunsichert mich.

Möchtest du vielleicht einen Katzenfreund oder Freundin?
Oh, das muss nicht unbedingt sein. Wir Katzen sind ja eigentlich Einzelgänger und ich habe doch meine Menschen als Gesellschaft, wenn ich möchte. Mit einer anderen Katze kommt dann wieder Stress und Unruhe, das mag ich gar nicht. Mag es lieber ruhig und vertraut. Also, wenn es unbedingt sein muss … für mich bitte nicht!
Ich genieße es zur Zeit sehr, so wie es ist. Wenn ich mich noch mehr entspannen kann, wird es noch schöner. Mehr braucht ein Katzenherz doch nicht. Liebe und Sicherheit! Danke, Danke dafür!

Etwa ein viertel Jahr später bat mich ihr Frauchen, noch einmal mit Melodie zu sprechen, weil sie nach einem Jahr immer noch so scheu war, sich hinters Sofa versteckte und weg lief, wenn man sie hochnehmen wollte. Auch war ihr Atem schwer und der Tierarzt hatte Herzasthma diagnostiziert. Als ich

Kontakt aufgenommen habe, kommt sie ganz zögerlich und schaut vorsichtig um die Ecke.
Auf meine Frage: *Kannst du dich an mich erinnern?*
Ja ja, kann ich. Du hattest ja auch mit Leonardo gesprochen, weiß ich noch, klar.

Ich soll dich fragen, warum du immer noch so scheu bist und dich versteckst?
Oh, ich bin immer auf der Hut, dass mir ja nichts passiert.

Was könnte denn passieren?
Ach, ich weiß ja auch, dass ich mich hier jetzt auf meine neuen Menschen verlassen kann. Aber es steckt noch so in mir drin, ich komm davon nicht los. Es ist wie ein altes Programm, was abläuft.

Hat das auch was mit deinem schweren Atem und dem Herzasthma zu tun?
Ja, es stockt mir dann der Atem, wenn das Programm hochkommt.

Wie fühlt sich das dann an, wenn es hochkommt?
Es ist dann wie ein Druck in der Herzgegend am Brustkorb.

Was ist das für ein Druck, kommt er eher von Außen oder von Innen?
Es drückt mich von außen ein, wie ein fester Handgriff um meine Brust … zu fester Griff!

Woher kennst du diesen festen Griff?
Sie atmet schwer, so als bekäme sie zu wenig Luft und Tränen kommen.
Was kommt hoch, welche Erinnerung?
Als ich noch ganz klein war wurde ich so fest gepackt, dass ich keine Luft mehr bekam … ich hatte panische Angst zu ersticken. Er hat so fest gehalten und ich konnte nicht weg!

Wie ging es dir da, spüre nochmal diese Panik, diese Angst!
Sie schluchzt, schnappt nach Luft und hat die Augen weit aufgerissen.

Nun stell dir vor, wie silbernes Licht der Gnade über dich fließt, wie ein Lichtwasserfall in deinen Körper, in alle Zellen strömt und alle Blockaden, Ängste,

Panik, alles Bedrückende löst, besonders im Brustkorb. Sieh, wie es durch deinen ganzen Körper fließt und alles Dunkle löst, der Körper entspannt sich!

Nun stell dir vor, wie violettes Licht von oben über dich fließt, in deinen Körper strömt und all das, was vorher gelöst wurde, wandelt. Lass es in den Bereich deines Herzens und den Brustkorb fließen und dann in deinen ganzen Körper und alles wandeln.
Dann lassen wir das silberne und violette Licht in die Erde abfließen.

Nun schau, wie grünes Licht der Heilung wie ein Lichtwasserfall über dich fließt und dich einhüllt und durchströmt. Das Licht heilt dein Herz, heilt all deine Wunden und Verletzungen im Brustkorb!
Nun stell dir vor, wie goldenes göttliches Licht Dich einhüllt und liebevoll durchströmt. Genieße das!

Wie geht es dir jetzt?
Oh, wie schön! Es fühlt sich jetzt so leicht an. Ja, und auch das Atmen fließt jetzt leichter. Oh wie schön!

Schlaf jetzt, ruhe dich aus! Ich melde mich morgen nochmal, okay?
Oh, ja gerne! Danke!

Am nächsten Morgen spreche ich noch mal mit ihr und frage sie: *Wie geht es dir heute?*
Oh, ich habe wundervoll geschlafen und ich fühle mich nun super. Kann auch schon leichter atmen … schon etwas besser.

Was kann dir dein Frauchen Gutes tun?
Ach, mehr geht doch gar nicht! Sie ist doch schon so liebevoll, umsorgt mich und hat so viel Verständnis für mich. Ihre Liebe zu spüren ist mir das Wichtigste, die Liebe von Beiden! Es ist schön, dass sie mich mit meinen Empfindlichkeiten so lassen können. So fühle ich mich sehr wohl! Danke!

Möchtest du einen neuen Lebensgefährten?

Wir Katzen sind doch Einzelgänger. Ich brauche keine andere Katze, ich habe doch meine Menschen! Außerdem sind wir ja nicht allein. Und man weiß ja auch nicht, was dann da für ein Typ kommt, ob ich dann damit klar komme und er mich in Ruhe lässt.
Für einen Notfall wäre es eine andere Sache. Es wäre sonst zu egoistisch, wenn ich hier das Paradies für mich alleine beanspruche. Aber für mich muss das nicht sein. Ist ja nett, dass sie mich fragen. So rücksichtsvoll! Danke!

Ich danke dir!
Oh, dir danke ich natürlich ganz besonders für deine Hilfe!

Zwei Wochen später erzählte mir ihr Frauchen, dass Melodie etwas zutraulicher geworden ist und sich nicht mehr hinter dem Sofa versteckt. Sie ist allerdings immer noch sehr geräuschempfindlich und zieht sich dann ins Nebenzimmer zurück. Beim letzten Tierarztbesuch musste Melodie zum ersten Mal nicht mehr narkotisiert werden, um untersucht zu werden. Nun brauch sie auch keine Medikamente mehr zu nehmen. Am Tag des Anrufs hatte die Familie den Übernahmevertrag mit dem Tierheim unterschrieben. So lebt nun die kleine Melodie endgültig in ihrer nun vertrauten Familie.

●

Eine kleine Hunde-Dame ist seit fast drei Jahren in der Familie und kam aus dem Tierheim. Sie hatte furchtbare Angst, nach draußen zu gehen und war sehr schreckhaft bei lauten Geräuschen. Wenn sie spazieren gehen sollte, bekam sie Herzrasen und Luftnot. Am liebsten verbrachte sie den ganzen Tag auf dem Sofa.
Ich nehme Kontakt zu ihr auf und spreche sie an.
Sie schaut mich einige Zeit ängstlich an und sagt dann: Was willst Du von mir?

Dein Frauchen hat mich gebeten, mit dir zu sprechen. Sie möchte gerne wissen, ob du körperliche Beschwerden hast?
Ach, ich fühle mich immer sehr angespannt. Das ist oft dann alles hart, weil ich oft so Angst habe.

Warum hast du so Angst, du bist doch jetzt in Sicherheit?
Oh, wer weiß, wie lange ich hier bleiben darf und nicht wieder zurück muss. **Sie zittert.**

Wo warst du denn früher, wo hast du gelebt?
Ach, es war damals schrecklich, ich war ständig in Angst … immer!

Warum hattest du Angst?
Sie schaut mich nur an.

Kannst du nicht darüber sprechen?
Ach, ich will daran gar nicht mehr denken, es macht mich sehr durcheinander, es wühlt soviel auf …

Wenn wir die Ursachen deiner Angst klären, geht es dir danach bestimmt besser. Ich begleite dich und wir bitten deine Geistigen Helfer um Unterstützung. Magst du dich darauf einlassen?
Oh, es wäre schön, wenn ich etwas entspannter sein könnte … Ja, das wäre gut!

Dann spüre jetzt mal in deinem Körper, was jetzt unangenehm ist oder wo es am meisten verspannt ist!
Am Schlimmsten ist es am Hals, er ist wie zugeschnürt. Ich bekomme kaum Luft, so als würde er zugedrückt.

Wie ist das, ist der Druck von außen am Hals, beschreibe mir das mal genau?
Ja, ich wurde doch immer am Hals gepackt und dann in Kisten gepfercht. Da wurden wir eng zusammen gebunden und wurden lange im Dunkeln im Auto gefahren … eng und dunkel, bekamen kaum Luft, kein Wasser. Wir hatten alle Angst! **Sie weint nun und winselt.**

Spüre das nochmal, wie es dir da ging!
Oh nein, es war so eng, wir hatten alle Panik … wussten nicht, was wird … und immer wieder grob am Hals gepackt … oh nein … **Sie winselt und heult.**

Lass noch einmal die Panik und Angst da sein und spüre sie!

Nun stell dir vor, wie silbernes Licht der Gnade über dich fließt, wie ein Lichtwasserfall in deinen Körper, in alle Zellen strömt und alle Blockaden, Ängste, alle Verspannungen, alle Härte, alle Blockaden löst. Sieh, wie es durch deinen ganzen Körper fließt und alles Dunkle löst!
Schau, wie Erzengel Michael und die Engel dich dabei unterstützen.

Nun stell dir vor, wie violettes Licht von oben über dich fließt, in deinen Körper strömt und all das, was vorher gelöst wurde wandelt. Lass es in alle Bereiche deines Körpers fließen und fühle jetzt, wie es in dir leichter, weicher, lockerer, durchlässiger und entspannter wird!

Wie geht es dir jetzt?
Es ist schon viel besser … aber es ist da noch so eine tiefe Traurigkeit.

Warum bist du traurig?
Meine Mama war doch plötzlich weg … ich war doch plötzlich so alleine und war doch noch viel zu klein … **Sie weint wieder.**

Spüre mal, wie es der Kleinen damals ging!
Oh, mein Herz war wie versteinert … ich war so alleine, so hilflos!

Geh nun als Große zu der Kleinen hin und tröste sie, lecke sie und sag ihr: „Ich bin jetzt immer für dich da, du gehörst zu mir! Wir gehen jetzt zusammen weiter!" Und lade nun die Kleine ein, sich in deinem Herzen einen Platz zu suchen. Geht das?
Ja ja, das geht gut! Sie ist nun sehr glücklich, dass ich da bin und kuschelt sich in meinem Herzen in ein weiches Körbchen. Nun rollt sie sich ein!

Nun schau, wie goldenes göttliches Licht wie ein Lichtwasserfall über dich fließt und dich und die Kleine warm einhüllt und durchströmt. Genieße das und sieh nun, wie ein rosa Lichtstrahl der Liebe in dein Herz strömt und die Kleine umhüllt. Spüre, wie sie sich immer mehr entspannt. Und das rosa weiche Liebeslicht umhüllt nun auch dich!

Entspann dich jetzt und ruhe dich aus! Halte das schöne Gefühl, genieße es!

Ich singe ihr das „Ave Maria“ und summe sie in Schlaf! Ich höre auch die Engel für sie singen!

Danach berichtete mir ihr neues Frauchen, dass die Hündin wohl von den Vorbesitzern aus einem Kofferraum heraus gekauft wurde. Sie wurde allerdings bald ins Tierheim gebracht, weil sie sich nicht mit dem anderen Hund der Familie vertrug. Die Hündin hatte abgebrochene Zähne, fast keine Muskulatur und einen verformten Brustkorb. Keiner konnte sagen, wie alt sie war und sie befand sich in einem sehr schlechten Zustand als sie in diese neue Familie kam. Ich sollte noch einmal Kontakt mit ihr aufnehmen, ihr etwas ausrichten und noch einige Fragen beantworten.
Auf meine Frage an die kleine Hündin: *Kannst du dich an unsere Begegnung vor einiger Zeit erinnern?*
Oh ja, das kann ich. War schön! Bin dann wohl eingeschlafen?

Wie geht es dir denn jetzt?
Ich bin etwas gelassener geworden, hab nicht mehr so viel Angst!

Ich soll dir von deinem Frauchen ausrichten, dass du für immer bei ihnen bleiben wirst und sie dich sehr lieben!
Oh, das ist ja … sehr berührend! **Sie hat Tränen in den Augen.** Danke, wie schön!

Du brauchst also keine Angst mehr zu haben!
Oh ja, das ist schön! **Sie freut sich nun.**

Hattest du denn mal Welpen?
Sie wird plötzlich sehr traurig. … Ja, es war so schön und ich habe sie jedes Mal sehr geliebt … aber man hat sie mir immer viel zu früh weggenommen … sie waren doch noch viel zu klein! **Sie weint.**

Hast du öfter Kleine bekommen?
Ja, sehr oft … und jedes Mal war dann dieser Schmerz der Trennung … es tat jedes Mal so weh!

Spüre den Schmerz nochmal … wo spürst du ihn im Körper?
Mein Herz, mein Herz zieht sich zusammen und ich bekomme kaum Luft! Es wird hart, es war ja jedes Mal ein Schock!

Sieh nun, wie silbernes Licht der Gnade über dich fließt, wie ein Lichtwasserfall in deinen Körper, in dein Herz strömt und alle Blockaden, alle Schmerzen, alle Härte aus den Zellen löst.

Nun stell dir vor, wie violettes Licht von oben über dich fließt, in deinen Körper strömt und all das, was vorher gelöst wurde wandelt. Fühle jetzt, wie es in dir leichter, lockerer wird und du besser atmen kannst, dein Herz frei wird!

Wie geht es dir jetzt?
Oh, es fühlt sich jetzt leichter an. Ja, besser!

Warum hast du so Angst bei lauten Geräuschen?
Ach, das sind dann Erinnerungen an früher … da habe ich immer Schlimmes erwartet, wenn Türen laut knallten. Dann kam immer jemand und es passierte was Schlimmes … Auch dann die Klappe am Auto … war alles mit schlimmen Erlebnissen verbunden.

Aber jetzt bist du doch in Sicherheit, jetzt passiert doch nichts Schlimmes mehr! Jetzt kannst du entspannen!
Ja ja, ich weiß ja jetzt. Ja, jetzt darf ich ja hier bleiben. Das ist so schön! Ja, jetzt kann ich mich entspannen!

Warum hast du dann so Angst, wenn ihr vor die Tür geht? Dann bekommst du sogar Atemnot!
Ach, da denke ich, jetzt werde ich wieder weg gebracht. Es fällt mir so schwer, zu vertrauen. Kann man euch Menschen vertrauen? Ich habe da immer noch meine Zweifel … das steckt tief in mir drin … tiefes Misstrauen!

Die Menschen sind sehr verschieden. Es gibt einige, die nur Geschäfte im Sinn haben und ihre Herzliebe vergessen und dadurch bösartig werden. Du bist aber

doch jetzt bei Menschen, die ein offenes Herz haben und dich sehr lieben. Denen kannst du vertrauen! Glaubst du mir das?
Sie seufzt. Ja doch … bin ja schon einige Zeit hier und ich wurde immer sehr liebevoll behandelt. Ja ja!

Na siehst du, du kannst ihnen vertrauen, nicht wahr?
Ja ja … ich denke, es wird immer besser mit der Zeit! Schön, dass ich hier Zuhause sein darf. Danke!

Ich werde ihnen das ausrichten! Alles Gute dir und bleib im Vertrauen!
Ja!

Ich danke dir!
Ich danke dir auch, du Liebe! Ja, jetzt weiß ich, dass es auch Menschen gibt, die lieben können. So schön! Danke!

Ja, du Schatz, wir lieben dich!
Sie seufzt und weint vor Rührung.

Seit dem hat sie sich deutlich mehr entspannt und geht nun auch immer öfter gerne mit nach draußen. Ihr Lieblingsplatz ist aber nach wie vor das Sofa!

•

Ein sehr selbstbewusster Kater machte seinem Frauchen einigen Kummer. Er schmuste und kuschelte gerne, wurde aber oft plötzlich von einer Sekunde auf die andere aggressiv, kratzte und verbiss sich im Arm von seinem Frauchen und auch bei anderen Menschen. Ich nahm Kontakt zu ihm auf und fragte ihn nach seinem Befinden:
Oh, Danke der Nachfrage! Was gibt es denn zu besprechen?

Ich wollte dich fragen, warum du dich bei deinem Frauchen oft am Arm festkrallst? Das tut ihr weh!
Ach, das ist so eine Angewohnheit …

Die für dein Frauchen sehr schmerzhaft ist!
Aber ich liebe sie doch so sehr! Das ist so ein Reflex, als würde mich dann was packen.

Woher kommt der Reflex?
Hm, hab mir das so angewöhnt … **Es scheint ihm peinlich zu sein und er weicht aus.**

Wann hast du dir das angewöhnt und warum?
Ist ne alte Geschichte … **Er macht eine lange Pause.**
Es gab eine Zeit, da musste ich mich gegen Hände von Menschen wehren, weil sie mich packen wollten.

Warst du da noch ganz klein?
Ja ja, da wo ich zur Welt gekommen bin. Da ging es recht ruppig zu. Da musste man sich behaupten und verteidigen. Da habe ich das gelernt … eben so angewöhnt.

Hat dir denn damals jemand weh getan?
Oh ja, einmal wurde ich sehr fest gepackt. Wenn ich nicht so gekratzt hätte, wer weiß, was aus mir geworden wäre.

Hattest du damals Angst?
Oh ja, das war schon knapp, fast wär's mit mir zu Ende gewesen … bekam fast keine Luft mehr!

Spüre nochmal, wie es dir damals ging, als du so gepackt wurdest!
Oh, nee, lieber nicht!

Lass es einfach zu, dann können wir das lösen und du fühlst dich freier! Geht es jetzt? Spüre die Angst um dein Leben jetzt noch einmal!
Er schaut mich groß an: Oh ja, schon heftig! **Er faucht nun sogar.**

Nun stell dir vor, wie silbernes Licht der Gnade über dich fließt, wie ein Lichtwasserfall in deinen Körper, in alle Zellen strömt und alle Blockaden, Ängste, alles Belastende löst. Sieh, wie es durch deinen ganzen Körper fließt und alle Ängste löst, der Körper entspannt sich!

Nun stell dir vor, wie violettes Licht von oben über dich fließt, in deinen Körper strömt und all das, was vorher gelöst wurde, wandelt. Lass es in deinen ganzen Körper und alle Zellen fließen und alles wandeln. Dann lass das silberne und violette Licht in die Erde abfließen.

Wie fühlst du dich jetzt?
Oh, jetzt bin ich total entspannt!

Nun schau, wie goldenes göttliches Licht wie ein Lichtwasserfall über dich fließt und dich einhüllt und durchströmt. Das Licht erfüllt dein Herz und den ganzen Körper! Genieße die Wärme und Liebe!
Ich summe für ihn eine sanfte Melodie.

Haben wir nun den alten Reflex aus deinem Körper gelöst?
Na, wir werden sehen. Ich schaue mal, erst mal fühlt es sich gut und entspannt an. Hoffe, dass ich das überwunden habe. Wäre ja schön!

Dann ruhe dich jetzt aus und lass es weiter wirken! Ich danke dir!
Danke dir auch!

Diese Transformations-Sitzung war jedoch noch nicht von Erfolg gekrönt. So habe ich nach etwa einem Monat noch einmal mit ihm gesprochen.
Kannst du dich an unseren Kontakt vor einiger Zeit erinnern?
Ja ja, kann ich noch gut! Hat mir sehr gut getan.

Du krallst dich aber immer noch in den Arm von deinem Frauchen? Das ist noch nicht besser geworden!
Ach ja, sagte ja, es ist so ein Reflex den ich mir angewöhnt habe.

Jetzt kannst du ihn aber mal ändern und ablegen! Wie wäre das?
Hm … **Er überlegt.** Ich weiß, ich tue ihr damit weh. Tut mir auch total leid … Hm …

Ja, dann tu es doch nicht mehr!
Das sagst du so einfach. So einfach geht es nicht.

Was brauchst du, damit es geht?
Ach, mir geht es doch super gut. Sollte nur mehr meine Anspannung ablegen.

Warum bist du denn angespannt?
Na, das sind immer noch die alten Ängste!

Du weißt doch, dass du die jetzt nicht mehr haben brauchst!
Ja, schon … sind aber noch da.

Wo spürst du die Ängste?
Dann geht so ein Ruck durch meinen Körper.

Was ist das für ein Ruck? Beschreibe das mal!
Na, etwa wie ein Stromschlag.

Wodurch wird der ausgelöst?
Da kommt eine alte Erinnerung hoch.

Was für eine Erinnerung?
Na, früher die Umstände ständig auf der Hut zu sein und ständig fluchtbereit oder auf Angriff sein!

Wie fühlt sich diese Erinnerung an?
Na, bedrohlich, es ist schon auch Angst dabei.

Fühle mal diese Angst, wo sitzt sie in deinem Körper?
So am Hals.

Spüre diese Angst im Hals, spürst du sie jetzt?
Oh ja, spüre, wie der Reflex kommen will.

Bleib noch bei der Angst und spüre sie!
Es kommt ein klägliches: Ja …

Nun stell dir vor, wie silbernes Licht der Gnade über dich fließt, wie ein Lichtwasserfall in deinen Körper, in alle Zellen strömt und alle Blockaden, Ängste, alle Anspannung besonders in deinem Hals löst. Sieh, wie es durch deinen ganzen Körper fließt und alle Ängste löst, der Körper entspannt sich!

Nun stell dir vor, wie violettes Licht von oben über dich fließt, in deinen Körper strömt und all das, was vorher gelöst wurde, wandelt. Lass es in deinen ganzen Körper und alle Zellen fließen und alles wandeln. Dann lass das silberne und violette Licht in die Erde abfließen.

Wie fühlt sich das an?
Oh, ganz sanft und schön, fühlt sich friedlich an!

Nun schau, wie rosa liebevolles Licht wie ein Lichtwasserfall über dich fließt und dich einhüllt und durchströmt. Das Licht erfüllt dein Herz und den ganzen Körper! Fühle dich wie im Bauch deiner Mama, liebevoll geborgen!
Ich summe für ihn eine sanfte Melodie.

Wie geht es dir?
Oh ja, so schön!

Er legt sich hin und rollt sich ein.

Dann ruhe dich jetzt aus!
Er schnurrt zufrieden!

Danach hat er nie mehr so gekrallt und gebissen. Seit dem ist er ein gelassener souveräner Schmuser und genießt sein Leben.

●

Zum Abschluss dieses Themas möchte ich noch von einer besonders berührenden Geschichte der Hündin Alma aus Griechenland berichten. Sie lebte damals als Streunerin in der Nähe eines Restaurants am Meer und hatte einige Welpen. Sie wurde in einem sehr schlechten gesundheitlichen

Zustand gefunden, sehr abgemagert und mit stark entzündeten Zitzen. Es war Herbst geworden und die Restaurants wurden zum Ende der Saison geschlossen. So wurde vom dortigen Tierschutz beschlossen, dass Alma mit ihren Welpen zur medizinischen Versorgung nach Deutschland gebracht werden sollte. Man hatte sogar schon eine Familie in Deutschland gefunden, die sie aufnehmen wollte. Den Flugtransport hat meine Freundin auf ihr Ticket übernommen, weil sie während ihres Urlaubs in Griechenland das Drama um Alma miterlebt hatte.

In Deutschland angekommen, wurde Alma medizinisch versorgt und ihre Welpen waren alt genug, in Familien vermittelt zu werden. Doch die Familie, die Alma aufnehmen wollte, machte einen Rückzieher und sie sollte ins Tierheim gebracht werden. Das rührte das Herz meiner Freundin und sie nahm Alma erst mal zu sich. Gut ein Jahr, nachdem Alma bei meiner Freundin ein neues Zuhause gefunden hatte, war der Kater gestorben und Alma erschien sehr traurig. Außerdem hatte Alma wohl noch nicht so richtig Vertrauen zu ihrem neuen Frauchen gefunden zu haben und war sehr ängstlich. So habe ich Kontakt zu Alma aufgenommen und sie gefragt:
Wie geht es dir zurzeit?
Oh, ich bin so froh, ein so liebevolles Zuhause gefunden zu haben.

War es richtig, dass man dich nach Deutschland gebracht hat?
Es war total befreiend, aus der Situation dort heraus zu kommen. Es war furchtbar dort, ich hatte Angst um mein Überleben, wurde getreten und geschlagen, hatte Hunger … es war ein einziger Kampf! Hauptsache dort weg, wohin auch immer … und es hat sich ja nun gut gefügt, dass ich in Sicherheit bin.

Du schaust manchmal so traurig, woran liegt das?
Ich habe Schreckliches hinter mir, das muss ich noch verarbeiten. Das kann ich nicht so einfach ablegen. Das wisst ihr ja, das ist ein Prozess und braucht seine Zeit.

Wenn es so ist, dass du manchmal traurig bist, wie kann dein Frauchen dir helfen, damit es dir gut geht?

Ach, es ist ja schon so wunderbar, dass ich bei ihr bin und ihre Liebe spüre! Sie ist so fürsorglich mit mir … das ist schon so viel, das ist für mich ganz neu und kaum fassbar … und ich kann es nur erst vorsichtig annehmen.

Dein Frauchen hat manchmal den Eindruck, dass du ihr nicht richtig vertraust, vor allem dann, wenn du Angst hast. Sie verspricht dir, dass du bei ihr in Sicherheit bist!
Ja, ich bin immer noch vorsichtig, weil ich es kaum glauben kann, dass Menschen auch so liebevoll sein können. Bisher hatte ich Menschen immer nur lieblos, gleichgültig und gewalttätig erlebt. Und diese Angst davor ist natürlich noch da, vor allem bei Fremden denen wir begegnen. Sich auf Jemanden verlassen und vertrauen können, habe ich bisher noch nicht erlebt. Das ist nun das erste Mal und noch sehr ungewohnt.

Warum hast du so oft und vor so vielen Situationen so große Angst, dass du zitterst?
Ich sagte ja schon, die Angst steckt noch in mir, es könnte jederzeit wieder so sein wie ich es vorher erlebt habe. Das sind die Nerven, die dann sehr angespannt sind. Ich bin es halt gewohnt, für mich zu kämpfen, immer in Spannung zu sein. Es ist nicht so leicht, das abzulegen.

Was kann dein Frauchen tun, um dir zu helfen und dir Sicherheit zu geben?
Ach, ich brauche noch etwas Zeit, damit sich mein Vertrauen zu ihr festigt … ja, das Misstrauen überwinden ist schwer! Ich spüre ja ihre Liebe und merke auch, dass die Menschen hier doch überwiegend wohlgesonnen sind. Sie soll bitte Geduld mit mir haben.

Dein Frauchen hat das Gefühl, dass du ihre Trauer um den Kater mitträgst. Ist das so? Das möchte sie nicht!
Ja klar trage ich die Trauer mit. Ich bin doch nun da, um sie zu unterstützen. Und ich vermisse den Kleinen auch! Und ich spüre, wie traurig sie ist und sie lässt sich von mir kaum trösten … aber ich möchte sie so gerne trösten! Ich bin doch jetzt da, da brauch sie doch nicht so traurig sein. Bitte, sie soll wieder fröhlich sein, dem Kleinen geht es doch jetzt gut und er ist doch auch so oft hier anwesend. Das scheint sie dann gar nicht zu merken. Ihr Menschen seid manchmal wirklich merkwürdig! Und dass ich mit ihr traurig bin und

sie da unterstützen will, kann sie mir doch nicht verbieten … dafür bin ich doch bei ihr!

Dein Frauchen liebt dich sehr und wünscht sich so sehr, dass es dir gut geht und dass ihr viele schöne Dinge unternehmt, an denen Ihr beide Spaß habt.
Oh ja, die Liebe spüre ich und ich freue mich auch darauf, dass ich endlich all das Schlimme von früher überwinde und richtig genießen kann. Oh ja, zusammen Spaß haben, das ist schön! Ich hoffe, bald habe ich es geschafft, die Schwere zu überwinden. Danke für Alles und Danke, dass ich bei ihr sein darf!!!

Allerdings konnte sie ihre Angst nicht ablegen, sie war sehr schreckhaft und es war unmöglich, sie alleine zu lassen. Außerdem hatte sie die schlechte Angewohnheit, an Menschen hochzuspringen, die freundlich auf sie zu kamen. So habe ich etwa zwei Jahre später wieder mit ihr gesprochen:
Wir haben schon mal miteinander gesprochen und uns auch mal in Köln getroffen, weißt du das noch?
Hm … ja doch, ich erinnere mich.

Dein Frauchen hat den Eindruck, du fühlst dich nicht wohl, hast du Langeweile?
Ach, ich kann immer noch nicht so richtig glücklich sein. Es hängt mir noch immer ziemlich schwer auf dem Rücken, fühlt sich schwer an. Meine Vergangenheit kann ich noch immer nicht abstreifen, holt mich immer wieder ein.

Hat das auch damit zu tun, dass du nicht alleine bleiben kannst?
Oh ja, da kommt sofort wieder Panik hoch und ich werde zum Angstbündel. Sie ist doch jetzt mein einziger Halt, wenn sie weg ist, fühle ich mich so unendlich verlassen und alleine, das tut so weh!

Kennst du das von früher, dass du dich so verlassen gefühlt hast?
Ich war ja früher eigentlich immer auf mich gestellt und musste mich durchkämpfen. Die Erinnerung kommt dann immer wieder hoch.

Kannst du dich an ganz früher als Kleine erinnern bei deiner Mama, warst du denn da beschützt?

Oh, das weiß ich gar nicht mehr, wie das mit meiner Mama war. Ich war viel zu früh auf mich gestellt. Bei meiner Mama war ich nur kurz.

Warum war das nur kurz, was ist passiert, dass du zu früh von ihr weg kamst?
Ich weiß gar nicht so genau, sie war nur einfach weg und ist nie wieder gekommen. Ich weiß nicht warum … ich blieb einfach mit meinen Geschwistern alleine zurück …

Spüre mal, wie das damals für dich war. Wie hast du dich gefühlt?
Oh … **Sie schluchzt und jault leise.** …es war so furchtbar … es tat so weh in meinem Herzen … so weh! **Sie schluchzt.**

Spüre das nochmal, wie es der Kleinen damals ging!
Sie winselt.

Nun stell dir vor, wie silbernes Licht der Gnade über dich fließt, wie ein Lichtwasserfall und in deinen Körper, in alle Zellen strömt und alle Ängste, Panik, allen Schmerz und Traurigkeit, alles Belastende und alle Blockaden löst. Sieh, wie es durch deinen ganzen Körper fließt und alles Dunkle löst und wie der Körper sich entspannt!

Nun stell dir vor, wie violettes Licht von oben über Dich fließt, in deinen Körper strömt und all das, was vorher gelöst wurde, wandelt. Lass es in alle Körperteile fließen und in alle Zellen deines Körpers und alles wandeln. Dann lass das silberne und violette Licht in die Erde abfließen.

Wie fühlt sich jetzt die Kleine?
Oh, sie ist deutlich entspannter, ist nicht mehr so traurig.

Gehe jetzt als große Alma zu der Kleinen als Welpe hin. Geht das?
Jaaa … hm … ja gut!

Kannst du sie so wie eine Mama annehmen, sie lecken und in dein Herz nehmen?
Ja, sie schaut mich mit so großen traurigen Augen an. Oh ja, es wird Zeit, dass ich sie in mein Herz nehme. Ich hatte nämlich später oft gedacht … „Wäre doch besser, wenn ich mich nicht durchgekämpft hätte."

Kannst du sie denn jetzt in dein Herz nehmen?
Ja, jetzt geht das, sie tut mir auch sehr leid!

Dann sag ihr jetzt, dass du stolz auf sie bist und sie liebst und sie immer lieben wirst und dass du sie nie wieder verlassen wirst, weil sie jetzt zu dir gehört und ihr Platz bei dir ist!
Wie reagiert die Kleine darauf?
Oh, sie freut sich jetzt richtig und wedelt mit dem Schwänzchen.

Dann lass sie jetzt in deinem Herzen einen schönen Platz finden. Geht das?
Oh ja, sie kuschelt sich da warm in weiche rote Kissen!

Nun schau, wie goldenes göttliches Licht wie ein Lichtwasserfall über dich und die Kleine fließt und euch einhüllt und durchströmt. Genieße das warme Lichtbad!

Ich summe das „Ave Maria" für sie. Sie rollt sich ein und schläft friedlich!

Danach schien sie ihre Ängste immer noch nicht überwunden zu haben. Deshalb nahm ich wieder Kontakt zu ihr auf:
Wie geht es dir nach unserem letzten Gespräch?
Oh, es fühlt sich jetzt so sanft in mir an. Es ist innerlich in mir ruhiger und friedlicher … ja, mehr besänftigt.

Du hast immer noch so Angst bei Geräuschen und verkriechst dich dann zitternd ins Bad. Warum kommst du nicht zu deinem Frauchen wenn du Angst hast, vertraust du ihr nicht?
Oh, wenn es knallt werde ich total panisch, dann kommen die alten Geschichten hoch und ich bin sofort wieder in der alten Vergangenheit als es sie in meinem Leben noch nicht gab. Ich vertraue ihr doch sehr aber das vergesse ich dann in diesem Modus.

Was kommt denn dann wieder hoch, was hattest du erlebt früher?
Ja, einige haben doch damals auf uns streunende Hunde geschossen und ich habe erlebt, wie auch welche getroffen wurden und jaulend und verletzt davon liefen und irgendwo jämmerlich gestorben sind. Wir wurden da doch

sehr gehasst. So musste ich immer sehr vorsichtig sein und habe es danach vorgezogen, mich alleine durchzuschlagen.

War das ein Hund, den du gut kanntest, der da gestorben war?
Oh … es war mein Bruder … oh, es war so furchtbar! **Sie beginnt zu zittern und zu weinen.** Wir Geschwister sind doch zusammen rumgelaufen. Und dann gab es einmal diesen Schuss … und er war getroffen. Ach, es hat mir das Herz zerrissen … es war so furchtbar, ihn leiden zu sehen und dass er starb! Oh, so schrecklich! Seit dem fühle ich mich oft wie zerrissen. Ein Stück meiner Seele ist da mit meinem Bruder gegangen. Seit dem fühlt es sich in mir fade an, als wäre da ein Hohlraum und mein Herz ist grau.

Spüre mal, wie es sich in dir jetzt anfühlt?
Ja, es ist, als wäre da ein Teil von mir auch gestorben und noch immer sitzt dieser Schock tief in meinem Bauch.

Stell dir nun vor, dass du in einer goldenen Lichtröhre sitzt, die mit dem göttlichen Licht verbunden ist und weit nach oben ins Unendliche reicht. Wir rufen nun Jesus Christus, damit er bei dir ist und hilft, deine Energien auszugleichen. Wir schicken jetzt gemeinsam alle Energien aus deinem Körper nach oben, die nicht zu dir gehören, alles Graue, Dunkle, alles Belastende, alles was dich bisher geängstigt hat. Alles schieben wir hoch in der Lichtsäule ins Universum. Nimm nun deinen Energiekörper wieder vollständig ein.

Nun rufen wir das silberne Licht der Gnade und lassen es über dich fließen, wie ein Lichtwasserfall und in deinen Körper, in alle Zellen strömen und alles lösen, was sich in dir festgesetzt hat und was nicht zu dir gehört. Atme alles, was sich nun löst kräftig aus und lass es in der Lichtröhre hoch fließen.

Nun lassen wir die goldene Röhre nach oben abziehen.

Wir rufen jetzt deine Seelenanteile zurück, die damals beim Tod deines Bruders weggegangen sind. Wir rufen alles, was zu dir gehört zurück in deinen Energiekörper. Sieh nun, wie Lichtsterne von oben über dich rieseln, ein funkelnder Lichtregen mit goldenem Glanz strömt über dich, fließt in deinen Körper. Alle Seelenanteile, die zu deinem wahren Selbst gehören, fließen zurück, fließen in

dein Herz. Goldener Glanz durchströmt dich sanft und die göttliche Liebe fließt in deinen Körper.
Begrüße nun deine Seelenanteile wieder in dir und bedanke dich, dass sie wieder bei dir sind. Nimm nun an, dass du immer mit der Liebe verbunden bist und nimm wahr, wie du mit dem großen goldenen Lichtherz der göttlichen Quelle verbunden bist und in goldenem Licht badest. Genieße die Wärme und die göttliche Liebe.
Schau, wie Jesus noch immer liebevoll bei dir ist, dich in den Armen hält und alles heilt!

Alma ist nun vollkommen entspannt und ist selig eingeschlafen!

Ein paar Tage später spreche ich sie noch mal mit ihr, weil noch einige Fragen offen geblieben waren:
Wie geht es dir jetzt nach unseren Gesprächen?
Oh, ich fühle mich deutlich entspannter und viel mehr da, also aktiver und lebendiger. Das fühlt sich sehr schön an. Ich falle nicht mehr so leicht in diesen alten Zustand. Ich glaube, das habe ich überwunden.

Fühlst du denn noch die Schwere auf dem Rücken?
Ach, das ist viel leichter geworden. Im Moment belastet mich nichts.

Bist du zufrieden mit dem Futter, was dein Frauchen für dich vorbereitet?
Oh, ich merke doch sehr, dass sie das mit viel Liebe für mich macht. Deshalb ist es auch für mich so gut. Es ist doch so wichtig, dass es liebevoll gegeben wird. Danke dafür! Ja, das tut mir sehr gut!

Warum krabbelst du an jedem hoch, der dich freundlich anguckt?
Ach, ich freue mich doch so, wenn jemand mir wohlgesonnen ist! Das merke ich ja und dann möchte ich ihn freudig begrüßen. Ist eben so meine Art.

Das ist aber für viele unangenehm, verschmutzt die Kleidung oder macht was kaputt. Das solltest du dir besser abgewöhnen!
Aber ich freue mich doch dann so … ich wusste nicht, dass das nicht gut ankommt.

Dein Frauchen versucht dir aber doch immer zu vermitteln, das nicht zu machen!
Ja ja, das stimmt, habe ich aber bisher nicht so annehmen können, weil meine Freude größer war. Früher war das kein Problem, wenn ich jemanden getroffen habe der mich mochte.

Aber jetzt ist das hier nicht angebracht und ist lästig. Hier mögen dich doch eigentlich Alle. Sie halten sich dann eher zurück, weil sie nicht möchten, dass du hoch krabbelst!
Ist das so? Ist mir gar nicht so bewusst. Eigentlich stimmt es, dass mich hier fast alle mögen. Jedenfalls gibt es kaum jemanden, der mir böse gesonnen ist. Ich versuche mal, dass ich mir das abgewöhne. Hier ist ja vieles anders als früher. Ja, es wird Zeit, dass ich mich hier mehr anpasse. Jetzt wird es bestimmt gehen. Ich versuche dran zu denken!

Nicht nur versuchen. Denk dran und gewöhne dir das ab!
Hm … ja ja, ich schau mal, ob das so einfach geht.

Fehlt dir noch etwas oder kann dein Frauchen noch etwas für dich tun?
Ach, es ist doch schon so wundervoll, wie sie mich liebt und sich um mich sorgt. Mehr kann doch ein Hund gar nicht bekommen. Die Liebe ist doch das Wichtigste! Bei mir müssen die Veränderungen erst noch etwas sacken. Es ist jetzt einiges so verändert, da muss ich mich erst dran gewöhnen. Das muss sich noch etwas neu sortieren in mir. Da brauch ich noch etwas Zeit. Ich denke, da tut sich bei mir noch was. Sie soll noch etwas Geduld mit mir haben. Jedenfalls fühle ich mich schon deutlich glücklicher … mal sehen, was noch so kommt!

Ich danke dir, Alma!
Oh, ich danke dir für die tolle Unterstützung und deine Impulse, ich fühle mich reich beschenkt! Danke!

Mittlerweile ist Alma eine entspannte, glückliche Hündin, hat nun tiefes Vertrauen zu ihrem Frauchen und kommt zu ihr, wenn sie doch noch mal Angst hat. Beide sind selig in gegenseitiger Liebe.

•

Nach meiner Erfahrung ergibt sich ein Transformationsprozess bei Tieren sehr leicht, weil unser Gespräch auf der Seelenebene stattfindet und dadurch bereits eine leichtere, durchlässigere Ebene geöffnet ist. Außerdem fällt bei den Tieren das grüblerische Hinterfragen und Beurteilen weitgehend weg. Das steht uns Menschen bei diesen Prozessen meist im Weg und blockiert den energetischen Zugang zu den tieferen Ebenen. In meinem elfjährigen Erleben als Transformations-Therapeutin ist dieser Weg der Wandlung und Befreiung bei uns Menschen oft deutlich mühsamer. Haben wir allerdings einmal erkannt, dass wir selber Schöpfer unserer Umstände und unserer Realität sind, kann eine neue Entscheidung schnell zu einer Änderung auf allen Ebenen und im Körper führen. So ist Heilung in allen Bereichen möglich.

Dies habe ich selbst vor kurzem mal wieder bei einer Fortbildung für Transformations-Therapeuten erlebt, bei der sich bei mir ein tiefer innerer Prozess vollzog und an dem ich dich gerne teilhaben lassen möchte. Das Thema des Wochenendes waren unsere „Arschengel"! So bezeichnen wir Menschen, die immer wieder unsere alten unwahren Glaubenssätze, Gedanken und Programme antriggern, in Resonanz gehen und dadurch in uns heftige Gefühle auslösen.
In den Meditationen und Übungen zu dem Thema kam mir dazu keine Person in den Sinn sondern ein Gerichtsurteil und ein Bescheid vom Finanzamt. Ich wurde verurteilt, meinem Ex-Ehemann Unterhalt für sechs Jahre nachzuzahlen. Es war eine Summe inklusive Rechtsanwaltshonoraren und Kosten für Gutachten sowie 5 % Zinsen von fast 50.000 €. Ich fand das zutiefst ungerecht, zumal ich in der Zeit meiner Tochter Unterhalt gezahlt hatte, was jedoch nicht berücksichtigt wurde. Der Ex-Mann hat Vorrang vor dem leiblichen Kind, obwohl ich mit ihm nur knapp 10 Jahre zusammen war. Der leibliche Vater meiner Tochter hatte sich schon früher aus der Verantwortung gezogen.
Das Finanzamt wollte dann noch eine hohe Steuernachzahlung für eine private Rentenversicherung, die mein Ex pfänden ließ und sich hat auszahlen lassen … also für eine Leistung, die ich nie bekommen hatte.
Ich empfand das alles zutiefst ungerecht und empörend! Hinter dem Schrei nach Gerechtigkeit kam Wut und lähmende Ohnmacht hoch. Ich fühlte

mich nicht als Mensch gesehen, sondern es wurde nach Paragraphen und Vorschriften entschieden und ich musste entsprechend zahlen.

In der folgenden Nacht habe ich in mir nachgespürt und geforscht, was die Ursache dieser heftigen Gefühle sein könnte, wann hatte ich mir dieses finanzielle Desaster selbst erschaffen? Ich kam, wie schon einige Male vorher, zu meinem Geburtstrauma. Während meiner Geburt verlor meine Mutter sehr viel Blut und drohte zu sterben. Es passierte alles Zuhause bei meiner Oma und es gab noch kein Telefon. So fuhr meine Oma schnell mit dem Fahrrad los, um einen Arzt zu holen. Ich als Neugeborene wurde schnell versorgt und hastig an die Seite gelegt, denn es ging um Leben oder Tod meiner Mutter. Ich fühlte mich erstarrt vor Panik, dass mich das Liebste und der mir am tiefsten verbundene Mensch verlässt und damit meine Versorgung, mein Überleben in Gefahr geriet. Tiefe Ohnmacht und Verzweiflung stiegen in mir auf und verankerten sich in mir über Jahrzehnte bis zu diesem Wochenende. Meine Mutter konnte damals zum Glück dadurch gerettet werden, weil mein Vater die gleiche Blutgruppe hatte und ihr Blut spenden konnte.

Ich hatte mein Leben lang immer nach Sicherheiten und guter Versorgung gesucht. Ein Job im öffentlichen Dienst, Zusatzversicherungen und durch meine Heirat fühlte ich mich endlich gut versorgt und fürs Leben abgesichert. Das sollte sich ja dann ins Gegenteil verkehren.

Diese Wut und Enttäuschung habe ich am nächsten Tag bei einer Übung in Kleingruppen lösen können. Wir sollten auf ein großes Blatt „Meine Wut" schreiben und es auf den Boden legen. Davor noch ein weiteres, unbeschriebenes Blatt legen. Nun ließ ich all meine Wut, die ich zuvor aufgedeckt hatte, in das erste Blatt fließen und stellte mich anschließend mit den Füssen darauf. Mit geschlossenen Augen fühlte ich noch einmal diese tiefe Wut im Körper, heiß, rot und kraftvoll brodelnd. Dann sollten wir auf das leere Blatt davor treten und spüren, was dahinter liegt. Mich überkam eine graue Starre und Kälte, fühlte mich wie eingemauert! Es war die Ohnmacht … die Ohnmacht, die ich nach meiner Geburt gespürt hatte. Silbernes Licht der Gnade löste diese Starre, diese Mauern und Blockaden aus meinen Zellen und violettes Licht wandelte das Gelöste. Während der anschließenden Musik konnte ich in meiner Vorstellung die kleine Neugeborene auf meine

Brust legen, mich tief mit ihr verbinden und sie ins Herz nehmen. Ich habe ihr versprochen, nun immer gut für sie zu sorgen, damit sie sich sicher fühlen kann!
Welch eine Befreiung! Viel Schweres viel von mir ab und ich fühlte mich wie … ja, wie neu geboren auf einer freieren, helleren Ebene auf der wir alle in Liebe miteinander verbunden sind und gut für uns gesorgt ist.
Ich weiß nun, ich kann vertrauen auf die Unterstützung des Universums, die Energien von Mutter Erde und auf meine eigenen Fähigkeiten und Potentiale, für mich selbst und meine Kleine zu sorgen!

Es lohnt sich immer wieder aufs Neue, Herausforderungen aufzugreifen und sich ihnen zu stellen. Lass dich ein auf das Abenteuer, dich selbst zu erkunden und zu erspüren. Lass dich ein auf die Welten tief in deinem Inneren!

Reisen in andere Realitäten

Für mich in besonderer Weise sehr berührend sind die Kontakte mit verstorbenen Tieren. Jedes Mal fließen Tränen der Rührung. Die Kontaktaufnahme zelebriere ich genau so, wie mit hier bei uns auf der Ebene lebenden Tieren über ein Foto und die Augen. Ich spüre dabei jedoch sofort, dass die Energie anders, viel leichter und filigraner ist. So merke ich unmittelbar, dass das Tier gestorben ist und aus einer anderen Ebene kommt.

Von Katzen habe ich es häufig gehört, dass sie im Alter oft in ihren Traumphasen in andere Ebenen reisen. Eine sehr betagte Katze formulierte es so: Wenn wir alleine sind schlafen wir Katzen viel, das ist eine Reise in eine andere Welt. Dort ist unser zweites Zuhause, dort sind wir gerne. Dann verliert man schon mal die Verbindung zu dieser Realität.

•

Aufschlussreich ist die Schilderung eines fast 17 jährigen Hundes, wie es ihm in der letzten Phase seines Lebens kurz vor dem Übergang in die andere Ebene erging. Es war ein kleiner struppiger Kerl mit immer noch süßem Gesicht und großen Kulleraugen. Kurz vorher war bereits seine Lebensgefährtin der gleichen Rasse verstorben.
Auf meine Frage, wie es ihm geht, sagt er mir:
Ja, es wird doch alles mühsamer. Mein Körper macht nicht mehr so mit, wie ich das gerne möchte.

Hast du Schmerzen?
Ach, das nicht direkt, fällt mir nur vieles schwerer als früher … kann nicht mehr so wie ich will.

Was ist deine Aufgabe hier?
Schau mich an, dann weißt du es. Bin ich nicht ein liebenswerter Kerl? Ja, das ist es, ich möchte die Herzen der Menschen erwärmen. Sie sollen ihre Liebe entdecken und ihr Herz öffnen. Das ist meine Aufgabe und die, vieler Haustiere, die sich auf diesen Missionsweg begeben haben. Wir so speziell

von den Menschen gezüchtete Zwitter sind eine Zwischenstufe zwischen den wild lebenden Tieren hier auf der Erde und den Menschen. Es gibt dabei sehr hoch entwickelte Seelen, die sich bewusst in den direkten Kontakt zu den Menschen inkarniert haben, um ihre Mission zu erfüllen. Ich will jetzt nicht sagen, dass ich so hoch entwickelt sei, ich bin nur sehr bewusst in diesen putzigen Körper inkarniert. Wie ich schon sagte, ist es eine hohe Aufgabe, die Liebe auf der Erde zu halten und zu etablieren. Und da sind wir auf einem guten Weg, das zu erreichen.
Das Herz meines Frauchens habe ich erobert, keine Frage, und ich denke auch in meinem Umfeld viele Menschen erreicht zu haben. Deshalb ist meine Mission auch bald erfüllt. In diesem überzüchteten Körper ist die Zeit begrenzt.
So ist meine Unruhe abends zu erklären. Jede Nacht gehe ich in Kontakt mit meinen geistigen Brüdern und Schwestern. Ich weiß, eines Tages werde ich dort bleiben und nicht mehr zurück kommen können. Das tut mir in der Seele weh, weil ich gerne noch länger bleiben möchte, denn ich habe hier doch so ein wundervolles Leben mit meinen lieben Menschen. Ich möchte noch nicht zurück, aber ich soll bald kommen, denn es warten andere Aufgaben auf mich. Ach, könnte man die Zeitstruktur hier anhalten … das wäre schön, denn ich liebe mein Frauchen so sehr! Sag ihr das!

Bekommst Du genug Auslauf?
Na, mit dem Laufen wird es ja auch schwieriger. Ich liebe es, draußen in der Natur zu sein, das ist wundervoll! Aber weit und viel laufen ist schon mühsam.

Reichen dir die Streicheleinheiten?
Oh, ich kuschel gerne, da kann ich nicht genug von bekommen. Das ist das Tolle hier, das man genießen kann. Davon möchte ich bitte noch soviel wie möglich! Bitte!

Was brauchst du von deinem Frauchen, dass es dir gut geht?
Ach, ich habe doch alles, wovon ein Hund nur träumen kann! Danke für Alles, es ist wundervoll!

Was ist deine Lieblingsbeschäftigung?

Das ist einfach Zusammensein mit meinem Rudel. Das sind ja hier speziell meine Menschen. Wenn ich dabei bin und sie da sind, ist meine kleine Welt hier in Ordnung.

Dein Frauchen möchte nicht, dass du leidest und sie wünscht sich, dass du in Frieden und zu deinem Zeitpunkt gehst, auch wenn sie dich am liebsten immer bei sich hätte!
Ich weiß, dass mein Zeitpunkt zu gehen nicht mehr fern ist. Das tut mir auch sehr leid und es macht mich wehmütig. Ich kann aber noch nicht sagen, wann mein Übergang ansteht. Das Stundenglas ist bald durchgelaufen! Ich weiß nicht, wie der Übergang vorgesehen ist. Wir müssen es abwarten. Noch ist es nicht so weit. Also, lasst uns die Zeit zusammen genießen!

Möchtest du gerne noch einen Tierfreund?
Ach nein, dafür ist es jetzt zu spät. Jetzt noch auf ein neues Wesen einstellen ist mir zu viel. Nein, lass uns einfach genießen, dass wir noch zusammen sind, unsere tiefe Liebe noch körperlich leben und genießen. Es ist schön, dass ich nun der Prinz im Herzen meines Frauchens bin und ihre ganze Aufmerksamkeit und Zuwendung habe. Das ist einfach wunderschön!
Meiner hinüber gegangenen Freundin geht es übrigens sehr gut. Ab und zu haben wir Kontakt und keiner braucht sich Vorwürfe mache. Es war alles gut und die Hilfe beim Übergang okay. Alles was mit dem Herzen geschieht ist richtig. So ist es immer gut, der Entscheidung des Herzens zu folgen!

Danke für das Gespräch!
Ich danke dir auch für die Möglichkeit, meinem Frauchen meinen tiefen Dank für ihre Liebe zu übermitteln. Danke!

•

Nun möchte ich eine ganz persönliche Geschichte von meinen eigenen Katzen hier schildern. Ich habe einige Zeit überlegt, ob ich sie hier veröffentlichen soll, denn sie zeigt auch meine Grenzen und Unzulänglichkeiten. Aber ich stehe dazu, dass auch ich ab und zu vom Leben und von mir selbst überrascht werde. Mein lieber Kater Jimmy ist damals, während ich mein erstes Buch über Tierkommunikation geschrieben habe, von Nachbarn ins

Tierheim gebracht worden. Da er schon alt und auch krank war, wurde er dort sofort eingeschläfert. Das Drama liegt nun fast fünf Jahre zurück, ich habe aber all die Jahre immer wieder Kontakt zu ihm aufgenommen und ihn auch oft um Rat gefragt.

Im letzten Herbst habe ich ihn zum Zustand unserer anderen Katze Sheela gefragt, weil der Tierarzt bei ihr im stolzen Alter von 18 Jahren Artrose im Rücken und den Gelenken diagnostiziert hatte:
Wie geht es dir mein Süßer?
Oh, sehr gut! Du solltest jetzt an deinem neuen Buch arbeiten. Wir werden dir alle dabei helfen!

Was kannst Du mir zu Sheela's Zustand sagen?
Sie genießt die letzten warmen Tage. Deshalb ist sie nun draußen, weil sie weiß, im nahenden Winter geht das nicht mehr. Und sie merkt, dass es mit ihr bald zu Ende geht. Ihr Körper baut ab, die Gelenke und der Rücken tun weh. Ich habe das Gefühl, dass sie im Winter gehen möchte. Bleib noch solange da, ein weiterer Umzug wäre für sie zu beschwerlich. Sie hatte ja ein sehr bewegtes Leben. Es ist erfüllt, ihre Aufgabe ist erledigt. Du brauchst nun keine Unterstützung mehr. Sheela ist ja schon immer gerne ihre eigenen Wege gegangen, fühlte sich nie zu einer großen Aufgabe berufen. Das ist ihre Botschaft: Einfach da sein!

Ein paar Tage später ist Sheela verschwunden. Sie war fast zwanzig Jahre bei uns, ihr ganzes Leben lang nach ihrer Geburt in Portugal im April 1998. Von dort haben wir sie im Alter von drei Monaten mitgenommen. Sie ist eine sehr starke Persönlichkeit, eine Diva, ganz in schwarz mit meergrünen Augen und wundervoll weichem Fell!
Den ganzen letzten Sommer über lag sie bei Sonnenschein draußen und schlief. In warmen Nächten blieb sie auch gelegentlich draußen und bekam auch bei Nachbarn schon mal etwas vom Futter der anderen Katzen ab. Meine stolze Diva hatte dann immer den Vortritt. Als sie die zweite Nacht nicht nach Hause kam habe ich alles abgesucht und die Nachbarn gefragt. Dann habe ich Kontakt zu ihr aufgenommen. Sie sagte mir:

Ich spüre, der Sommer ist vorbei. Es wird kälter und die Kräfte verlassen mich immer mehr. Ich sagte dir ja schon, den Sommer mit den warmen Sonnenstrahlen möchte ich noch genießen, das habe ich sehr ausgiebig noch genossen. Nun merke ich, kommt die kalte Zeit. Und ich merke, ich falle dir immer mehr zur Last. Ich weiß, ich habe es oft nicht mehr zum Katzenklo geschafft und das war für dich sehr stressig. Ich will dir nicht zur Last fallen. Wir haben zusammen wundervolle Jahre gehabt, ich weiß, dass du mich sehr geliebt hast. Ich habe gemerkt, dass du dein Herz immer mehr öffnen konntest und du brauchst mich jetzt nicht mehr. Du wirst bald in die Nähe von meiner Schwester (so bezeichnete sie immer meine Tochter, mit der sie ja aufgewachsen war) ziehen. Noch einen Umzug möchte ich nicht mehr und sie möchte mich sowieso nicht mehr und ist total auf Distanz wegen ihrem Baby. Deshalb ist jetzt die Zeit für mich zu gehen! Such mich bitte nicht, wenn ich es jetzt noch nicht schaffe, komme ich schon. Ich versuche nun einfach hinüber zu gehen, so wie es unsere Natur ist. So habe ich mich zurück gezogen. Wir hatten nochmal eine schöne Nacht zusammen vor ein paar Tagen. Das war für mich ein schöner Abschluss. Sei nicht traurig! Die Zeit ist nun gekommen, hinüber zu gehen, nach Hause ins Licht!

Ich habe dann noch meinen verstorbenen Kater Jimmy gefragt, was mit Sheela ist:
Ja, sie will nun die Erde verlassen. Es ist für sie zu beschwerlich, nun wo es kalt wird. Ihr Leben ist rund. Sie hat die warmen Sonnenstrahlen nochmal sehr genossen und möchte nun an dem gewählten Platz in der Natur hinüber schweben. Sie schläft nun einfach und lässt das Leben los und den Körper, der immer beschwerlicher wird. Lass ihr diesen Prozess, such sie nicht. Sie weiß was sie tut und könnte jederzeit noch zurück laufen. Noch lebt sie, nimmt jedoch Abschied. Lass sie ihren Weg gehen, sie wusste doch schon immer genau, was sie wollte und was sie nicht wollte. Und sie war eine Einzelgängerin und Kämpferin. Sie will das alleine schaffen und dir nicht weiter zur Last fallen. Respektiere das bitte. Das ist ihr Weg und ihre Art zu gehen. Einfach so! Mach dir keine Sorgen oder Vorwürfe, es ist alles gut. Wir kümmern uns um sie und helfen ihr beim Übergang. Ihre Mama und ihre Brüder warten schon auf sie. Sie hatte eindeutig das tollste Leben von allen aus ihrer Familie. Sie wurde so geliebt und verwöhnt. Das hast du gut gemacht. Sei nicht traurig, es ist nun rund!

Am nächsten Tag versuchte ich noch mal zu Sheela Kontakt aufzunehmen und fragte sie, wie es ihr geht:
Oh, es ist nun gut, es ist vollbracht! Ich habe gespürt, wie traurig ihr seid. Glaubt mir, ich bin es auch. Aber irgendwann ist die Zeit vorbei und für mich war es nun der richtige Zeitpunkt nach einem so erfüllten Leben mit euch! Ihr habt mich immer gut versorgt und verwöhnt und geliebt. Das ist so wunderschön! Und alle hier beneiden mich sehr darum. Deshalb danke ich euch! Danke, danke für eure Liebe und gute Fürsorge!
Ich weiß, für dich ist die Zeit dort an dem Ort auch bald abgeschlossen, deshalb wollte ich dir nicht weiter im Weg sein. Es wurde mit mir ja immer mehr belastend. Und für mich körperlich auch. Deshalb ist es nun gut so!

Ich habe sie nach dem Platz ihres Übergangs gefragt, weil ich gerne ihren Körper beerdigen wollte dort an dem Platz oder in der Nähe, den sie gewählt hatte:
Aber es ist doch wirklich nicht wichtig. Lass es doch los. Es geht nun darum, dass du vertraust! Bitte such nicht weiter, vertraue, dass ich den geeigneten Platz gefunden hatte und es ist nun vorbei. Schreib es in deinem neuen Buch. Das Buch wird gebraucht und wird für viele Menschen wichtig sein. Konzentriere nun deine Energie darauf und löse dich immer mehr von dem Ort. Du bist nun frei! Ich liebe dich sehr!

Ich habe trotzdem draußen weitergesucht ob ich sie nicht doch finde und tagelang geweint und getrauert. Eine Woche nach ihrem Verschwinden klingelte eine Nachbarin ganz aufgeregt an meiner Tür. Sie sagte mir, dass eine Frau aus ihrem Haus ihr erzählt habe, dass sie eine streunende schwarze Katze ins Tierheim gebracht hatte, weil sie offensichtlich krank war. Ich rief sofort in dem Tierheim an und tatsächlich passte die Beschreibung zu meiner Sheela. Ich fuhr gleich hin und fand sie in einer Box im Quarantäne-Raum. Sie wirkte ganz apathisch und wollte erst gar nicht zu mir. Als ich sie überglücklich und schluchzend auf dem Arm hatte drückte sie fest ihren Kopf an mein Gesicht. Alle um uns herum waren von diesem Anblick solch tiefer Innigkeit sehr beeindruckt und berührt.

Trotz all meines Glücks, dass sie noch lebte und es ihr recht gut ging, war ich sehr irritiert und ärgerlich. Warum hat sie mir die Unwahrheit übermittelt? Sie sagte mir dazu:
Ja, ich gebe zu, es war eine Notlüge. Ich hatte mich damit abgefunden, dort in dem Käfig zu bleiben und nach einiger Zeit hinüber zu gehen. Ich habe gemerkt, es ist nicht einfach. Ich habe viel geschlafen und war in den Phasen schon oft dort wo ich hin will. Habe dann auch Kontakt mit meiner Familie. Aber es ist nicht so einfach hinüber zu gehen, wenn die Menschen das verhindern wollen. Ich wollte, dass du dich damit abfindest und beruhigt bist. Es tut mir leid, dass es nun alles so kompliziert ist und du so einen Stress und Ärger durch mich hattest. Das wollte ich nicht! Es ist nun aber doch schön, nochmal hier zu sein an diesem schönen Platz und deine Liebe zu spüren. So so schön! Danke dir, Danke!

Und Jimmy frage ich, warum er mich angelogen hat:
Ach, es wäre doch eine gute Lösung gewesen, wenn du sie dort gelassen hättest. So wie es mir damals ergangen ist. Das war doch okay. Und … benutzt du nicht auch ab und zu Notlügen, noch in letzter Zeit? Frage dich, wie du das bewertest!
Und Sheela ist doch nun immer öfter bereits hier, wenn sie bei euch schläft. Gut, sie hat es noch nicht vollbracht. Noch nicht! Die Zeit ist nah!

Zeit ist relativ! Im Dezember habe ich Sheela wieder gefragt, wie es ihr geht:
Mein Körper brennt, mein Rücken und meine Beine tun weh! Es ist alles so mühsam. Es ist doch nun eigentlich genug. Bitte hilf mir, nun bald gehen zu können. Ja, noch schmeckt mir das Futter. Das ist schon schön, dass du für mich immer leckeres Futter hast. Das macht mir noch Freude. Alles andere lässt sehr nach … meine Augen und das Hören. Es ist alles wie gedämpft. Lass uns nun bald Abschied nehmen. Ich war eine lange Zeit bei euch. Nun kann ich nicht mehr, meine Kräfte lassen nach. Bitte lass mich bald erlöst werden, so wie Jimmy mir das beschrieben hat. Das ist doch eine gute Lösung. Ich werde dir ein Zeichen geben, wann es soweit ist.

Wie sieht das Zeichen aus?

Du wirst es dann wissen. Es wird nicht mehr lange dauern.

Ich habe ihr zur Entlastung pflanzliche Tropfen gegeben, die offensichtlich entspannend wirkten. Nach einigen Wochen habe ich sie wieder gefragt, wie es ihr jetzt geht:
Ach, zwischendurch ging es mir mal richtig gut. Da hatte sich alles etwas entspannt und ich konnte mich besser bewegen. Jetzt sind die Verspannungen wieder da und auch Schmerzen.

Wo hast du Schmerzen?
Ach, am Rücken, den Gelenken und auch im Bauch. Deshalb bin ich gerne nah bei dir, das tut mir gut, deine Wärme und Nähe. Das genieße ich auch tagsüber in unserem Bett, es ist weich und riecht nach dir. Ohne dich wäre ich schon lange gegangen. Ich genieße es noch etwas, in deiner Nähe zu sein. Noch schmeckt mir ja auch das Futter. Nur draußen ist es mir zu nass und kalt. So ist es eigentlich kein Katzenleben, deshalb träume ich den ganzen Tag und bin in Verbindung mit der anderen Ebene. Ich werde dort schon erwartet, sie meinen, ich solle doch jetzt dort bleiben.

Wer meint das?
Na, meine Familienmitglieder, meine Brüder, meine Mama. Sie sind doch alle dort. Ja und du kennst ja Jimmy. Der meint auch, ich soll dich endlich in Ruhe lassen. Aber ich weiß nicht, ob er nicht ein wenig neidisch ist?

Sollen wir nochmal zum Tierarzt fahren, dass er dir eine Spritze gegen die Schmerzen gibt?
Ach nein, lass mal! Vielleicht brauchen wir ihn eher, mir beim Übergang zu helfen. Ich weiß gar nicht, wie leicht das geht, ob ich das so schaffe? Lieber will ich bald hinüber gehen. Mir ist es sehr peinlich, dass ich so oft Pippi daneben mache. Ich habe das leider nicht mehr unter Kontrolle. Es tut mir leid! Ich weiß, das nervt und ist sehr lästig. Bitte sei mir nicht böse. Ich liebe dich und mache das nicht extra. Verzeih mir!

Ich bin dir nicht böse aber es nervt schon. Ich liebe dich doch! Es ist okay!
Danke! Ich werde dich bald erlösen.

Im letzten Frühjahr ging es ihr immer schlechter und ihre Kräften schienen weiter nachzulassen. Auf meine Nachfrage sagte sie mir:
Du musst Platz machen für Neues! Deshalb werde ich auch jetzt den Platz an deiner Seite räumen. Ich habe meine Aufgabe erfüllt, du bist da, wo du hin wolltest und solltest. Halleluja! Nun ist die Zeit für einen neuen Anfang in eine andere Phase. Lass dich überraschen.
Danke für deine Liebe und gute Versorgung, die Wärme und den Schutz. Du hast mich nochmal von dort zurück geholt. Das hättest du nicht machen müssen. Aber ich rechne dir das hoch an, mit welcher Liebe du mich abgeholt und hier trotz meiner Unzulänglichkeiten wieder aufgenommen hast. Danke dir dafür!
Nun ist wirklich der Zeitpunkt des Abschieds gekommen. Ich hätte gerne mich von meiner Schwester noch verabschiedet. Aber soll ich darauf warten? Es wäre schön, wenn das noch möglich wäre! Vielleicht kann sie ja noch einmal kommen. Dann arrangiere das mit dem Arzt, damit ich friedlich gehen kann. Jetzt ist das Leben kein Genuss mehr, das Futter schmeckt mir zwar noch, aber alles andere ist Quälerei und mühsam.

Einige Tage später kam ihre Schwester, meine Tochter zu uns und wir haben tränenreich von Sheela Abschied genommen. Allerdings ging es Sheela danach wieder deutlich besser, so als wäre der Besuch für sie eine Kraftquelle gewesen. Nun im Sommer lebte sie wieder richtig auf. Offensichtlich hat sie keine Schmerzen mehr und sie genießt die Wärme der Sonne. Ich hatte meine Geistigen Helfer gefragt, warum es der Katze nun wieder besser geht und sie noch da bleibt. Mir wurde gesagt, dass man mit ihr Kontakt aufgenommen hat, damit sie bereit ist, noch zu bleiben. Ich bräuchte noch ein Haustier an meiner Seite, bis das Buch erschienen sei. Meine Arbeit mit den Tieren soll Sheela noch begleiten, das sei derzeit noch erforderlich, diese Energie zu halten. Meine Sorge um Sheela wird sich lösen. Sie wird von sich aus gehen, wenn die Zeit gekommen ist.
Noch genieße ich die Zeit mit meiner Katze und es geht ihr offensichtlich gut!

•

Ein wunderschöner, 15 Jahre alter Schäferhund war das Lebenselixier einer älteren Dame. Sie hatte mein Buch gelesen und bat mich, Kontakt zu ihm aufzunehmen, weil er nur noch kurze Strecken laufen konnte und seine Hinterbeine Probleme machten. Auf meine Frage nach seinem Befinden sagte er: Es wird leider alles mühsamer, das Laufen tut mir mehr und mehr weh. Und ich spüre, dass meine Zeit hier bald zu Ende geht. Es fällt mir sehr schwer, Abschied zu nehmen. Ich hatte hier so ein wundervolles Leben mit so viel Liebe und Fürsorge … besser kann es wohl einem Hund nicht gehen … es war paradiesisch mit meinem lieben Frauchen! Ja, sie hat den Impuls von mir richtig gespürt. Als das Buch ins Haus kam, wusste ich, das ist der Weg, ihr nochmal direkt Danke zu sagen. Wir sind tief verbunden und voller Liebe vernetzt. Auch wenn ich bald meinen Körper verlassen muss, werde ich mit ihr verbunden bleiben in ihrem Herzen. Das wird nicht enden! Sie soll dann nicht traurig sein wenn ich gehe, sondern an die schöne gemeinsame Zeit denken. Ich möchte nicht, dass sie traurig ist, das würde mir wehtun, denn ich bleibe dann noch eine Zeit bei ihr. Versprochen!

Dein Frauchen stellt sich schon auf den Abschied von dir ein, möchte aber nicht, dass du eine Spritze vom Arzt bekommst sondern dass du zu deiner Zeit gehst!
Ja, ich werde es versuchen, den richtigen Moment für mich zu finden. Ich weiß es noch nicht, wie ich es mache. Es fällt mir sehr schwer, Abschied zu nehmen, ich möchte so gerne noch bleiben. Ich weiß aber auch, dass Quälerei und zu viel Schmerzen sinnlos sind. Also schauen wir, wann es passt!
Es ist so schade, dass ich mich nicht mehr so bewegen kann wie früher, aber wir hatten eine wundervolle Zeit zusammen, dafür bin ich so dankbar und das habe ich so genossen. Wenn die Schmerzen nicht so arg sind, genieße ich es immer noch … solange es geht. Ich liebe mein Frauchen so, habe sie in mein Herz genommen! Sag ihr das. So, so sehr liebe ich sie!
Sie hat so ein großes Herz und sie soll sich bitte für andere Tiere einsetzen, denen es nicht so gut geht wie mir. Es ist manchmal nicht viel, was man tun sollte. Wichtig ist, sein Herz für die Tiere öffnen und Impulse für Verbesserung zu setzen. Es gibt leider immer noch so viele Qualen für Tiere oft durch Achtlosigkeit, Gleichgültigkeit der Menschen. Es geht darum, das Bewusstsein zu schärfen und den Respekt vor dem Leben generell zu stärken. Ach, es ist manchmal nur ein kleiner Schritt, um den Blickwinkel zu verändern. Das liegt mir noch am Herzen bevor ich gehe:

Lebt die Liebe, öffnet Euer Herz, lasst die Liebe alles durchdringen!

Und sag meinem Frauchen nochmal Danke für Alles! Danke für ihre Liebe! Und sie soll nicht traurig sein, wenn ich bald gehe! Ich liebe sie!

Etwa einen Monat später schrieb mir die Dame, dass ihr Schäferhund von ihr gegangen ist. Er sei bereit gewesen zu gehen und ich sollte ihm ihren Dank für seine Liebe ausrichten. Sie wollte gerne wissen, wie er den Übergang erlebt hat und ob sie alles richtig gemacht hat. Ich frage ihn: *Wie geht es dir dort?*
Oh, ich bin jetzt erlöst. Es ist nun alles leichter und hell. Die körperlichen Beschwernisse sind nun verschwunden und ich fühle mich schwebend. Es ist wundervoll, nun hier zu sein, obwohl der Abschied mir sehr schwer gefallen ist. Du weißt ja …

Wie hast du deinen Übergang erlebt? Dein Frauchen fragt, ob sie alles richtig gemacht hat.
Es war alles gut! Der Übergang war sehr leicht, ich hatte lichtvolle Hilfe und Begleitung. Mein Frauchen hat mit ihrer großen Liebe mir sehr geholfen. Wenn die Liebe fließt gibt es kein „falsch". Dann ist alles gut so, wie es ist. Die letzte Phase war zwar quälend, aber aus dieser Sicht nun hier ist das schnell vergessen.
Ich danke meinem Frauchen sehr für ihre Liebe und unsere Verbundenheit. Sage ihr, dass diese bleibt! Wir sind im Herzen verbunden in großer Liebe!

Ich soll dir von ihr sehr danken für all deine Liebe! Sie war sehr glücklich mit dir!
Ja, das ist schön! Und das habe ich doch gespürt … und ich weiß es doch! Ja, ja und immer wieder Danke!

Und sie hat noch eine große Bitte, dass du ihr hilfst, bald eine kleinere Wohnung zu finden.
Oh, damit bin ich im Moment etwas überfordert. Ich muss mich hier erst regenerieren. Das ist ein Aufgabenbereich, dafür sind andere Geistwesen zuständig. Sie soll bitte ihren Wunsch an die Engel richten, die mit der reinen göttlichen Kraft verbunden sind. Von dort bekommt sie dann Unterstützung.

Ich kann ihr derzeit nur meine Liebe senden und ab und zu bei ihr sein. Mehr kann ich in dieser Phase noch nicht, ich muss mich erst neu orientieren und in Harmonie bringen. Dann werde ich alles in meinen Möglichkeiten gegebenes als Unterstützung veranlassen.
Ich wünsche ihr alles Gute auf ihrem Weg! Sie soll nicht traurig sein, mir geht es jetzt gut und unsere tiefe Liebe bleibt!

Drei Monate später bittet die Dame mich, ihren Schäferhund noch einmal zu kontaktieren. Nach meiner Kontaktaufnahme sagt er mir:
Oh, es ist wunderschön hier und ich bin auf einem guten Weg, mich zu regenerieren. Noch darf ich mich ausruhen und reflektieren. Und ich berichte den anderen von meinen Erfahrungen. Ich erzähle, wie gut es mir ergangen ist mit meinem lieben Frauchen.
Ja, und ich besuche sie oft, um sie zu trösten.

Ja, sie möchte sich bei dir bedanken für die schöne Zeit! Und sie denkt oft an dich! Sie fragt, ob es in Ordnung ist, wenn sie mit dem Pendel Kontakt zu dir aufnimmt?
Ja, wir hatten eine schöne Zeit zusammen, dafür bin auch ich dankbar! Und natürlich spüre ich, wenn sie an mich denkt. Das Pendel brauchen wir nicht, um Kontakt aufzunehmen. Aber es ist okay, wir können uns darauf einigen, dass sie mir auf dem Weg Fragen stellt und ich versuche zu antworten. Nach meinem Verständnis gehen dann nur Ja/Nein-Antworten?

Ja, das ist wohl so. Das wäre doch eine gute Möglichkeit für dein früheres Frauchen, dir Fragen zu stellen!
Ja, das können wir gerne versuchen … ist ja spannend. Wir werden sehen, wie das funktioniert. Ich bin bereit!

Siehst du eine Möglichkeit, bei der Wohnungssuche zu helfen?
Dazu muss sie bereit sein, sich führen zu lassen. Es ist energetisch nicht gut, wenn sie von Wohnungsnot spricht … das blockiert sie. Sie soll sich öffnen und bereit machen für was Neues. Ihr Menschen habt die Macht und Möglichkeit zu manifestieren. Nutzt dies! Der Weg ist, mit dem Herzen stark

zu wünschen und zu visualisieren, was gewünscht ist. Mit den Gefühlen unterstützen und vorstellen, dass es vollbracht ist.
Ich kann mich von Geistigen Helfern unterstützen lassen, die Möglichkeiten zu verbessern. Dafür ist, wie gesagt wichtig, dass sie sich öffnet und ihren Impulsen nachgeht. In der gewünschten Umgebung nachfragen und das Feld dafür bereiten. Die Geistigen Helfer haben es schwer, wenn ihr Menschen nicht den gegebenen Impulsen nachgeht und euch mit dem Verstand blockiert. Also, lasst uns das üben!

Was hältst du davon, dass wieder ein vierbeiniger Freund in die Familie kommt?
Ja, wir kommen doch als Helfer und Unterstützer zu euch in die Familien. Das bereichert immer. Wenn die Bereitschaft da ist, wird das passende Wesen kommen. Es wird für mein geliebtes Frauchen sicher wieder mehr Freude ins Leben bringen und ihr Herz erfrischen.
Sag ihr, ich liebe sie sehr und sehe sie ungern so traurig. Mir geht es besser, wenn wieder mehr Fröhlichkeit in ihr Leben kommt und sie die Welt wieder genießen und sich freuen kann. Das wünsche ich mir sehr! Wir sind tief auf Herzensebene verbunden und ich bin bei ihr, wenn sie mich braucht!
Ich liebe sie sehr!

•

In der letzten Lebensphase der geliebten Haustiere stellen sich ihre Menschen meist die Frage, wann der „richtige" Zeitpunkt ist, das Tier durch eine Spritze zu erlösen, weil es Schmerzen hat und sich offensichtlich quält. Es ist nicht einfach diesen richtigen Moment zu erspüren. Mir selbst geht es zur Zeit ja auch so mit meiner Katze Sheela. Wann möchte sie die Hilfe oder ist es noch zu früh? Fragen, die uns sehr verunsichern, denn wir möchten nichts falsch machen und die beste Lösung für unser Tier.

Einen 15 Jahre alten Kater habe ich kurz vor seinem Tod begleitet, um den passenden Zeitpunkt des Übergangs zu erfragen. Er war schon sehr geschwächt, denn er hatte ein dickes Geschwulst im Hals. Ich nahm Kontakt mit ihm auf und fragte ihn:
Warum frisst du nichts?

Ach, es ist so mühsam zu schlucken. Es drückt immer mehr im Hals und es brennt im Maul.

Du müsstest aber deine Tropfen bekommen, damit es dir besser geht!
Ach, es ist doch alles so quälend. Es wird nun eigentlich immer schlimmer.

Möchtest du lieber auf die andere Ebene gehen?
Oh, es fällt mir sehr schwer, Abschied zu nehmen. Sie liebt mich doch so und das ist so schön! Und wenn ich gehe, wird ihr Herz noch schwerer. Sie hat doch schon genug Probleme …

Aber sie möchte auch nicht, dass du leidest, das belastet sie auch!
Er seufzt und weint etwas.
Ich weiß gar nicht … ich würde gerne noch bleiben.

Morgen fährt dein Frauchen mit dir zur Tierärztin. Sie könnte dir eine Spritze geben und du würdest dann ganz sanft in die andere Ebene gleiten können. Wäre das ein Weg für dich?
Er schaut mich mit großen Augen an und überlegt.
Sie möchte die beste Lösung für dich, deshalb hat sie mich gebeten, dich zu fragen!
Oh, morgen schon?

Nur wenn du es möchtest! Wenn du nichts mehr fressen kannst wird es eh nicht mehr lange gut gehen!
Oh, so schnell möchte ich bitte noch nicht gehen! Ich brauche noch etwas Zeit, mich zu verabschieden. Das ist doch ein Prozess, damit ich dieses Leben abrunden kann. Bitte, gebt mir noch etwas Zeit. Morgen noch nicht! Bitte!

Sein Frauchen hat noch etwa drei Wochen gewartet, bis sie mich erneut bat, mit ihm zu sprechen. Auf meine Frage: *Wie geht es dir?* Sagt er mir:
Ach, … **Er stöhnt.** …es ist sehr mühsam und schwer, es tut weh … ach …

Möchtest du jetzt hinüber gehen?
Er seufzt. Ach … Es kommt ein zartes: Ja!

Soll dir morgen die Ärztin helfen beim Übergang?
Er schaut mich lange an. Morgen?

Morgen oder erst nächste Woche?
Ach ja, dann ist es jetzt wohl soweit. **Er weint.** Ja, es ist wohl besser. Jetzt, das ist so quälend, mein Zustand des Körpers ist nicht mehr in der Würde. Ja, dann soll es jetzt sein!
Oh oh, ich bin ihr so dankbar, wie liebevoll sie mit meiner Situation umgeht. So voller Liebe und Geduld! Danke, dass ich jetzt noch die Phase hatte, hier Abschied zu nehmen. Danke, Danke für all die Liebe! Es fällt mir schwer zu gehen. Doch es ist jetzt rund! Okay!

Möchtest du in dem Wäldchen an der alten Wohnung begraben werden?
Ach, das ist dann egal. Den Bereich da bei den Bäumen wo wir früher gelebt haben, ja den habe ich sehr geliebt. Dort habe ich mich wohl gefühlt. Das wäre ein passender Platz für meinen Körper.
So als Asche in einer Dose … nein, das möchte ich nicht!
Aber egal wo mein toter Körper ist, ich werde in Verbindung mit ihr bleiben auf der Herzebene! Ganz sicher!

Lebe wohl du tapferer, stolzer Kater, ich wünsche dir alles Gute auf deinem Weg!
Danke! Weine nicht Liebes. Ich weiß, dass es mir bald gut geht und ich in der Liebe bin!

•

Mit einigen Tieren, die eingeschläfert wurden habe ich nach ihrem Tod Kontakt aufgenommen und sie fragen können, wie sie den Übergang erlebt haben. In meinem ersten Buch gibt es bereits einige Berichte von verstorbenen Tieren dazu, die möchte ich hier jedoch nicht wiederholen.

So bat mich eine Frau, mit ihrem Kater Kontakt aufzunehmen, mit dem sie 16 schöne Jahre zusammen verbracht hatte. Nachdem sie ihn hat einschläfern lassen, war ihre Trauer so heftig, dass sie in ein tiefes Loch fiel. Nun stand seine Asche in einer Pyramide aus Marmor auf ihrer Fensterbank und

sie wollte mehr Klarheit zu seinem Übergang. Ihr Kater sagte mir auf meine Frage: *Wie geht es dir?*
Mir geht es jetzt wundervoll! Es ist so schön hier, alles ist so leicht und unbeschwert, liebevoll. Aber mir fehlt schon mein altes, vertrautes Zuhause mit den Möglichkeiten, die der Körper bietet obwohl es dann doch schwer und mühsam wurde. Und die Liebe meines Frauchens fehlt mir, das Streicheln, Kraulen und die körperliche Nähe. Bin sehr traurig, dass das nun vorbei ist! Aber es geht auf anderer Ebene weiter und wir sollten freudig das Schöne in Erinnerung behalten. Danke für das schöne Leben, das ich zuletzt haben durfte mit all den Annehmlichkeiten. Danke an mein Frauchen!

Sie hatte den Eindruck, du hattest große Angst, als die Ärztin dir die Narkose-Spritze gegeben hat. Es tat ihr so leid, dass sie dich festhalten musste. Bist du trotzdem friedlich eingeschlafen?
Oh, natürlich habe ich gespürt, dass damit das Ende gesetzt werden sollte und ich wollte noch nicht gehen. Ich wäre so gerne noch bei ihr geblieben! Der Übergang war dann okay, etwas abrupt, aber … ja, friedlich … so schön in ihren Armen. Aber doch dann endgültig gehen zu müssen war schon hart für mich … musste aber wohl sein … wie auch immer, es ist, wie es ist! Ach, schade!

Manchmal hatte dein Frauchen das Gefühl – vielleicht war es auch nur ihr schlechtes Gewissen – dass du geglaubt hast, seitdem die neue Hündin bei euch war, habe sie dich etwas vernachlässigt. Wenn du so empfunden hast, tut ihr das sehr, sehr leid! Sie hat dich immer sehr geliebt, auch wenn sie sich um die Hündin kümmern musste. Sie vermisst dich sehr!
Oh, ich vermisse sie auch sehr! **(weint etwas)** Ich habe sie auch sehr geliebt, wohl anders als ihr Menschen. Aber ich habe unsere tiefe Herzensverbindung gespürt und sehr genossen. Deshalb habe ich mich auch gewehrt, gehen zu müssen. Aber nun merke ich, dass diese Herzensverbindung ja bleibt und das ist so schön!
Ach mit dem Hund, das war schon okay, sie brauchte ja auch die Liebe meines Frauchens. Aber es ist ja so, dass Liebe nicht aufgeteilt werden brauch sondern für Alle unendlich ist, wenn sie fließt. Es ist wie ein Fluss, der alles umströmt. Ich habe schon noch genug Zuwendung abbekommen, da

braucht sie kein schlechtes Gewissen zu haben. Solange die Liebe fließt ist alles gut!
Sie soll nicht traurig sein, sondern sich freuen, dass wir so lange zusammen sein konnten … und die Verbindung bleibt ja. Ich bleibe in ihrem Herzen! Ich liebe sie so! Alles ist gut!

•

Wenn die Menschen wüssten, dass sie ihre Tiere mit ihren Gefühlen und Gedanken telepathisch auf diese Art des Übergangs vorbereiten können, wäre es für beide leichter und mit weniger Stress verbunden.

Wegen dieser Unsicherheit, ob es der richtige Zeitpunkt für das Einschläfern bei einer Hündin war, wurde ich gebeten, etwa drei Monate nach dem Tod mit ihr Kontakt aufzunehmen.
Auf meine Frage, wie es ihr dort geht, sagte die Hündin:
Oh, wie schön, dass du den Kontakt zu meiner früheren Familie ermöglichst. Ich freue mich! Mir geht es hier sehr gut. Hab hier alles, was ich brauche, um glücklich zu sein. Es ist wirklich wunderschön hier. Gut zum Ausruhen und Regenerieren. Das ist immer noch für mich dran. Das Leben auf der Erde braucht viel Energie, davon muss ich mich noch erholen.

Dein früheres Frauchen fragt, ob die Entscheidung beim Tierarzt vorschnell war? Sie wollten alle nicht, dass du leiden musst. Sie macht sich Vorwürfe, etwas übersehen zu haben und du warst und bist ihr immer noch sehr nah!
Es war alles gut so, es war ein sanfter Übergang. Es war schon eine Hilfe von dem Arzt mit dem Piecks. Ich konnte so leichter hinübergleiten. Ja, ich hatte Schmerzen, war dadurch sehr angespannt. Zeiträume spielen aus hiesiger Sicht keine Rolle. Es war meine Zeit zu gehen. Schwere körperliche Einschränkungen kommen im Alter, um den Übergang zurück in die wahre Heimat zu erleichtern und anzukündigen. Durch Schmerzen fällt dann der Abschied nicht so schwer.
Ich habe die Liebe von meiner damaligen Familie sehr gespürt. Es war großartig, wie ich geliebt wurde! Es war schon besonders und ohne gleichen. Danke, Danke dafür … für diese intensive, tiefe Liebe!

Dein früheres Frauchen fragt, was sie, ihr Mann und ihre Tochter noch zu lösen haben, weil du die familiäre Situation immer sehr intensiv mitbekommen hast? Es war wohl nicht immer einfach für dich.
Oh, ich kenne das gut, Rudelkämpfe! Eigentlich normal, man lernt aneinander. Ich hing zwar manchmal dazwischen, aber da ich ja nicht direkt betroffen war … kein Problem für mich, war okay.
Jeder sollte versuchen, sich in die Position und Situation des Anderen hinein zu fühlen, die Sichtweise ändern und dadurch das Verhalten des Anderen zu verstehen. Verlasst öfter eure festgefahrene Ansicht oder Meinung und seid immer wieder neu offen für Veränderungen bei den Anderen. Alles ist im Fluss! Wenn man sich ein Urteil oder Ansicht gebildet hat, kommt man dann nicht mehr so schnell mit, was beim Anderen passiert. Dann gibt's Konflikte, Unverständlichkeiten … ja, dann sollte man den Standpunkt ändern … möglichst schnell, denn der Lebensfluss wird immer rasanter. Also flexibel bleiben, offen und emphatisch … dann findet ihr euch wieder zusammen.

Sie sagte mir noch, dass alle sehr traurig sind. Sie sind sehr froh, dass du fast 14 Jahre ihr Leben mit ihnen geteilt hast und sie danken dir von ganzem Herzen dafür! Es war für sie alle eine Bereicherung.
Oh, ja, wie schön war es mit ihnen zusammen. Ich habe es sehr genossen, so verwöhnt zu werden und ein so komfortables Leben zu haben. Danke ihnen auch für all ihre Liebe von Herzen, tausend Dank! Und nun bitte nicht mehr traurig sein … switscht das um in Glück und Freude über die Zeit, die wir zusammen hatten. Ich liebe sie alle sehr und bin noch immer sehr verbunden! Es stimmt … niemals geht man so ganz!
Dabei zwinkert sie mit einem Auge und verschwindet dann.

•

Auch diese Hündin sollte ich fragen, ob das Einschläfern für sie in Ordnung war.
Ich nahm Kontakt mit ihr auf und fragte sie: *Wie geht es dir jetzt?*
Oh, hier geht es mir nun sehr gut! Die letzten Phasen bei euch auf der Erde waren körperlich sehr mühsam. Aber das ist der Lauf der Dinge und gehört zum natürlichen Prozess. Wehen sind auch bei der Geburt normal.

Wie war das Einschläfern für dich, war es für dich in Ordnung?
Ach, es hat den Übergang sehr erleichtert. Ich habe gespürt, dass mein Frauchen das Beste für mich wollte und sie mit ihrem Herzen dabei war. Das ist doch dabei das Allerwichtigste. Ich habe ihre Liebe gespürt und wir konnten vorher Abschied nehmen. Das war so wunderschön! Es war dann gut, einen einfachen Übergang zu haben. Es war vollkommen okay, dabei etwas Unterstützung zu bekommen. Die Endphase kann sehr quälend sein, das wurde mir erspart. Das ist doch wunderschön und ich konnte ganz entspannt hinübergleiten, ganz in Ruhe … so wunderschön! Sie soll sich keine Sorgen und Vorwürfe machen, es war genau die richtige Entscheidung. Wichtig war mir doch dabei, ihre Liebe und ihr Mitgefühl zu spüren! Ihre Tränen und ihre Trauer haben mir den Abschied schon schwer genug gemacht. So wurde der endgültige Abschied erleichtert.

Aber wir sind doch auf der Herzebene verbunden. Nur meinen Körper habe ich abgelegt. Unsere Liebe bleibt und nichts kann sie mehr trüben, keine körperlichen Probleme stehen mehr im Weg.
Das soll sie wissen, ich bin ihr unendlich dankbar für ihre Liebe und ihre Fürsorge! Danke, dass ich ein so wundervolles Hundeleben bei ihr haben durfte. So ein Privileg hat nicht jeder Hund. Das war schon etwas Besonderes zwischen uns. Aber das weiß sie ja selbst, das hat sie ja gespürt. Und das habe ich mit auf diese Ebene genommen. Es war sehr bereichernd, so etwas erleben zu dürfen. Danke, Danke dafür!

Nun sollte sie sich mehr Zeit für sich selber nehmen, hinein spüren, welche Themen sich bei ihr nun melden. Es ist sehr wichtig, dass ihr Menschen immer mal wieder schaut, was sich in eurem Inneren zeigt, was gesehen und angenommen werden möchte. Da ist bei ihr in letzter Zeit einiges verdrängt worden, weil sie sich nicht die Muße genommen hat, sich damit zu beschäftigen. Sicher weiß sie es selbst.
Die Zeit der Trauer um mich ist nun vorbei, weil wir doch nach wie vor verbunden sind und sie nun weiß, dass es mir gut geht und ich nun regeneriere.
Es ist Alles gut! Ich liebe sie sehr und unsere Herzen bleiben verbunden!
Sag ihr nochmal danke für Alles und danke für ihre Tränen um mich! Danke!
Ich schicke ihr Licht und Liebe!

Ich danke dir!
Oh, gerne und auch dir Danke für die Übermittlung!

•

Mit einem Kater sollte ich sieben Wochen nach seinem Tod Kontakt aufnehmen und ihm einige Fragen stellen.
Er antwortet mir auf meine erste Frage: *Geht es dir gut, wo du jetzt bist?*
Oh, es ist jetzt hier wundervoll! Es ist so voller Liebe und hellem Licht, leichte Schwingungen und Klänge. Es ist so phantastisch schön, wie ihr euch das in der schweren Erdatmosphäre gar nicht vorstellen könnt. Und ich werde betreut und umsorgt, damit ich wieder regeneriere und all die Erfahrungen und Erlebnisse verarbeiten kann, um sie später in der Seelenfamilie zu integrieren.
Ja, und ich habe schon hier meine liebe Familie getroffen ... welche Freude, alle wiederzusehen! Sie sind alle sehr beschäftigt aber wir können uns sofort treffen, wenn wir es möchten ... einfach so, nur wenn man dran denkt. Ist das nicht praktisch!?
Aber trotzdem bin ich noch immer sehr traurig über unseren Abschied, dass ich nun nicht mehr körperlich bei ihm sein kann. Wie schön war es, bei ihm zu sein ... so schön, seine Liebe zu spüren!

Das soll ich dich fragen, ob du dich bei deinem Herrchen wohlgefühlt hast oder hätte er etwas anders machen sollen?
Ach, na klar habe ich mich bei ihm wohlgefühlt. Warum fragt er das denn, das muss er doch gespürt haben!? ... Hätte er etwas anders machen sollen? ... Ihr Menschen steht euch oft mit euren Gedankenungetümen selbst im Weg! Er hat alles so auf seine Art und nach seinem Gefühl gemacht. Und das war alles so passend und stimmig! Ich liebe ihn und dann ist es doch egal, wie wer was macht ... Hauptsache, die Liebe fließt! Und die ist geflossen. Das ist das Wesentliche!

Wie waren die letzten Wochen vor deinem Tod für dich? Er fragt sich immer wieder, ob es richtig war, dir die Entscheidung abzunehmen und dich von deiner Krankheit zu erlösen. Vielleicht hättest du noch gar nicht gehen wollen?

Die letzte Zeit war natürlich sehr quälend und mühsam. Es war dann wirklich eine Erlösung, denn jetzt danach ist es doch einfach wunderschön und leicht. Die körperliche Schwere ist schon sehr belastend, wenn der Körper nicht mehr so funktioniert und die Lebensfreude weg ist. Und die Liebe bleibt ja, die ist dadurch ja nicht durchbrochen. Es war schon alles gut so, er hat den richtigen Zeitpunkt für sich und für mich gefunden.
Wisst Ihr, in der Natur sorgen andere Kräfte für den Übergang, wenn der Zeitpunkt gekommen ist. Wir Haustiere haben diese Natursphäre verlassen, so ist es zu akzeptieren, dass unsere Menschen dafür sorgen, so wie sie uns vorher auch mit allem versorgt haben. Ein natürlicher Lauf der Dinge ist unter den gewählten Bedingungen nicht mehr gegeben. So ist es okay, wie es gelaufen ist. Trotzdem hat es mir einen Stich ins Herz gegeben, so abrupt zu gehen! So schade, dass diese Phase zu Ende ist!

Werdet ihr, dein Herrchen und du euch wiedersehen?
Also, ich besuche ihn gelegentlich als Geistwesen, um nochmal die schöne Atmosphäre zu spüren. Es macht mich aber traurig, dass ich nicht mehr körperlich da sein kann. Vielleicht spürt es es, wenn ich an meinen gewohnten Plätzen bin. Ich denke, dass wir uns später auf dieser anderen Ebene begegnen können, wenn wir es beide wollen. Ja, ja!
Zunächst werde ich nach meiner Regeneration zu meiner Seelenfamilie zurückkehren. Was dann wird, wird sich zeigen.

Fändest du es schlimm, wenn er irgendwann einen anderen kleinen Freund bei sich hätte?
Oh, das wäre doch wundervoll für ihn, wenn er sich für einen neuen Begleiter und Lehrer öffnet. Es ist wichtig, dass er sein Herz wieder mit Freude erfüllt und wieder lachen kann. Das ist mir doch wichtig, dass er nicht mehr traurig ist, sondern wieder Lebensfreude spürt! Unsere Geistigen Helfer werden das schon arrangieren, dass das passende Wesen zu ihm kommt.

Hast du einen Wunsch, wo er deine Urne begraben soll?
Ach je, das ist mir total egal. Das ist für mich nicht mehr von Bedeutung! Es ist entscheidend, dass es für ihn stimmig ist. Diese irdischen Dinge sind mir hier jetzt sehr fern und unwichtig.

Ich lese dem Kater einen Brief von seinem Herrchen vor, in dem er schreibt, dass er ihm immer noch sehr fehle. Er möchte seinen Kater wissen lassen, dass er für ihn mehr als eine Katze war, er war und ist sein bester Freund. Niemand anders hätte ihm so oft ein Lächeln in sein Gesicht gezaubert wie er.
Wir beiden weinen zusammen vor Rührung!
Oh ja, wie schön! Ja so war es, es war etwas Besonderes und unsere Liebe war sehr tief! Er soll wissen, dass wir immer mit unseren Herzen verbunden bleiben … die Liebe bleibt! Und ich danke ihm für die großartige Zeit, die wir zusammen hatten, für seine Liebe und wie er mich verwöhnt hat. So wundervoll war das! Durch meine Krankheit und unseren Abschied ist er nochmal tiefer an seine Gefühle gekommen. Dafür war das Opfer von mir wichtig … intensiv zu seinen Herzempfindungen zu kommen fällt euch Menschen oft schwer. Dabei helfen wir Tiere euch gerne. Das ist unsere Aufgabe! Ich war sehr gerne bei ihm und liebe ihn sehr!
Sag ihm das, wie sehr ich ihn liebe!

Ja, ich spüre es und ich werde es ihm ausrichten! Ich danke dir!
Oh, ich danke dir auch! Und auch dir alles Liebe aus der anderen Ebene!

Es ist so wundervoll für mich, solch liebevollen Aussagen den Menschen zu übermitteln. Immer wieder bin ich dankbar dafür! Wir sollten uns dadurch bestärkt fühlen, dass wir uns meist auf unsere Intuition verlassen können und das Richtige zum passenden Zeitpunkt tun.

●

Zu einer verstorbenen Hündin sollte ich Kontakt aufnehmen, weil ihr Frauchen sich große Sorgen machte, ob sie am Todestag sehr gelitten hat.
Die Hündin kommt zu unserem Gespräch freudig angesprungen und ich sage ihr:

Schön, dass du gekommen bist!
Oh ja, ich freue mich schon, meinem geliebten Frauchen etwas mitteilen zu können!

Ja, sie möchte wissen, wie es dir geht und wie es dir vor deinem Todestag erging und wie du diesen Gang empfunden hast?
Oh, du weißt es doch ... hier auf der anderen Ebene, wie ihr sagt, ist es doch so wundervoll, so voller Liebe, Wärme und Zartheit. Es ist so, so schön hier! Ja, ich fühle mich wohl hier.
Zuletzt war es bei euch auf der Ebene schon mühsam, weil der Körper alt geworden war. So war es zuletzt auch sehr quälend bis zum Übergang. Aber da war doch ihre Liebe, sie war doch bei mir und ich hatte so ein wundervolles Leben bei ihr. Da spielt das Körperliche keine wesentliche Rolle. Viel wichtiger ist es, geliebt zu werden und das habe ich gespürt und das tat so gut! Sie soll sich keine Gedanken mehr über meinen Übergang machen sondern mehr an unsere Liebe und die gemeinsame Zeit denken. Wir waren doch so tief verbunden! Und das besteht doch noch immer, unsere Herzen sind verbunden und ich bin doch noch sehr oft bei ihr. Das spürt sie sicher, dann soll sie an unsere Liebe denken! Das körperliche Empfinden ist sofort nach dem Wechsel in die andere Ebene vollkommen vergessen. Es spielt dann keine Rolle mehr, ist nicht mehr wichtig. Wesentlich sind dann alleine die Gefühle und die schönen Erinnerungen die bleiben. Und die Liebe, die besteht, die verblasst in keiner Weise!
Der Todestag, wie ich den empfunden habe? Es war viel Wehmut und Traurigkeit, weil wir Abschied von dieser Lebensphase nehmen mussten. Das hat sie wahrscheinlich so quälend empfunden. Für mich war der bevorstehende Abschied schlimmer als die körperliche Mühsal. Mein Herz war schwer vor Traurigkeit! Nachdem der Schritt vollbracht war, fühlte es sich sofort sehr leicht, unbeschwert an und es überkam mich diese Glückseligkeit, weil ich spürte, diese tiefe Liebe konnte ich mitnehmen, die bleibt! Und sie ist ja zwischen uns immer noch so lebendig!

Ja, dein Frauchen schreibt, sie hoffe, du weißt, dass sie dich so sehr liebt und es ihr so leid tut, wenn du Schmerzen gehabt haben solltest. Sie hatte auch einen schrecklichen Albtraum im Zusammenhang mit deinem Sterben!
Oh ja, ich spüre es doch immer noch, wie sehr sie mich liebt! Sie braucht sich bitte, bitte, keine Sorgen machen, ich weiß, sie hat ihr Bestes gegeben. Und das ist es doch, worauf es ankommt! Es war zum Schluss einfach mein Abschiedsschmerz, der es mir schwer gemacht hat. Das gilt es einfach anzunehmen! Es braucht dann auch eine Zeit der Trauer. Aber unsere Liebe bleibt ja!

Möchtest du ihr noch etwas sagen? Sie vermisst dich so sehr!
Ja, ich spüre es, dass sie mich vermisst! Wir sind doch noch immer tief verbunden. Sie kann sich jederzeit mit mir in Verbindung setzen, ich verstehe ihre Gefühle und das, was sie mir sagen will. Wenn sie sich dafür öffnet, wird sie auch meine Antwort erspüren. Das kann sie sicher auch so wie du. Sie kann es ja mal üben! Sie soll wissen, dass ich oft bei ihr bin, um sie mal wieder zu spüren. Das ist so schön! Ich liebe sie so sehr!

Ich danke dir!
Oh, so sehr danke ich dir für die Vermittlung!

•

Dramatischer sind Todesfälle durch einen Unfall, durch Vergiftungen oder andere Ereignisse.
So wurde ich gebeten mit einer Katze zu sprechen, die seit drei Jahren nach einem Umzug verschwunden war. Das Frauchen wollte gerne wissen, ob sie noch lebt. Als ich Kontakt zu der Katze aufnahm, spürte ich sofort, wo sie war.
Die Katze antwortete auf meine Frage: *Wie geht es dir?*
Mir geht es hier wundervoll! Ja, ich bin hinüber katapultiert worden, hier auf die andere Ebene.

Was war passiert?
Ich bin in der neuen Umgebung damals herumgelaufen und plötzlich war das Auto da, kam wie ein Pfeil aus dem Nichts angeschossen und hat mich getroffen. Es war ein heftiger Schlag und Knall und dann bin ich schon nach oben geschwebt und SIE haben mich in Empfang genommen und begleitet ins Licht.

Wer sind „SIE“?
Na, hier die hellen Wesen, die hier überall für uns da sind und uns betreuen, wenn wir es möchten. Sie sind sehr, sehr liebevoll, so bedingungslos liebevoll, wie ihr euch das auf der Erde gar nicht vorstellen könnt. Ja eben … reine Liebe! Und das ist so wundervoll!

Es ist schön, dass ich nun nochmal die Gelegenheit durch dich bekomme, das alles zu erklären … konnte mich ja nicht verabschieden. Sorry! Sag ihnen, es war sehr schön bei ihnen, ich hatte es paradiesisch und ich habe sie alle sehr, sehr lieb! Und ich vermisse hier meine Schwester, aber ich bin ab und zu mit ihr verbunden. Sag ihnen, Danke für ihre Liebe!

•

Eine erst 19 Monate alte Katze wurde ebenfalls von einem Auto überfahren. Einige Monate vorher hatte sie sechs Katzen-Babys bekommen, von denen zwei in der Familie geblieben sind. Die gestorbene Katzenmutter sagte mir auf meine Frage:
Wie geht es dir?
Oh, es ist so schön, nochmal mit meiner früheren Familie Kontakt aufnehmen zu können. Mir geht es hier auf der anderen Ebene paradiesisch gut! Ja, vielleicht stellt ihr Menschen euch das Paradies so vor, wie es hier ist.

Magst du es für uns beschreiben?
Ja, für uns Tiere ist der Übergang kein Drama, nur ein Schritt! Ich wurde empfangen und begleitet von wundervollen, lichtvollen Wesen, die mich hierhin gebracht haben. Hier ist einfach Harmonie, Schönheit, Vollkommenheit und … ja, Verbundenheit … was Ihr euch auf der Erde nicht vorstellen könnt. Um mich sind wundervolle Farben, Harmonien … so wie bei euch Musik … ist eher wie Klang. Es duftet und schwirrt vor Liebe von anderen Wesen, die hier sind.
Ich bin nun noch in einer Regenerationsphase. Mein Leben auf der Erde war sehr heftig in der kurzen Zeit meines Aufenthaltes, sodass ich nun einfach nur genieße und heile. Es gibt nichts zu tun, nur Sein … wie schön!

Nun bin ich gerne bereit, nochmal mein letztes Leben zu betrachten, das so abrupt endete.
Ich bin meinem Frauchen so unendlich dankbar für ihre Liebe und Ausdauer mit mir. Und ich bin total stolz, so tolle Babys bekommen zu haben, auch wenn es für mich sehr auszehrend war und es mich sehr geschwächt hat. Trotz allem war ich sehr glücklich mit meiner großen Familie, habe ja auch viel Unterstützung bekommen! Danke dafür!

Ja, wie kam es zu dem Unfall!? Es war eine Phase, in der ich noch geschwächt war und mir irgendwie alles zu viel … **(weint schluchzend)** Es war ein kurzer Moment, in dem ich dachte. „Es ist alles egal!" … ich war unaufmerksam, unkonzentriert. Das darf Katzen eigentlich nicht passieren … in dem Moment tat es mir unendlich leid! Ich wollte mein Frauchen nicht so verletzen … **(weint sehr)** …es hatte nichts mit ihr zu tun, es war meine Nachlässigkeit. Zu der Zeit fehlte mir die nötige Spannung.

Was meinst Du mit „Spannung"?
Es fehlt mir die richtige Bezeichnung dafür … vielleicht die Lebenskraft oder der Überlebenswille? Eher so die innere Kraft, die uns mit dem Leben verbindet und uns in Spannung bringt. Es war ein kurzer Moment der Schwäche, der dazu geführt hat. In dem Moment habe ich es total bereut, nicht aufmerksam gewesen zu sein. Aber die Wesen haben mich sofort beruhigt. Sie haben mir mitgeteilt, dass es so sein sollte. Meine Aufgabe war erledigt.

Was hattest du für eine Aufgabe?
Ich wollte die Herzen berühren! Besonders bei meinem Frauchen das Herz öffnen und sie auf ihren Lebensweg bringen … den Weg ihres Herzens! Ja, das ist die Botschaft an die Menschen: Lasst euch von uns Tieren berühren! Nicht nur in angenehmer Weise sondern auch durch unser Leid, was wir gerne im Rahmen unseres Auftrags auf uns nehmen. Das ist unser Beitrag zu einer lichtvolleren Welt, in der die Liebe wirken kann. Wir wollen dazu beitragen, die Herzen der Menschen zu öffnen … für uns Tiere, aber auch in erster Linie für euch Menschen miteinander.
So ist es großartig, dass ich dies nun durch dich nochmal zum Ausdruck bringen kann. Mein größter Wunsch an euch Menschen und auch an mein Frauchen: Lebt die Liebe, lasst das Licht wirken durch euer liebendes Herz! Es hört sich für Manche wohl schwülstig an …. aber das ist die Wahrheit … so klar und einfach!

Sag meinem lieben Frauchen tausendmal Dank für ihre Liebe und ihr offenes Herz! Ich liebe sie sehr und bin oft mit ihr verbunden. Sie soll die Trauer nun in Glück wandeln … ich bin ja noch da!!! Und es geht mir hier gut!

Ich danke dir für die Übermittlung!

•

Mit einem kleinen Kater sollte ich Kontakt aufnehmen, weil er verschwunden war. Nachbarn hatten beobachtet, dass er von einem Auto angefahren wurde und dann weggelaufen ist. Auf meine Frage: *Wo bist du, deine Menschen suchen dich?*
Ich bin nicht mehr auf eurer Ebene, ich kann leider nicht zurück kommen. Jetzt geht es mir hier gut!

Was war passiert?
Oh, ein Auto hat mich angefahren, ich konnte erst noch weglaufen aber sehr bald haben mich meine Kräfte verlassen. Es tat alles sehr weh und ich habe mich irgendwo verkrochen wo es dunkel war. Ich wollte mich ausruhen und regenerieren, bin dort eingeschlafen.
Es war dann wie ein Traum, ich bin nach oben geschwebt, es wurde sehr hell und Wesen waren bei mir und haben mich mitgenommen. Erst nach einiger Zeit habe ich realisiert, dass ich nun hier bin und nicht mehr in meinen Körper zurück kann. Die Verletzungen waren wohl zu stark.
Ich bin sehr traurig, dass ich mich nicht verabschieden konnte und nicht mehr wie früher bei meinen lieben Menschen sein kann. Ich besuche sie so ab und zu aber es ist natürlich völlig anders. Es tut mir so leid! Sie sollen nicht traurig sein, hier ist es jetzt wundervoll … so voller Liebe, wunderschönem Licht und meine Katzenfamilie ist ja auch hier. Das ist so schön, wieder mit ihnen zusammen zu sein. So schön!

Soll ich deinen Menschen noch etwas ausrichten?
Oh ja, sag ihnen, sie sollen nicht traurig sein. Wir hatten so ein schönes Leben zusammen. Sie sollen sich an das Schöne erinnern und mich im Herzen behalten. Ich liebe sie sehr und bin so unendlich dankbar für das liebevolle Leben dort!
Schade, dass es nun vorbei ist!

•

Bei einer verstorbenen Dackeldame wollte das Frauchen auch gerne Klarheit über die genauen Umstände des Ablebens ihrer Hündin. Auf meine Frage an das verstorbene Tier, wie es ihr jetzt geht:
Oh, es ist hier so wundervoll! Alles ist so voller Liebe und Wärme. Ich bin bei meiner alten Familie und wir sind unendlich glücklich miteinander.

Warst du mit deinen Menschen hier zuletzt und mit deinem Leben hier zufrieden?
Ja ja, das letzte Leben mit einem Körper war sehr schön. Ich wurde liebevoll versorgt und geknuddelt. Das fehlt hier natürlich, dieser körperliche Kontakt, die liebevollen Berührungen, das Streicheln … Ach!

Möchtest du deinem Frauchen oder deiner Schwester etwas mitteilen?
Oh, sag meinem Frauchen Danke für ihre Liebe. Es hat mir sehr wehgetan, wie traurig sie war, als ich in dieser anderen Ebene war. Es hat geschmerzt und auch sehr berührt. Es war so schade, dass ich so abrupt aus dem Leben dort gerissen wurde.
Mit meiner Schwester bin ich so in Verbindung, da brauchst Du nichts ausrichten. Wir stehen in Kontakt.

Wurdest du wirklich von einem Auto überfahren und hast du gelitten? Warum hast du nicht besser aufgepasst, du warst doch so klug?
Oh, ich konnte das Auto nicht kommen sehen, hab es auch nicht gehört. Es war so schnell wie eine Sternschnuppe, kam wie angeflogen … Es war nur ein Riesenknall und schon gleich bin ich davongeschwebt. Ich sah noch meinen Körper da liegen … dann nur noch die liebevollen, weißen Wesen, die mich begleitet haben hier hin. Es war dann ein sehr sanfter Übergang.
Ich war dann nur traurig, dass es so schnell ging und ich mich gar nicht verabschieden konnte. Und dann zu erleben, wie traurig alle waren, das hat mein Herz sehr berührt und auch schwer gemacht. Ach so schade, dass mein schönes Leben dort so schnell vorbei war. So schade! Es tut mir so leid, dass das so passiert ist. Sag ihr, ich liebe sie sehr und bin immer noch traurig, dass wir nicht mehr so wie damals zusammen sein können. Ich besuche sie ab und zu, aber sie nimmt das leider nicht wahr. Unsere Verbindung im Herzen bleibt! Meine Liebe zu ihr ist ewig!

Ich danke dir, ich bin sehr berührt von dieser tiefen Liebe!
Ja, hier ist eine so tiefe, unmittelbare Liebe möglich. Hier fließt sie und hat keine Einschränkungen, weder zeitlich noch sonst wie. Bedingungslose Liebe, das ist das was ist!
Danke dir für die Übermittlung und auch dir ein rosa Strahl dieser Liebe!

So wundervoll ist diese Liebe, von der ich bei diesen Kontakten profitieren darf! Es ist so berührend diese unendliche Liebe spüren zu dürfen!

•

Dringend sollte ich mit einer noch jungen Katze Kontakt aufnehmen, die kurz vorher überfahren wurde. Als ich ihr begegnete, zitterte und weinte sie und erzählte mir:
Oh, ich wollte noch nicht gehen! Ich weiß nicht, wie das passieren konnte. Es tut mir so leid für sie alle und meinen Bruder. Ich bin total durcheinander … aber nun kann ich leider nicht mehr zurück. Es war einfach plötzlich der Knall und schon war ich in der Luft und wurde mitgenommen. Es ging alles so schnell … ich hatte nicht gemerkt, dass ein Auto kam. Oh, was habe ich da angerichtet!? Es tut mir so, so leid!
Was soll ich sagen, hier werde ich wieder regeneriert und gepflegt und bin bei den Anderen und habe auch meine Mama getroffen. Sie konnte aber nicht lange hier bleiben, ist weitergezogen. Es ist alles noch schrecklich aufwühlend. Kann es immer noch nicht begreifen, was geschehen ist. **(weint wieder)** Es tut mir alles so leid! Bitte, sie sollen nicht so traurig sein. Ich bin hier jetzt in guter Betreuung. Werde mich schon wieder regenerieren.

Was können sie für deinen Bruder tun, er ist so traurig?
Ich bin mit ihm verbunden, er leidet mit mir. Aber er weiß, dass er den Job bei unserer Familie jetzt übernehmen muss. Das macht er auch gerne. Ich habe ihm eingeimpft, vorsichtiger zu sein, damit ihm das nicht auch so wie mir passiert. Er hat versprochen, aufzupassen.
Er spürt, dass es mir noch so schlecht geht und dass ich leide unter dem Abschiedsschmerz. Klar, leidet er auch, weil ich nicht mehr mit meinem Körper da bin und ich mich immer weiter entfernen werde. Noch bin ich öfter da, es

wird aber nachlassen. Er wird sich bald mit der Situation arrangiert haben. Es braucht alles seine Zeit! Wunden heilen mit der Zeit, es bleiben Narben aber man gewöhnt sich dran.

Sag allen, ich habe sie sehr, sehr lieb … vor allem mein Frauchen. Um sie tut es mir besonders leid, ich wollte sie nicht verletzen, sie hat so ein warmes Herz. Deswegen bin ich so traurig und verwirrt. Ich wollte ihr nicht weh tun … es tut mir so leid! Ich liebe sie so sehr …. **(weint bitterlich)**
Ich fühle mich so furchtbar, ich bin untröstlich …
Sie wird von lichtvollen Wesen getröstet und mitgenommen. Offensichtlich ist es zu belastend für sie.

Ich frage die geistigen Begleiter, warum das geschehen ist?
„Es ist geschehen! Wir können nicht alles verhindern. Es war nicht so vorgesehen. Dennoch ist es von Nutzen, damit sich ihr Bruder nun ganz der Menschenfamilie widmen kann. Er wird es verschmerzen.
Sie sollen ihn nun verwöhnen und ihm viel Zuwendung geben. Die braucht er jetzt, um wieder ins Gleichgewicht zu kommen.
Alles was geschieht hat auch positive Aspekte. Sie wird hier wieder regenerieren und ihr Weg geht weiter. Bleibt in der Liebe und im Vertrauen! Alles ist in Göttlicher Ordnung und kommt in Ausgleich. Bleibt in der Liebe! Segen über die liebenden Herzen!“

Nach etwa einem Monat habe ich nochmal mit der kleinen Katze Kontakt aufgenommen.
Sie sagte mir nun auf meine Frage: *Wie geht es dir?*
Hi, mir geht es jetzt hier richtig gut. Hab mich gut erholt und komme wieder in meine Mitte.

Ich soll dir ausrichten, dass sie dich alle sehr vermissen! Du sollst dich regenerieren und deinen Weg frei weitergehen. Du sollst keine Schuldgefühle haben, du hast nichts Falsches getan. Und du hast immer deinen Platz in ihren Herzen! Du fehlst ihnen jeden Tag.
Oh, danke für die tiefe Liebe! Das ist so schön! Ja, ich spüre das, ich spüre die Verbundenheit. Das wird auch bleiben, auch wenn es immer mehr verblassen

wird. Aber die Liebe bleibt! Auch mein Bruder kommt wieder mehr in seine Kraft.

Was hältst du davon, dass eine neue Katze in die Familie kommt?
Ja, für meinen Bruder ist das sicher gut. Und wenn sie damit der Katze helfen können, ist das gut. Für mich ist das okay. Das Leben geht weiter auf der Erde! Mein Platz ist jetzt hier.
Für die neue Katze ist das natürlich eine tolle Lösung in der liebevollen Familie. Es wird am Anfang vielleicht schwierig mit der Umstellung …. aber haltet durch. Es ist für Alle eine gute Lösung, wenn sie in die Familie kommt.
Ich wünsche ihnen viel Freude mit der neuen Katze und dass sie bald die Trauer überwunden haben. Mir geht es gut und ich liebe sie alle so sehr! Ich wünsche allen viel Freude zusammen! Ich bin mit ihnen in Liebe verbunden. Sag ihnen nochmal, dass sie nicht traurig sein sollen. Es ist alles gut!

•

Ein kleiner einjähriger Kater ist überraschend schnell gestorben, nachdem er erst kurze Zeit in der Familie war. Die Familie schrieb einen Brief an ihn, in dem sie ihren Schock und ihre Trauer über den plötzlichen Tod zum Ausdruck bringen. Sie formulieren ihre große Liebe zu ihm, dass er ihnen fehlt und möchten gerne wissen, warum und wodurch er gestorben ist. Er hatte ihnen einfach durch seine Präsens so viel Liebe gegeben. Ich nehme zu dem Kater Kontakt auf, begrüße ihn und lese ihm den Brief vor:
Oh, danke für die lieben Worte. Ich bin sehr gerührt! Ja, es war ein wunderschönes Zuhause bei ihnen, sie waren alle so lieb zu mir und es war ein Paradies für eine Katze. Nun, mein Leben war dort leider sehr kurz. Erst habe ich sehr damit gehadert, dass ich so schnell zurück musste. Aber mein Auftrag dort war erfüllt und auch der plötzliche Abgang war wichtig. Dafür habe ich die Schmerzen auf mich genommen. Es war ein kleineres Tier, was mich beim Jagen gebissen hat mit einem langen Schwanz ohne Fell, größer als eine Maus. Die habe ich ja problemlos fangen können. Aber das Tier war etwas größer und sehr aggressiv. Dadurch bin ich dann wohl so krank geworden.

Wofür war es wichtig, so schnell zu gehen und welcher Auftrag war erfüllt?
Ich sollte ihre Herzen berühren. Mein früher Tod hat sie alle näher zueinander gebracht. Es musste leider so ein Schock für alle sein, damit sie sich alle wieder zusammen finden als Familie. In dem Schmerz findet man wieder seine Wurzeln, seine Basis. Das war in der Phase in Gefahr zu zerbrechen. Durch diesen Einschnitt im Alltag hat es einen Ruck zur Besinnung gegeben, der dann sehr heilsam war durch die Trauer und den Abschiedsschmerz. Und im Nachhinein werden sie es erkennen können. Es geschieht nichts umsonst. Es hat immer einen Sinn.
Ihr müsst wissen, der Tod ist ein Übergang in eine andere Ebene, nichts Dramatisches. Es war zwar für mich sehr schade, mein so schönes Leben dort so schnell wieder aufzugeben aber es ist so wie ein Urlaub bei euch. Er kann mal länger sein oder kurz, dann reist man wieder ab. So war das eben leider nur ein Kurzurlaub.
Und hier ist es ja doch so wundervoll und schön. Es geht mir hier super gut. Es ist zwar auch toll, mit einem Körper Abenteuer zu erleben und zu spüren. Es hat aber auch was Mühsames. Das gibt es hier nun nicht, es ist alles leicht und liebevoll. Ich habe mich gut regeneriert und wir planen ein neues Abenteuer auf der Erde.
Derzeit schaue ich ab und zu mal bei meiner letzten Familie vorbei und sehe, dass sich einiges geändert hat dort. Und ich sehe, es ist alles gut. Ich spüre ihre Liebe immer noch und danke sehr dafür! Ich liebe sie alle sehr und behalte sie in meinem Herzen. Ich sende ihnen den göttlichen Segen aus dieser Ebene und bin weiterhin als Geistiger Helfer für sie da! Es tut mir sehr leid, dass manche Lehren so rabiat erfolgen müssen.
Licht und Liebe für ihre weiteren Wege!
Ich danke dir für die Übermittlung!

•

Ein großer weißer Hund, der bei einem älteren Mann lebte, war überraschend gestorben. Die Freundin des Mannes, hatte keine Erklärung dafür, weil sie zu der Zeit nicht da war. Sie hatte den Hund sehr in ihr Herz geschlossen und einige Fragen an ihn.
Wie geht es dir und hast du sie mal besucht nach deinem Tod?

Ja, mittlerweile geht es besser. Erst war es sehr verwirrend für mich. Der Übergang war sehr abrupt. Ich wusste erst gar nicht, was passierte, ich trudelte hin und her. Wär gerne noch dort geblieben, meine Aufgabe war noch nicht ganz erfüllt. Oh, was macht ihr Menschen manchmal für kuriose Dinge? Ich brauchte hier einige Zeit, mich zurecht zu finden und zu orientieren. Ja, in der Zeit war ich immer mal an den Stellen, wo ich früher gelebt habe und war sehr traurig, dass es vorbei ist, dort körperlich zu sein. Ja, ich spüre, ich bin mit ihr in Liebe verbunden. Und es ist schön und tut sehr gut, dass sie so liebevoll um mich trauert und mich im Herzen hält. Sag ihr, nun geht es mir gut! Ich bin da, wo es wundervoll, licht und voller Liebe ist. Das Schlimme davor verblasst immer mehr und alles heilt. So schön!

Wie bist du gestorben?
Oh, es war heftig! Wie ein heftiger Schlag, ich weiß nicht genau, es ging so schnell. Es war plötzlich so, als stünde alles auf dem Kopf. Dann trudelte ich. Ich bin ihm nicht mehr böse. Es musste wohl so sein. Ja, ich habe gespürt, dass ihm das sehr zugesetzt hat. Als er wieder zur Besinnung kam, tat ihm das unendlich leid und hätte das Geschehen gerne rückgängig gemacht. Aber es war zu spät, ich hatte es nicht überlebt. Das hat ihn tief im Herzen getroffen. Dafür war der Vorfall vielleicht gut. Ja, da hat er gespürt, dass er mich doch tief in seinem Herzen lieb hatte auch wenn er es mir nie zeigen konnte. Ich habe es zaghaft gespürt aber das Leben dort war trotzdem nicht einfach. Eine Oase zum Aufladen meiner Seele war sie. Ihre Liebe habe ich gespürt und genossen. Es tut mir leid, dass ich oft so ungestüm war. Das war mein Naturell und ich habe nie gelernt, es zu zügeln. Das war dann ja auch mein Verhängnis.

Hast du eine Botschaft für dein früheres Herrchen?
Das Wichtigste ist, und das gilt eigentlich für alle Menschen, die Liebe in sich zu finden und zu leben. So einfach! Aber dann klärt sich vieles nach und nach, wenn man sein Herz öffnet. Das ist der Schlüssel für alles!

Ich lese ihm die zweite Frage von ihr vor und bitte um eine Botschaft für Sie:
Ja, bei ihr geht es darum, genau hinzuhören, auf ihr Herz zu hören. Sie sollte mehr ihrer inneren Stimme folgen und nachspüren, was für sie richtig ist, was sich für sie richtig anfühlt. Darauf hören, was ihr heiliges Herz ihr sagen

will! Das ist eine ganz zarte Stimme, die meist im Alltag überhört wird und untergeht … übertönt vom Alltagslärm. Das ist der Schlüssel, den Alltagslärm auszuschalten und auf die zarten Signale aus dem Inneren hören. Ich kann ihr leider nicht sagen, was für sie das Beste wäre, das kann sie nur selber in sich spüren. Und das ist die Übung, auf die innere Stimme zu lauschen und zu hören, was das höhere Selbst sagt. Sie tut zu viel im Außen, sie sollte sich mehr darauf fokussieren, einfach zu SEIN!

Warum hast du dein Herrchen so angebellt, wenn er nach Hause kam?
Tja, es war nicht stimmig zwischen uns. Ich wäre am Liebsten nur bei ihr geblieben, dort habe ich mich wohl gefühlt. Bei ihm habe ich mich nicht wohl gefühlt. Es hat mich innerlich zerrissen, er ist nicht gut mit mir umgegangen. Deshalb wäre ich lieber alleine bei ihr geblieben. Er wird es selber wissen, was er angerichtet hat und warum ich so heftig reagiert habe. Das konnte auf die Dauer ja auch nicht gut gehen. So ist es dann soweit gekommen, dass ich so abrupt gehen musste.
Sag ihr, dass nun alles gut ist und ich liebevoll noch oft an sie denke. Ja, im Herzen bleiben wir verbunden. Sie war meine Quelle der Liebe! Dafür danke ich ihr sehr! Ich liebe sie so sehr und werde sie ab und zu noch besuchen. Es ist so schön in ihrer Nähe!

●

Ein furchtbares Ende eines Katers hat mich sehr entsetzt. Er wurde von seiner Familie seit zwei Wochen vermisst und ich sollte bei der Suche helfen. Den ersten Teil der Geschichte habe ich der Familie nicht mitteilen können, es war zu schrecklichen. Der Kater berichtete mir auf meine Frage, was mit ihm ist und wo er ist:
Sie haben mich gefangen und eingesperrt.

Wer hat dich gefangen?
Es waren Männer, die mich in ein Auto gepackt haben und mit mir weggefahren sind. Oh, warum war ich nicht vorsichtiger?!

Wo bist du jetzt?
In einer großen Halle … wir sind ganz viele in kleinen Käfigen.

Ich spüre die angstvolle Atmosphäre dort und es bricht mir das Herz!

Oh, deine Familie hat mich gebeten, dich zu suchen. Das kann ich ihnen nicht sagen, es wird ihr Herz brechen. Ich werde ihnen sagen, dass ich keinen Kontakt bekommen habe. Ich denke, das ist besser.
Weine nicht Liebes. Es ist wie es ist!

Am nächsten Abend nehme ich noch mal Kontakt zu ihm auf und frage wo er jetzt ist:
Sie sind sehr weit gefahren, zuletzt sehr holprige Wege. Ich weiß nicht wo es hier ist. Und hier komme ich auch nicht mehr heraus. Ich denke, das ist hier bald das Ende meines Lebens. Dein Mitgefühl tut mir sehr gut … auch zu wissen, dass sie mich vermissen. Wir sind ja auf Herzebene verbunden, das tröstet mich nun.

Kurze Zeit später spreche ich wieder mit dem Kater und frage, wo er ist:
Ich bin auf der anderen Ebene. Es war letztlich ein leichter Schritt hinüber, ich wurde begleitet und beschützt. Es war liebevolle Hilfe bei mir und noch liebevoller wurde ich hier empfangen. Es ist nun alles gut und ich regeneriere hier in der lichtvollen, wunderbaren Sphäre der Einheit.

Ich möchte euch Einzelheiten meines letzten Erdenerlebens ersparen. Nur soviel: Ich wurde gefangen und weggefahren … es waren keine schönen Umstände. Aber mein Ende kam dann schnell, sodass das Elend schnell vorbei war. Es gibt auf der Erde alle Facetten von menschlichem Handeln … viel Liebevolles und auch schrecklich Grausames. Aber das wisst Ihr selber.

Ich möchte mich nun für die unendliche Liebe von meinen Menschen bedanken. Diese nicht endende Treue hat mein Herz tief berührt! Ich werde es bewahren und als Schatz in meinem Herzen tragen! Danke, Danke für alle Mühe und Liebe! Und die Fürsorge und das Mitgefühl nach meinem Verschwinden, Danke!

Und Danke auch für deine Tränen und die Übermittlung meiner Worte!

Sie sollen nicht traurig sein! Nun bin ich im absoluten Paradies und mir geht es gut.
Weine nicht Liebes! Bald werde ich erneut auf eure Erde zurückkehren … bin neugierig, wie es dann wird!?

•

Die nächste Mitteilung kommt von einer älteren Katze, die auf einem Bauernhof lebte und an einer Vergiftung gestorben ist. Dort lebten auch ihre Kinder, von denen leider einige ebenfalls eingegangen sind. Ihre Menschen wollten gerne wissen, was passiert ist. Auf meine Frage an die Katze: *Wie geht es dir?*
Mittlerweile geht es mir wundervoll gut! Ich bin auf der anderen Ebene. Es ging mit meinem Körper nicht mehr dort, mir ging es zu schlecht, ich hatte keine Kraft mehr. Ja, ich hatte mich verkrochen und bin dann hinüber gesegelt. Irgendwann war es kein Kampf mehr, nur noch Schlaf und Übergang. Wisst ihr, dann ist alles ganz schnell vergessen. Ich wurde ja auch begleitet und liebevoll betreut. Ich war nicht allein … und hier schon gar nicht. Ich fühle mich hier im Paradies und alle Beschwernisse des letzten Lebens auf der Erde sind erledigt. Nun ruhe ich mich aus und meine Seele regeneriert!

Kannst du etwas zu den Vorfällen mit den Vergiftungen sagen?
Ja, da kam jemand ein paar Mal und hat was ausgestreut. Erst habe ich das nicht realisiert und auch davon gegessen. Es war ganz lecker, wie normales Katzenfutter. Danach fing es an, dass es mir so schlecht ging.

Kannst du beschreiben, wer es war?
Ja, so ein schlanker Mann war das nicht. Er war eher untersetzt und kleiner. Ich kannte ihn nicht, ich hatte ihn vorher noch nicht gesehen.

Kannst du noch etwas dazu sagen?
Es war schrecklich, was er angerichtet hat. Es wird einen gerechten Ausgleich dafür geben. Wie es immer so ist! Sie sollen deswegen keinen Unfrieden in den Ort bringen. Es wird aus der Geistigen Welt für Ausgleich gesorgt. Das müsst ihr Menschen nicht untereinander versuchen. Es ist besser, wenn es friedlich und harmonisch bleibt. Nun ist eh nichts mehr zu ändern.

Ich danke meinem Frauchen aus vollem Herzen für all ihre Mühe und ihre Fürsorge! Es ist so großartig, dass sie nun die noch lebenden Kinder so gut untergebracht hat.
Danke, danke für ihre Liebe! Ihr Weg wird gesegnet und beschützt sein! Ich sende all meine Liebe!

•

Ein ähnliches Schicksal ereilte eine andere Katze, die ganz plötzlich gestorben war, weil sie draußen etwas gefressen hatte.
Auf meine Frage: *Warum bist du gegangen?*
Meine Zeit dort war abgelaufen, dann passiert so etwas, wie es geschehen ist. Es war so vereinbart! Ich bin hinübergegangen, weil meine Aufgabe dort erfüllt war.

Welche Aufgabe hattest du dort?
Ich sollte das Herz aller berühren. Ich sollte sie wach machen für ihre verdeckten Probleme. Es ging um Bewusstwerdung, klar machen und lösen, was noch nicht angeschaut war. Und das ist ja dann auch so geschehen. Ich war ein Bote aus einer anderen Welt und habe nun einen anderen Auftrag. Mein Leben dort bei der Familie war sehr schön, ich habe mich sehr wohl gefühlt. Es war mir immer klar, dass es nur ein Besuch sein wird und ich weitergehe, sobald meine Mission erfüllt ist. Es ist schön, dass du das nun nochmal klarstellst und übermitteln kannst. Sie sollen nicht traurig sein, weil ich gestorben bin und sie meinen Körper so gefunden haben. Das ist die Natur auf der Erde … ich bin einfach gegangen und habe den Körper zurückgelassen … zugegeben, ein wunderschöner Körper, ein wundervoller Ort für mich.

Ihr Lieben, seid versichert, ich liebe euch sehr und bin immer noch in Liebe mit Euch verbunden. Und ich freue mich sehr über eure Entwicklungsschritte. Vertraut immer wieder aufs Neue auf die göttliche Begleitung … in welcher Form auch immer. Es kann ein Haustier sein, wie ich es war oder auch andere Begebenheiten, die Hinweise beinhalten. Seid offen für alle subtilen Zeichen. Die geistige Welt wirkt intensiv unterstützend in eure Geschehnisse hinein. Vertraut! Ihr seid gesegnet! Ich danke für eure Liebe! Danke, dass ich es so gut bei euch hatte und seid nicht traurig, dass ich weitergehen musste.

Ich danke auch dir, liebe Schwester für dein Übermitteln!

•

Der Übergang auf die andere Ebene ist allerdings auch ohne dramatische Vorkommnisse möglich. Das es einfach geschehen kann, erzählt diese ältere Katze. Ihr Frauchen bat mich, mit ihr Kontakt aufzunehmen, weil sie seit ein paar Tagen nicht mehr nach Hause gekommen war. Vorher war die Frau gerade aus dem Urlaub zurück gekommen und hatte ihre Katze noch begrüßen können.
Auf meine Frage an die Katze: *Was ist mit dir, wie geht es dir?*
Es ist jetzt vorbei, ich bin nicht mehr auf eurer Ebene.

Was ist passiert, wolltest du das so?
Es war meine Zeit zu gehen, um keinem mehr zur Last zu fallen. Ich war zuletzt ziemlich durcheinander, weil ich eigentlich noch bleiben wollte, aber die Zeit war abgelaufen. Ich war etwas hin und her gerissen und ich war sehr unruhig, weil ich meinem Frauchen zum Schluss noch begegnen wollte. Das hat ja auch noch geklappt, es war nochmal schön in ihrer Nähe zu sein. Dann bin ich nachts gegangen.

Wo bist du hingegangen?
Ich hatte mir schon eine schöne, passende Stelle in der Natur in der Umgebung ausgesucht. Da habe ich mich eingerollt und wieder aufgewacht … hier. Es war ein ruhiger, friedlicher Übergang.
Sag meinem Frauchen Danke für alles! Es war sehr, sehr schön bei ihr. Es ist mir nicht leicht gefallen zu gehen aber es musste jetzt sein.
Und ich bin hier ja nicht alleine, alle sind da und haben mich in Empfang genommen. Es ist wunderschön hier und ich kann mich erst mal nur ausruhen und träumen. Hier geht es mir gut und mein alter Körper behindert mich nicht mehr.
Ich freu mich, dass Ihr euch um mich Sorgen macht. Aber nun ist alles gut!

Ich bleibe mit meinem Herzen mit meinem Frauchen verbunden und habe sie sehr, sehr lieb. Sag ihr, dass ich sie ab und zu mal kurz besuche, um nochmal ihre Energie zu spüren. Die war so schön bei ihr! Ich bin ihr sehr dankbar für das tolle Leben bei ihr!
Und Danke, dass du mit mir Kontakt aufgenommen hast.

Ich danke dir auch für dieses schöne Gespräch!

•

Eine Frau bat mich, mit ihrem schon vor vielen Jahren verstorbenen Meerschweinchen zu sprechen. Sie wollte gerne wissen, warum das Meerschweinchen damals so aggressiv ihr gegenüber war. Sie schrieb mir, dass ihre Tiere damals für sie Kinderersatz waren und sie selbst sehr hektisch, getrieben von ihrem Ego war.
Das Meerschweinchen antwortet auf meine Frage: *Wie geht es dir jetzt dort, wo du bist?*
Oh, es war vor langer Zeit, dass ein Seelenaspekt auf der Erde bei ihr war. Es brauch etwas, diese Phase wieder zu aktivieren …

Warum warst du damals so bissig?
Es war dort sehr viel Hektik, schnelle, abrupte Bewegungen. Das hat mich oft aggressiv gemacht, als Schutz eher. Es war wenig Gelassenheit und Ruhe im Umgang mit mir. Ich konnte nicht wirklich tiefe, warmherzige Liebe spüren. Das macht ruppig.

Was wolltest du deinem Frauchen damit sagen?
Ja, dass sie ruhiger mit mir umgeht und ihr Herz mehr öffnet.

Was hat sie als Mensch nicht verstanden?
Die Ehrfurcht vor allem Leben hatte sie noch nicht so recht verstanden, dass auch so kleine Wesen, wie ich es war, eine große Beachtung und Respekt verdienen. Wir sind kein „Kuschelwerkzeug" nach Belieben des Menschen, sondern Persönlichkeiten mit großer Weisheit!
Du weißt das und es ist großartig, dass du diese Botschaft weitergibst. So viele Menschen haben das immer noch nicht verstanden. Wir Tiere wollen

euch helfen, diese Weisheit in euch wieder zu finden! Manchmal braucht es dafür schmerzhafte Prozesse!

•

Eine eher amüsante Begegnung hatte ich mit einem großen wuscheligen Hund, der in England lebte und vor einigen Jahren verstorben war. Ein Freund von mir war häufig Gast in der Familie und vermittelte so den Kontakt und übersetzte auch die Fragen und später die Antworten. Ich war erst sehr unsicher, ob der Hund mich versteht und mir wohl auf englisch antwortet und ich ihn womöglich nicht richtig verstehen könnte. So war ich sehr gespannt auf seine Antworten. Ich fragte ihn: *Wie geht es dir?*
Oh, du hattest Zweifel, ob ich dich verstehe? Nicht wirklich, nicht wahr. Wir sprechen doch die Sprache der Liebe und die ist universell.
Und das ist auch, was ich nun hier empfinde … die reine Liebesschwingung. Es ist nur noch reine Empfindung … wundervoll und so fein, subtil, flirrend. Es ist hier nun ganz anders als vorher bei euch auf der Ebene bei meinen Menschen. Das war direkt zu erleben, die Liebe meiner Menschen war auch auf der Körperebene zu spüren, handfester. Und ich spüre diese Liebe immer noch und die Verbindung ist da. So kommt es ja auch, dass du mit mir sprichst … es ist eben alles miteinander vernetzt und verbunden. Isn't it wonderful?

Ich soll dir von deinem Dad „all his love" senden!
Oh, Danke! Wonderful, wie schön! Ja, ich spüre seine Liebe noch. Und ich danke für seine Liebe als wir noch zusammen waren. Es war so ein tolles Leben bei ihm. Besser kann es einem Hund nicht gehen. Ich hatte so einen tollen Job bei ihm.
Und sag ihm, er soll auf sich aufpassen und auf sein Herz achten. Ja, es geht um sein Herz. Es sollte freier schwingen, ohne Belastung, ohne Angst und Sorgen, die ihr Menschen euch ständig selbst macht. Macht eure Herzen frei, öffnet sie! Seid in der Liebe, lebt aus eurem Herzen! Ja, das Herz öffnen, darum geht es. In der Liebe leben, lasst die Liebe fließen! Es geht einzig und allein um die Liebe. So einfach und doch so wichtig … important! Be in love!

Sag meinem Dad: Ich liebe ihn sehr und besuche ihn ab und zu. Er soll sein Herz öffnen, dann spürt er es wenn ich da bin. Ich wär so gerne noch körperlich bei ihm, aber schade, nun geht es nur so.
I love him! Bye, bye!

Also, die paar englischen Worte, die ich empfangen habe, konnte ich gerade noch verstehen. Deutlich war der englische Humor zu spüren und auch die dort übliche Satzstellung. Sehr beeindruckend!

•

Mit einem anderen schon länger verstorbenen Hund sollte ich Kontakt aufnehmen, weil seine Menschen nicht verstanden haben, warum er als gesunder, fröhlicher Hund von heute auf morgen so krank wurde und kurzfristig starb.
Auf meine Frage an der Hund: *Wie geht es dir dort, wo du jetzt bist?*
Oh, Hi ... es ist so ungewohnt, mit einem Menschen mal wieder zu sprechen. Weißt du, hier ist es ganz anders als euer Leben in der Erddimension. Hier ist es wundervoll, liebevoll, leicht und sanft. Es schwebt alles, es summt und flirrt ... es ist wundervoll! Und alles fühlt sich wie Eins an, alles ist verbunden ... hier ganz selbstverständlich, ganz anders als die Energie bei euch. Und so fühle ich mich jetzt, in Liebe mit Allem verbunden ... unendlich schön!

Dein früheres Frauchen möchte gerne wissen, warum du so früh und jung gestorben bist?
Oh, ich wusste, dass mein Tod ihre Herzen sehr berühren würde. Ich habe sehr ihre Liebe gespürt und das war so wundervoll! Es war wichtig, dass sie alle tief an ihre Gefühle kamen um zu lernen, das Unfassbare, das Unbegreifbare anzunehmen und zu akzeptieren. Ich fand es auch grausam, so früh gehen zu sollen, aber ich habe es verstanden, um ihre Herzen zu berühren. Es war zu der Zeit wichtig, dieses Zeichen zu setzen. Vielleicht kann sie das im Nachhinein verstehen. Es war ein Hinweis ... ein Zeichen von der Geistigen Welt, die mich zurückgerufen hat. Wenn es so vorgesehen ist, kann nichts daran etwas ändern. Dann geschieht es!

Die geistigen Begleiter sind gerne bereit, ihr Konkreteres mitzuteilen, wenn sie dafür offen ist. Aber sicher weiß sie selbst, welche Bedeutung diese Entwicklung damals hatte.
Seid versichert, dass ich es damals aus Liebe getan habe. Ich wäre gerne länger geblieben, weil es mir doch dort in der Familie recht gut ging und ich sehr geliebt wurde. Ich habe sie auch sehr geliebt und sage vielen, vielen Dank für das schöne Leben dort und die gute Versorgung. Ja, Danke!
Sag ihnen, dass ich sehr gerne bei ihnen war und auch sehr traurig, als ich gehen sollte! Ach … **(seufzt)**
Wir bleiben im Herzen verbunden! Sag ihr das!

Ich danke dir!
Ja, gerne! Ich gehe nun wieder zurück in die andere Ebene.

•

Ein kleiner getigerter Kater war nachts unerwartet im Garten einfach eingeschlafen und nicht mehr hier auf unserer Ebene aufgewacht. Sein Frauchen war unendlich traurig, er war 14 Jahre zusammen mit seiner Schwester bei ihr. Er hatte zu seinen Lebzeiten alle Menschen beglückt und war ein ganz besonders zarter Zeitgenosse. Er war sehr eng mit seiner Schwester verbunden, beide liebten sich innig und fraßen immer aus dem gleichen Napf. Nach seinem Tod lies seine Schwester immer noch die Hälfte Futter für ihn über.
Auf meine Frage an den Kater: *Wie geht es dir ?*
Schön, dass ich so noch mal Kontakt zu meinem Frauchen aufnehmen kann. Hier ist nun alles friedlich und ruhig. Wundervoll, um mich auszuruhen. Der Übergang war aufregend. Es war dort noch recht mühsam bis ich dann endlich erlöst wurde. Dann war es wunderschön, ich wurde begleitet von liebevollen Wesen, die mich hier her gebracht haben und meinten, erst ist nun Regeneration angebracht, erholen von dem Abschiedsschmerz. Ja, es war schrecklich, meine Lieben zu verlassen, meine Schwester alleine zurück zu lassen und mein liebevolles, so schönes Zuhause aufgeben … das fiel mir sehr schwer und ich war unendlich traurig und innerlich zerrissen. Nun kehrt langsam Frieden und Heilung in mein Herz und was bleibt ist tiefe Dankbarkeit für das schöne, liebevolle Leben, das ich genießen durfte. Es tut mir

nur so leid, wie traurig mein Frauchen ist. Sag ihr, sie soll nicht mehr traurig sein, ich bleibe doch in ihrem Herzen und mir geht es hier nun sehr gut! Sag ihr tiefen, tiefen Dank für ihre Liebe und ihr Mitgefühl. Ich war so gerne bei ihr mit meiner Schwester. Danke, Danke für ihr weiches Herz! Und sie soll wissen, dass ich doch ab und zu noch mal vorbei schaue und meine geliebte Schwester besuche. Ihr Menschen kriegt das ja leider nicht mit. Vielleicht achtet sie ja jetzt mal darauf. Mit meiner Schwester bin ich in direktem Kontakt, da braucht sie sich keine Sorgen machen.

Seine Schwester ist nun auch da und ich frage sie:
Wie geht es dir damit, dass dein Bruder weg ist?
Erst war es sehr verwirrend. Ich habe gespürt, dass er nah war aber er war doch nicht mehr da. Dann klappte es ganz gut mit unserem Kontakt. Nun ist die Verbindung zu ihm ab und zu möglich und ich bin dann ganz glücklich, ihn zu spüren und zu wissen, dass es ihm gut geht. Ich bin natürlich sehr traurig, dass er nicht mehr wirklich hier ist … so traurig **(weint etwas)** … aber ich werde es schon allein schaffen. Wir haben ja hier doch ein so liebevolles Zuhause. Nun werde ich mich noch mehr an meine Menschen ausrichten. Es ist nun Vieles anders aber damit werde ich schon klar kommen. Die Trauer von unserem Frauchen rührt mein Herz aber ich bin doch bei ihr, da braucht sie doch nicht mehr traurig sein … bitte, ich werde dann auch immer wieder voller Wehmut. Wir sollten doch unser schönes Leben genießen und Vergangenes abschließen. Es ist wie es ist!

Am nächsten Morgen hat die kleine Katzendame ihre Menschen so geweckt, wie es ihr Bruder vorher immer tat. Und beim Frühstück kam sie genau so, wie es ihr Bruder immer gemacht hatte. Da wussten die Menschen, dass ihr Bruder die Katze geschickt hatte …

•

Eine noch recht junge Katze war auch leider viel zu früh gestorben und ihr Frauchen war untröstlich, weil die Kleine noch gar nicht so lange bei ihr war, sie aber eine tiefe Verbundenheit zu ihr spürte.
Die Katze sagte mir auf meine Frage, wie es ihr geht:

Oh, schön, dass wir nochmal Kontakt haben können. Es tut mir so leid, dass ich mein Frauchen so traurig zurück lassen musste. Damals war mein Körper einfach zu geschwächt, es war irgendwie alles in mir angegriffen und ich konnte es leider nicht mehr regenerieren. Es kann schon gut sein, dass ich auch etwas von dem Gift abbekommen habe und es mich langfristig aus meiner Kraft gebracht hat.
Ich war auch so so traurig darüber. Deshalb hat es eine Zeit gedauert, bis ich das annehmen konnte und hier nun angekommen bin … immer noch voller Wehmut, weil ich doch eigentlich endlich dort angekommen war, wo ich hin wollte und es nur so kurze Zeit genießen konnte und es zuletzt körperlich so qualvoll war.
Mittlerweile kann ich es genießen, mich hier zu regenerieren. Ja klar bin ich mit meiner Mama zusammen und den Anderen … und das ist sooo schön. Überhaupt ist es hier wunder-, wunderschön … kaum zu beschreiben … diese Liebe hier, die Ruhe, der Frieden, die Schönheit … ach, es ist so schön, hier zu sein.
Ich weiß, mein Frauchen wünscht sich sehr, dass ich nochmal zu ihr komme. Es ist nicht so einfach, wie ihr Menschen euch das vorstellt, dass ich 1 zu 1 nochmal auf die Erde kommen könnte. Es kann ein anderer Seelenaspekt von mir wieder inkarnieren. Es wird eine andere Persönlichkeit sein, nicht so, wie ich es zuletzt war. Wir versuchen schon, solch ein neues Arrangement vorzubereiten. Ich bin und ich werde dann wieder mit meinem geliebten Frauchen zusammen und verbunden sein wenn es so läuft wie geplant. Es wird eine kleine Katze sein und sie wird spüren, dass Energieanteile von mir da sind. Sie soll ihren Impulsen, ihrer Intuition nachgehen, sie wird es spüren!

Liegt dir noch etwas am Herzen, was du ihr sagen möchtest?
Oh ja, sag ihr, ich liebe sie sehr und bin sehr beeindruckt und stolz, welche Fortschritte sie in ihrem Bewusstseinsweg macht. Ja ja, es ist gut so, dass sie dran bleibt und ihren Gefühlen immer mehr folgt.
Ich bin immer mal wieder bei ihr, besuche sie und schaffe es immer öfter, je mehr ich regeneriere. Unsere Verbindung bleibt auch über die Dimensions-Ebenen hinweg … nichts kann uns trennen!
Ich bin bei ihr und tief im Herzen verbunden! Ich liebe sie sehr! Sie soll nicht mehr traurig sein, mir geht es hier jetzt super gut!

•

Die wundervollen Schilderungen der Tiere, wie sie das Umfeld in der anderen Ebene hinter der Regenbogenbrücke erleben, erfüllt mich selbst mit sehr viel Zuversicht. Es nimmt mir jegliche Angst vor diese anderen Welt, die für jeden von uns irgendwann bevorsteht. Ich denke, wenn wir mit dem Bewusstsein um diese Zusammenhänge in göttlicher Verbundenheit diesen Weg gehen, kann es für uns ebenfalls so fantastisch schön werden. Mit Hingabe und der klaren Bereitschaft, diese Ebene verlassen zu wollen, wenn die Zeit dafür gekommen ist, kann der Übergang sicherlich auch leicht gehen. Da wir Schöpfer unserer Wirklichkeit sind, können wir auch diesen allerletzten Abschnitt unseres irdische Lebens bewusst gestalten.

Außerdem berichten die Tiere fast jedes Mal von hellen Wesenheiten, die sie beim Übergang begleiten und führen. Es gibt mir ein tiefes Vertrauen zu wissen, dass wir Hilfe und Unterstützung aus der Geistigen Welt bekommen, wenn wir bereit sind, diese anzunehmen. Für diese Gewissheit bin ich den Tieren sehr dankbar!

Um eine klarere Vorstellung von dieser anderen Realität der Geistigen Welt zu bekommen, bat ich um eine Botschaft zu dem Bereich. Die Energie von Erzengel Metatron verankert sich bei mir im Raum und er diktiert mir:

„Nun, die Geistige Welt ist ein Universum, was ihr mit eurem Verstand gar nicht erfassen könnt. Es ist so unermesslich vielfältig, vielschichtig, großartig … ja unendlich. Und das ist nicht linear gemeint sondern global, ganzheitlich. Es sind Bereiche auf anderen Ebenen, die ihr nur zu einem ganz winzigen Bruchteil wahrnehmen könnt. Manchmal erhascht ihr einen kleinen Einblick, zum Beispiel bei Nahtoderlebnissen, in tiefer Meditation oder so gezielt, wie du es praktizierst. Auch der Bereich der Tierseelen ist eine Ebene und ein Aspekt dieses Universums. Es ist hier sehr, sehr wichtig, dass ihr euch mit der reinen göttlichen Quelle verbindet, sonst besteht die Gefahr, euch zu verlieren, dass eure Energie missbraucht wird und ihr womöglich Verbindungen mit Elementen eingeht, die euch schädigen. Also ist die Öffnung zu diesen Dimensionen mit großer Achtsamkeit vorzunehmen. Tut es

bitte nur in Begleitung eurer Geistigen Helfer, die seit Anbeginn der Zeit bei euch sind.
Die erste Stufe ist, euer Heiliges Herz zu öffnen und euch zu verbinden mit der Energie, die ihr vertraut. Dann bittet um Unterstützung. Zunächst intensiviert ihr eure Verbindung zu eurem Höheren Selbst, das die Verbundenheit zu eurer Gesamtseele hält, denn im Alltag hier auf der Erde agiert lediglich ein Aspekt eurer Seele. Ihr habt jedoch jederzeit die Möglichkeit, euch mit eurer Gesamtseele zu verbinden und mit dieser in gewissen Phasen hier auf der irdischen Ebene zu agieren. Alles ist möglich ... ALLES!
Ihr seid in ständiger Begleitung mit Wesenheiten aus der Geistigen Welt auch wenn ihr es nicht wahrnehmt. Nehmt das so an, denn so ist es!
Ihr habt unterschiedliche Bezeichnungen für diese Wesenheiten, diese sind jedoch so vielfältig und zahlreich, dass ihr dafür gar nicht genug Bezeichnungen finden könntet. Wir alle dienen dem Ganzen im Göttlichen Sinne. Alles geschieht für die weitere Entwicklung eurer Seele dadurch, dass Ihr Erfahrungen macht und daran wachst. Und diese Erfahrungen können so vielfältig sein wie das Universum selbst ... und dabei wird letztlich kein Aspekt ausgelassen.
Ihr lebt hier zur Zeit in der Dualität, dazu gehört gut und böse, rechts und links, oben und unten, lichtvoll und dunkel. Dieses alles IST und es ist nicht zu bewerten, alles ist gleichwertig da und zu erfahren. Nichts ist zu verurteilen!
Entscheidend hierbei ist der Respekt untereinander und die Rücksichtnahme auf alles Lebende, Menschen, Tiere, Pflanzen, Elementale. Und dieses ist das Entscheidende: Im Bewusstsein der universellen, göttlichen Zusammenhänge gilt es für euch, in diesem Respekt vor dem Ganzen, in tiefer Verbundenheit und Dankbarkeit den geistigen göttlichen Begleitern gegenüber euren Alltag zu gestalten. Mit diesem weit entwickelten Bewusstsein, einer tiefen dankbaren Haltung gegenüber Allem was ist, seid ihr auf eurem vorgesehenen Entwicklungsweg. Und das ist es, was wir aus der geistigen Welt begrüßen und was uns freut: Wenn ihr, jede und jeder auf seine eigene Art und Weise kontinuierlich euren Entwicklungsweg geht in allseitigem Respekt, in Dankbarkeit und Wertschätzung allem gegenüber!
Erwartungen haben wir nicht, gleichwohl sind wir manchmal etwas ungeduldig. Jedoch habt ihr die freie Wahl, euren Weg selbst zu gestalten und zu bestimmen! So unendlich frei wie unendlich die geistige Welt ist, von

der Ihr ein Aspekt seid! So ist es! Göttlichen Segen für alle, die ihr Herz für diese Worte öffnen!

Es sprach im Auftrag der Göttlichen Quelle Erzengel Metatron“

●

Entfache das Feuer in deinem Herzen und du bist erleuchtet!

Lebensweisheiten

Aus den Protokollen der Tiergespräche habe ich hier nun einige prägnante Aussagen zusammengestellt, die die Botschaften der Tiere für uns Menschen auf den Punkt bringen. So kann ich der Bezeichnung eines weisen Katers für mich als Liebesbotschafterin in idealer Weise entsprechen:

Das Wichtigste im Leben ist doch, dass die Liebe fließt!

Es geht hier auf der Erde nicht ums perfekte Funktionieren,
sondern um viel mehr. Es geht um die Liebe auf allen Ebenen!

Wenn die Liebe fließt ist es immer wundervoll, wirkt heilend
und beruhigend!

Gefühle, die Herzen öffnen sind das Wesentliche im Leben.
Das ist das, was uns am Leben erhält und das Leben ausmacht!

Sich Sorgen machen und Angst haben wirkt vergiftend
und entzieht Energie!

Das Mittel der Heilung ist Lebensfreude.
Die Energie der Freude ist das Lebenselixier was hilft!

Es geht jetzt darum, die Liebe zu leben mit offenem Herzen …
die allumfassende Liebe!

Es geht alleine darum, dass die Liebe fließt,
die Liebe in Allem, die Liebe leben!

Macht Euch nicht so viel Sorgen, lasst mehr Lebensfreude rein,
öffnet Euch für das Schöne im Leben, lacht und seid frei!

Leichtigkeit und Freude, das ist der Schlüssel! Das zu leben, das ist es!

Wir erinnern Euch, dass es mehr gibt als euren Alltag und die Dinge, mit denen ihr Euch umgebt. Das ist nämlich eigentlich nicht so wichtig. Sondern wichtig ist, zu sein und zu fühlen, das Herz zu öffnen und zu lieben!

Für euch Menschen ist es so wichtig, Euch immer wieder mit eurem Seelenkern zu verbinden, dem Göttlichen, das Euch ausmacht, das Euch ins Leben gebracht hat. Und öffnet euer Herz für all die Schönheit und Liebe um Euch. Nehmt nicht immer nur die Dramen und Katastrophen um Euch wahr, sondern eher die kleinen Wunder und Kostbarkeiten, die Euch begegnen. Darum geht es, bewusst in der Gegenwart das wahrzunehmen, was gerade sich zeigt. Nehmt es an, dass all das Großartige und Schöne um Euch für Euch da ist. Nehmt die Geschenke an, seid dankbar! Hört auf zu jammern und Euch zu beklagen, legt den Fokus auf die Schätze, die ihr bekommt und die Euch umgeben!

Es geht darum, bewusst zu leben, bewusste Entscheidungen zu treffen, konzentriert im Jetzt zu sein!

Heilung ist möglich, wenn der Mensch die Angst überwindet
und sich öffnet, hingibt dem Prozess!

Es geht darum, eure Gefühle wahrzunehmen und anzunehmen. Die Gefühle sind das Essentielle im Leben, viel wichtiger als alles Tun im Außen. Die Gefühle sind der Schlüssel zum Glück und der Freude der Menschen! Auch die in erster Hinsicht belastenden, wie Ängste und Wut, die bei vielen unterdrückt sind. Werden sie gefühlt und angeschaut, wandeln sie sich in Liebe und Freude. So einfach ist das!

Lebt die Liebe und Freude in Leichtigkeit und mit offenem Herzen!

Habt Vertrauen darin, angebunden zu sein an das höhere Licht … ihr nennt es göttlich. Wenn ihr Menschen damit verbunden seid mit offenem Herzen in Liebe, kann Euch nichts passieren. Alles ist dann gut und gesegnet!

Der Schlüssel liegt in eurem Inneren. Ja, die Gefühle, die unterdrückt und verdrängt wurden solltet ihr aufdecken und annehmen! So findet ihr inneres Glück, kommt in Harmonie und schafft innere Balance!

Die innere Haltung im Zusammenhang mit dem Essen ist wichtig. Eine liebevolle, achtsame Energie wirkt sich gut auf das Essen aus, dann ist es viel bekömmlicher!

Es ist wichtig, entspannt miteinander zu sein, liebevoll und ungezwungen. Lasst das Leben fließen!

Alles im Außen ist nebensächlich. Wichtig ist doch das innere Glück, die unbeschwerte Freude aus dem Herzen!

Wir Hunde lieben doch nichts mehr als ein stabiles Rudel, in dem alles geklärt ist und alle einfach glücklich sein können. Ist das nicht das, was sich jedes Wesen wünscht? Einfach glücklich sein!

Lehnt Euch in Momenten der Disharmonie einfach mal zurück und schaut auf das Wesentliche und lasst den Anderen in Ruhe zu Wort kommen!

Das Wesentliche liegt in uns, in unserem eigentlichen Zentrum und will wahrgenommen und gespürt werden!

Es reicht, bewusst in der Gegenwart zu sein,
um Glück zu spüren und zufrieden zu sein!

Nehmt das Leben nicht so schwer, mehr Leichtigkeit wäre besser und den Augenblick genießen, sich an kleinen Dingen freuen und glücklich sein! Das ist doch so einfach!

Das ist so ein Programm von euch Menschen, ihr meint, ihr müsstet beschäftigt sein. Nein, das braucht ein Lebewesen eigentlich nicht. Wenn für das Notwendige gesorgt ist, geht es darum, zu SEIN! Einfach SEIN!

Ich möchte deutlich machen, dass es hier auf der Erde darum geht, zu leben, Erfahrungen zu machen, zu SEIN! Wir sind nicht hier, um zu arbeiten und was zu leisten!

Die Liebe ist die Essenz von Allem. Darum geht es eigentlich bei Eurem Leben auf der Erde. Das ist zu erkennen und zu spüren. Es geht um die Liebe und darum, sein Herz weit zu öffnen. Dann ist alles möglich und ein unbegrenztes Potential kann sich entfalten. Mit Liebe sind alle Probleme zu lösen! So ist es!

Es geht nicht darum, nur zu geben und sich zu verausgaben … nein! Es geht darum, die Herzschwingung wirken zu lassen, nicht viel tun … **wirken**! Das ist so kraftvoll und wird jetzt so gebraucht. Die Liebesschwingungen verstärken, das ist es!

Ihr sollt euer Herz öffnen und eure Liebe ausstrahlen. Mehr nicht! Und das so halten, möglichst immer bei allem was ihr tut und wo ihr seid. Ihr Menschen meint immer, es ist wichtig, etwas zu tun. Nein, es ist wichtig, mit welcher Energie und Schwingung ihr etwas tut oder auch die Energie und Schwingung halten, ohne etwas zu tun. Darauf kommt es an, es ist ganz subtil aber sehr effektiv. In der liebevollen Schwingung präsent sein! Und das ist so schön angenehm in dieser Energie für das Umfeld!

Alles was mit dem Herzen geschieht ist richtig. So ist es immer gut, der Entscheidung des Herzens zu folgen!

Es geht darum, das Bewusstsein zu schärfen und den Respekt vor dem Leben generell zu stärken. Manchmal ist es nur ein kleiner Schritt, um den Blickwinkel zu verändern!

Lebt die Liebe, öffnet eure Herzen, lasst die Liebe alles durchdringen!

Wenn die Liebe fließt gibt es kein „falsch", dann ist alles gut so, wie es ist!

Ihr Menschen habt die Macht und Möglichkeit zu manifestieren. Nutzt dies! Der Weg ist, mit dem Herzen stark zu wünschen und zu visualisieren, was gewünscht ist. Mit den Gefühlen unterstützen und vorstellen, dass es vollbracht ist!

Jeder sollte versuchen, sich in die Position und Situation des Anderen hineinzufühlen, die Sichtweise ändern und dadurch das Verhalten des Anderen zu verstehen. Verlasst öfter Eure festgefahrene Ansicht oder Meinung und seid immer wieder neu offen für Veränderungen bei den Anderen. Alles ist im Fluss!

Das Wichtigste ist, die Liebe in sich zu finden und zu leben. So einfach! Aber dann klärt sich vieles nach und nach, wenn man sein Herz öffnet. Das ist der Schlüssel für Alles!

Es geht darum, genau hinzuhören, auf sein Herz zu hören. Ihr solltet mehr eurer inneren Stimme folgen und nachspüren, was für euch richtig ist, was sich für euch richtig anfühlt. Darauf hören, was euer heiliges Herz euch sagen will! Das ist eine ganz zarte Stimme, die meist im Alltag überhört wird und untergeht … übertönt vom Alltagslärm. Das ist der Schlüssel, den Alltagslärm auszuschalten und auf die zarten Signale aus dem Inneren hören. Und das ist die Übung, auf die innere Stimme zu lauschen und zu hören, was das höhere Selbst sagt!

Das ist die Botschaft an die Menschen: Lasst Euch von uns Tieren berühren! Nicht nur in angenehmer Weise sondern auch durch unser Leid, was wir gerne im Rahmen unseres Auftrags auf uns nehmen. Das ist unser Beitrag zu einer lichtvolleren Welt, in der die Liebe wirken kann. Wir wollen dazu beitragen, die Herzen der Menschen zu öffnen … für uns Tiere, aber auch in erster Linie für Euch Menschen miteinander.
Lebt die Liebe, lasst das Licht wirken durch Euer liebendes Herz!
Es hört sich für manche wohl schwülstig an …. aber das ist die Wahrheit … so klar und einfach!

Macht eure Herzen frei, öffnet sie! Seid in der Liebe, lebt aus eurem Herzen! Ja, das Herz öffnen, darum geht es. In der Liebe leben, lasst die Liebe fließen! Es geht einzig und allein um die Liebe. So einfach und doch so wichtig! Be in love!

Großen Dank für den Respekt und die Liebe zu den Tieren! Das ist das, was die Welt unterstützt in ihrer Entwicklung in eine höhere Schwingung!

Lasst euer offenes Herz wirken, um an der großen Entwicklung jetzt mitzuarbeiten. Dabei geht es weniger um Arbeit als darum, diese neue Schwingung mitzutragen, sie zu halten und zu verstärken, durch die innere Haltung mitzuwirken an der sich erneuernden Energie.

Kontakt zur Autorin:
klarundleicht.de
Mail: regina_herwig@gmx.de

Türen in eine Anderswelt

Das Tor zur Seele der Tiere
von Regina Klara Herwig

Robert Betz Verlag, 132 Seiten, Softcover

ISBN: 978-3-942581-83-7

Die Autorin erzählt anschaulich ihren persönlichen Weg zur Tierkommunikation. Für die Leser beschreibt sie, wie sie den Kontakt zu den Tieren auf der Seelenebene aufnimmt und gibt genaue Anleitungen, wie man es ausprobieren, üben und selber Gespräche mit Tieren führen kann.

Aus den bewegenden Protokollen über die Tiergespräche wird deutlich, welches tiefe Wissen, Liebe und klare Verständnis der Umstände die Tiere haben. Es ist spannend und teilweise tief berührend, den Geschichten der Tiere zu lauschen. Nach diesen Gesprächsprotokollen wird jedem klar, die Tiere sind Botschafter aus einer anderen Welt...